THE EFFECT OF TAX REGULATION
ON INCOME DISTRIBUTION AMONG
RESIDENTS IN CHINA

河南大学经济学学术文库

中国税收调节居民收入分配效应研究

郭晓丽 著

社会科学文献出版社
SOCIAL SCIENCES ACADEMIC PRESS (CHINA)

河南大学经济学科自 1927 年诞生以来，至今已有近 90 年的历史了。一代一代的经济学人在此耕耘、收获。中共早期领导人之一的罗章龙、著名经济学家关梦觉等都在此留下了足迹。

新中国成立前夕，曾留学日本的著名老一辈《资本论》研究专家周守正教授从香港辗转来到河南大学，成为新中国河南大学经济学科发展的奠基人。1978 年我国恢复研究生培养制度以后，周先生率先在政治经济学专业招收、培养硕士研究生，并于 1981 年获得首批该专业的硕士学位授予权。1979 年，河南大学成立了全国第一个专门的《资本论》研究室。1985 年以后，又组建了河南大学历史上的第一个经济研究所，相继恢复和组建了财经系、经济系、贸易系和改革与发展研究院，并在此基础上成立了经济学院。目前，学院已发展成拥有 6 个本科专业、3 个一级学科及 18 个二级学科硕士学位授权点、1 个一级学科及 12 个二级学科博士学位授权点、2 个博士后流动站、2 个一级省重点学科点、3000 多名师生规模的教学研究机构。30 多年中，河南大学经济学院培养了大批本科生和硕士、博士研究生，并且为政府、企业和社会培训了大批专门人才。他们分布在全国各地，服务于大学、企业、政府等各种各样的机构，为国家的经济发展、社会进步、学术繁荣做出了或正在做出自己的贡献，其中也不乏造诣颇深的经济学家。

在培养和输出大量人才的同时，河南大学经济学科自身也造就了一支日益成熟、规模超过 120 人的学术队伍。近年来，60 岁左右的老一代学术带头人以其功力、洞察力、影响力，正发挥着越来越大的引领和示范作用;一批 50 岁左右的学者凭借其扎实的学术功底和丰厚的知识积累,已进入著述的高峰期;一批 40 岁左右的学者以其良好的现代经济学素养,开始脱颖而出,显现领导学术潮流的志向和实力;更有一大批 30 岁左右受过系统经济学教育的年轻人正蓄势待发,不少已崭露头角,初步展现了河南大学经济学科的巨大潜力和光辉未来。

我们有理由相信河南大学经济学科的明天会更好,经过数年的积累和凝练,它已拥有了支撑自己持续前进的内生动力。这种内生动力的源泉有二:一是确立了崇尚学术、尊重学人、多元发展、合作共赢的理念,营造了良好的学术氛围;二是形成了问题导向、服务社会的学术研究新方法,并据此与政府部门共建了中原发展研究院这一智库型研究平台,获批了新型城镇化与中原经济区建设河南省协同创新中心。学术研究越来越得到社会的认同和支持,也对社会进步产生了越来越大的影响力和推动力。

河南大学经济学科组织出版相关学术著作始自世纪交替的 2000 年前后,时任经济学院院长许兴亚教授主持编辑出版了数十本学术专著,在国内学术界产生了一定的影响,也对河南大学经济学科的发展起到了促进作用。

为了进一步展示河南大学经济学院经济学科各层次、各领域学者的研究成果,更为了能够使这些成果与更多的读者见面,以便有机会得到读者尤其是同行专家的批评,促进河南大学经济学学术研究水平的不断提升,为繁荣和发展中国的经济学理论、推动中国经济发展和社会进步做出更多的贡献,我们从 2004 年开始组织出版“河南大学经济学学术文库”。每年选择若干种河南大学经济学院在编教师的精品著述资助出版,也选入少量国内外访问学者、客座教授及在站博士后研究人员的相关著述。该文库分批分年度连续出版,至今已持续 10 年之久,出版著作总数多达几十种。

感谢曾任社会科学文献出版社总编辑的邹东涛教授,是他对经济学学术事业满腔热情的支持和高效率工作,使本套丛书的出版计划得以尽快达成并付诸实施,也感谢社会科学文献出版社具体组织编辑这套丛书的相关负责人及各位编辑为本丛书的出版付出的辛劳。还要感谢曾经具体负责组织和仍在组织本丛书著作遴选和出版联络工作的时任河南大学经济学院副院长刘东勋教授和现任副院长高保中教授,他们以严谨的科学精神和不辞劳苦的工作,回报了同志们对他们的信任。最后,要感谢现任河南大学经济学院院长宋丙涛教授，他崇尚学术的精神和对河南大学经济学术事业的执着，以及对我本人的信任，使得"河南大学经济学学术文库"得以继续编撰出版。

分年度出版"河南大学经济学学术文库"，虽然在十几年的实践中积累了一些经验，但由于学科不断横向拓展、学术前沿不断延伸，加之队伍不断扩大、情况日益复杂，如何公平和科学地选择著述品种，从而保证著述的质量，需要在实践中不断探索。此外，由于选编机制的不完善和作者水平的限制，选入丛书的著述难免会存在种种问题，恳请广大读者及同行专家批评指正。

耿明斋

2004 年 10 月 5 日第一稿，2007 年 12 月 10 日修订稿，2014 年 6 月 21 日第三次修订

摘　要

1978 年改革开放后，伴随着 GDP 的快速增长，我国居民收入大幅增加，但居民收入分配也出现了不容忽视的问题，基尼系数大大超过 0.4 的国际警戒线已是不争的事实。

收入是民生之源，收入分配问题不仅是任何一个社会经济发展过程中受关注的永恒主题，而且是许多社会矛盾的诱因。由于市场失灵的存在，市场初次分配本身不能解决收入分配差距持续扩大的问题，还需依靠政府的再分配和公众的自愿分配。然而公众的自愿分配完全取决于公众的意愿，其作用范围十分有限，所以只能依赖政府的再分配。从理论上来讲，税收作为政府再分配的重要调节手段，在调节居民收入分配差距中发挥了重要的作用。然而，目前我国以流转税为主体的税制结构调节收入分配差距的效果却不尽如人意，个人所得税的调节效应非常有限；消费税的调节效应有待加强；财产税不健全。因此，如何增强税收的收入分配效应，在增加国家财政收入的同时缩小居民之间的收入差距，彰显税收公平、正义，促进社会和谐稳定，就成了摆在我们面前的一个亟须解决的重大理论及现实课题。

理论上，税收具有调节居民收入分配的功能。本书重点研究了税收调节居民收入分配的理论基础、调节机理、测量方法以及税收调节的局限性，并通过分析我国税收调节居民收入分配的现状，得出我国税收在调节收入分配方面存在的主要问题。

实践中，我国税收在调节居民收入分配方面有没有发挥其应有的作用？本书基于整体的视角，通过建立 VEC 模型实证分析了税收调节居民收入分配的总体效应。研究结果表明：无论是在长期还是在短期，税收对居民收入分配均发挥了逆向调节的作用，且随着时间的推移，在长期中其逆向调节效应逐渐减小。

为什么我国税收在调节居民收入分配的总体效应方面呈现出逆向的作用？为了探究其原因，本书主要从所得税、财产税和流转税等结构的视角进行分析。首先，本书从多个视角实证分析了个人所得税的收入分配效应，结果发现，个人所得税在不同收入阶层、不同区域以及不同要素结构中发挥了微弱的正向调节作用，但在不同行业中发挥了逆向的调节作用。其次，本书使用误差修正模型实证分析了财产税的居民收入分配效应，同时还对主要税种即房产税和契税的收入分配效应进行了专门的研究，结果发现，财产税在调节居民收入分配中具有微弱的调节效应。再次，本书实证分析了流转税的居民收入分配效应，研究结果表明：增值税和消费税在居民收入分配中发挥了逆向的调节作用；营业税起到了正向的调节作用，由于不能完全抵消增值税和消费税的逆向调节作用，流转税表现出明显的逆向调节作用。尽管个人所得税和财产税在调节居民收入分配中呈现出正向的调节作用，但由于其调节效应极其微弱，不足以抵消流转税的逆向调节作用，所以我国税收在调节居民收入分配的总体效应上呈现出逆向调节的特征。

本书的创新点主要体现在以下三个方面。

第一，本书基于整体和结构的视角对税收的居民收入分配效应进行了系统的研究。目前国内学者的研究大多集中在某一税类或某一具体税种的收入分配效应上，关于税收调节居民收入分配总体效应的研究较少，而对其的系统性研究更为缺乏，故本书基于整体和结构的视角对税收的居民收入分配效应进行了系统的研究。

第二，从多个视角实证分析了个人所得税的居民收入分配效应。目前学界的研究大多集中在不同收入阶层的再分配效应上，关于个人所得税在不同行业、不同区域以及不同要素结构中调节效应的研究较少，而针对其再分配效应的全面系统的研究更是稀少。鉴于此，本书从不同收入阶层、不同区域、不同行业以及不同要素结构等多角度实证分析了个人所得税的居民收入分配效应，从而使得其研究结论更加准确、科学。

第三，本书在分析增值税的居民收入分配效应时，将城镇中大量存在的农贸市场考虑在内，通过调研数据对增值税的有关指标进行了修正。国外在研究增值税的收入分配效应时，已经针对增值税偷逃税行为、税收优惠等实际问题进行了大量的实证分析。而国内对此的研究仅仅停留在理论层面，忽视了实践中的很多实际情况。因此，本书将农贸市场考虑在内，实证分析了增值税的居民收入分配效应。

Abstract

Since 1978 when the reform and opening up policy was adopted in China, Chinese residents have witnessed a huge rise in their income along with the rapid increase in China's GDP. However, noticeable issues have occurred in income distribution among Chinese residents, evidenced by the unquestioned fact that the Gini coefficient has risen above the international alert line of 0.4.

Income is the source of people's livelihood. Income distribution problem, not only is the eternal theme of the social and economic development in the process of concern, but also the incentive for many social contradictions. Due to the existence of market failure, the initial distribution of the market itself can not solve the problem of income distribution gap continuing to expand. It is necessary to rely on the government's redistribution and the voluntary distribution of the public. However, the voluntary allocation of the public depends entirely on the will of the public, the scope of its role is very limited. In order to solve the problem of income distribution gap continuing to expand, it must rely on the redistribution of the government. Theoretically speaking, taxes, as an important regulation means adopted by the government for the purpose of income redistribution, have played a significant role in the regulation of income gap among residents. Nevertheless, the existing tax system structure, with turnover tax as main tax source, proves to be unsatisfactory in narrowing the gap between the rich and the poor and individual income tax produces a very limited role in regulation; the regulatory effect of consumption tax should be enhanced and property tax system is not sound enough. Thus, it has become a major theoretical and practical topic to urgently be solved about how to enhance the income distribution effect of taxes, narrow the gap in income distribution among Chinese residents while increasing national financial revenue so as to manifest the equality and justice of taxation and promote the harmony and stability of the whole society.

In theory, tax has the function of adjusting income distribution. This paper focuses on the theoretical basis, regulation means, conduction mechanism and limitation of tax regulation for the regulatory effect of taxes on income distribution among Chinese residents, and makes an analysis of the current status of tax regulation on income distribution among Chinese residents and concludes the main problems existing.

In practice, do taxes play its proper regulation on income distribution among Chinese residents? Based on the perspective of the whole, this paper makes an empirical analysis of the overall income distribution effect of taxes through the establishment of VEC model. Result indicates that taxes play a role of reverse regulation on income distribution among residents, whether in the long or short run, and it will experience increasingly reduced reverse regulatory effect for a long time.

Why do taxes present a reverse adjustment in regulating income distribution on the overall effect? In order to explore the causes, this paper mainly analyses income tax, property tax and turnover tax from the perspective of structure. First of all, this paper makes an empirical analysis of the individual income tax on income distribution among residents from multiple perspectives. Result shows that individual income tax produces a weak regulatory effect at different income levels and in different areas and element structures and a reverse regulatory effect in different sectors. The second, this paper makes an empirical analysis of the regulatory effect of China's property tax on income distribution among Chinese residents using error correction model and a special study of the distribution effect of major tax types including real estate and contract taxes. It is found that property tax produces a weak regulatory effect on income distribution among residents. Once again, this paper makes an analysis of the regulatory effect of China's turnover tax on income distribution among residents. Result shows that although both value-added and consumption taxes produce a reverse regulatory effect and sales tax a positive regulatory effect, they cannot fully off set the reserve regulatory effect of value-added and consumption taxes, thus leading to obvious reverse regulatory effect caused by turnover tax. Although individual income tax and property tax present a positive regulatory role in regulating income distribution, but because of its regulating effect is extremely and not enough to off set the reverse regulation of turnover tax. So taxes taxes play a role of reverse regulation on income distribution among residents.

The innovation points of this paper are mainly reflected in the following aspects.

First, this paper makes a systematic study of tax regulation on income distribution among residents from the perspectives of entirety and structure. Currently, Chinese scholars focus more on the effect of a specific tax or tax type over income distribution but less on the overall effect of tax regulation on income distribution among Chinese residents, with a lack of systematic study in this aspect. Thus, this paper makes a systematic study regarding it.

Second, this paper makes an empirical analysis of the income distribution effect of individual income tax from multiple perspectives. Most of the studies in the Chinese academia concentrate on the redistribution effect at different income levels and there is few studies on the regulatory effect of such tax in different sectors, areas and element structures and even fewer overall and systematic studies on the redistribution effect of individual income tax. In view of the fact, this paper analyzes the effect of individual income tax on residents' income distribution from multiple perspectives including income level, area, and sector and element structure so as to obtain a more complete and systematic analysis and make conclusions more accurate and scientific.

Third, this paper takes the agricultural trade market, which is quite popular in urban areas, while analyzing the effect of value-added tax on income distribution of residents and corrects some indicators regarding such tax according to survey data. In foreign countries, a lot of empirical analysis has been made on some practical issues such as value-added tax evasion and tax preference when the income distribution effect of such tax was studied. However, domestic studies only stay at the theoretical level and ignore practical conditions. Thus, this paper takes agricultural trade market into account and makes an empirical analysis of the income distribution effect of value-added tax on residents.

目　录

1 引言

1.1 选题背景

1978 年改革开放后，我国国民生产总值年均增速高达 9.9%，人均GDP 从 1978 年的 190 美元迅速增加到 2014 年的 7589 美元。然而，在国民收入"蛋糕"迅速做大的同时，居民收入分配出现了严重的问题，居民收入在整个国民收入初次分配中的比重过低，且个人间的收入分配差距过大。据国家统计局公布的数据，我国 2003～2015 年的基尼系数为0.462～0.491；李实（2011）对统计样本进行修正后计算出的基尼系数为 0.48～0.53；王小鲁（2007）的研究表明，由于隐性收入会扩大贫富差距，如果在计算基尼系数时将隐性收入考虑在内，则中国实际的基尼系数会明显地高于 0.47～0.5 的水平；西南财经大学金融中心的研究报告则认为，2010 年中国家庭的基尼系数已高达 0.61。无论是国家统计局公布的数据，还是专家、学者的估计，基尼系数大大超出了国际警戒线0.4 的水平已经是不争的事实，这表明我国的贫富差距已经相当严重。"美国 5% 的人口掌握了 60% 的财富，而中国则是 1% 的家庭掌握了全国41.4% 的财富，财富集中度远远超过了美国，成为全球两极分化最严重的国家之一。"[①] 党的十八大报告在回顾和分析过去五年工作中的不足、困难与问题时也明确指出："城乡区域发展差距和居民收入分配差距依然较

---

① 夏业良：《中国财富集中度远超美国》，《21 世纪》2010 年第 8 期，第 15 页。

1

大，社会矛盾明显增多……"① 居民间收入差距的持续扩大，既不利于经济的健康发展，也不利于社会的和谐稳定，因此，分"蛋糕"问题必须引起政府和社会各界的足够重视与关注。

收入是民生之源，收入分配问题不仅是任何一个社会经济发展过程中关注的永恒主题，而且是许多社会矛盾的诱因。诺贝尔经济学奖得主阿瑟·刘易斯指出："收入分配的变化是发展进程中最具政治意义的方面，也是最容易诱发妒忌心理和混乱动荡的方面，没有很好地理解为什么这些变化会发生，以及它会起到怎样的作用，就不可能制定出切实可行的政策。"② 由于市场失灵的存在，市场初次分配本身不能解决收入分配差距持续扩大问题，还需依靠政府的再分配和公众的自愿分配。然而公众的自愿分配完全取决于公众的意愿，其作用的范围十分有限，所以只能依赖政府的再分配。2010 年，温家宝总理在政府工作报告中就明确指出：要加大财政税收在收入初次分配和再分配中的调节作用。《国民经济和社会发展第十二个五年规划纲要》明确地将"优化税制结构"作为今后改革税制的重要方向。十八大报告正式提出了税制改革的目标："形成有利于结构优化、社会公平的税收制度。"中共十八届三中全会通过的《中共中央关于全面深化改革若干重大问题的决定》（以下简称《决定》）再次明确提出："完善以税收、社会保障、转移支付为主要手段的再分配调节机制，加大税收调节力度。"③ 《决定》将税收作为再分配调节机制的重要手段，而且将其放在首位，还专门提出了加大税收调节力度，这就充分肯定了税收调节收入分配差距的重要作用。"就调节贫富差距的功能而论，在政府所能掌控的几乎所有的经济调节手段中，没有任何别的什么手段能够同税收相媲美。唯有税收，才是最得心应手、最行之有效，并且最适宜于市场经济环境的调节贫富差距的手段。"④

---

① 胡锦涛：《坚定不移沿着中国特色社会主义道路前进　为全面建成小康社会而奋斗——在中国共产党第十八次全国代表大会上的报告》，人民出版社，2012，第 2 页。
② 阿瑟·刘易斯：《发展计划》，北京经济学院出版社，1998，第 78 页。
③ 《中共中央关于全面深化改革若干重大问题的决定（全文）》，http://finance.ifeng.com/a/20131115/11093995_0.shtml，2013 年 11 月 15 日。
④ 高培勇：《打造调节贫富差距的税制体系》，《经济》2006 年第 11 期，第 50 页。

然而，目前我国以流转税为主体的税制结构调节贫富差距的效果却不尽人意，个人所得税（简称"个税"）的调节效应非常有限，甚至起逆向调节作用；消费税的征收范围有限；财产保有税严重缺失。"十二五"规划已经非常明确地将缩小贫富差距提高到战略高度。"收入分配问题与税收问题密切相关，因为实际上，当今世界上每一种税收体系都无不起到改变或者试图改变社会不同集团所享有的收入比例的作用。征税的权力是政府的基本权力，因为没有强制性的筹集资金的能力，政府就不能运行。具有不同经济地位的人们支付不同数额的税收。在决定他们支付多少税时，政府修订了由私人市场所决定的收入分配公式。"[①]

因此，如何增强税收的收入分配效应，缩小居民之间的贫富差距，促进社会公平、正义，进一步推动我国经济持续发展和社会和谐稳定，就成了摆在我们面前的一个亟须解决的重大理论课题。虽然目前国内学者在该领域的研究成果十分丰富，但是主要集中于规范分析，实证分析相对较少。而且实证方面的分析主要集中于某一税类或具体税种调节效应的研究，缺乏整体上对调节居民贫富差距的实证分析。2013 年，国务院批转的《关于深化收入分配制度改革的若干意见》（以下简称《意见》）指出："加大税收调节力度，改革个人所得税，完善财产税，推进结构性减税，减轻中低收入者和小型微型企业税费负担，形成有利于结构优化、社会公平的税收制度。"[②]《决定》同时也指出"逐步提升直接税比重"的战略部署，这在实际上是提出了进一步优化和完善税制结构的问题。2014 年 6 月30 日，中共中央政治局审议通过的《深化财税体制改革总体方案》进一步指出："深化税收制度改革，优化税制结构、完善税收功能、稳定宏观税负、推进依法治税，建立有利于科学发展、社会公平、市场统一的税收制度体系，充分发挥税收筹集财政收入、调节分配、促进结构优化的职能作用。"[③] 十八届四中全会也明确指出："加快保障和改善民生，依法加强和

---

① 斯蒂格利茨：《经济学》，中国人民大学出版社，1995，第 513 ~ 514 页。
② 《完善个人所得税制度 让收入分配更加公平》，http://www.chinaacc.com/new/184_187_201303/27zh1158460350.shtml，2017 年 3 月 27 日。
③ 《深化财税体制改革总体方案》，http://news.163.com/14/0703/21/A08SO20E00014Q4P.html，2014 年 7 月 3 日。

规范公共服务、完善教育、就业、收入分配等方面的法律法规。"① 本研究正是在这样的背景下进行的。

1.2 研究意义

分配作为社会再生产过程中连接生产和消费的纽带，在社会经济中发挥着重要的作用。收入分配关系到每一个人的切身利益，直接影响到居民个人的消费水平和生活水平，而且收入差距的进一步扩大还可能引起资源和财产分配的失衡等一系列经济问题和社会问题，最终还会损害经济的持续、健康发展，这是任何一个社会都无法回避的热点问题。虽然近年来党中央和国务院高度重视收入分配问题，如十八大报告强调初次分配要注重公平问题、再分配要更加注重公平问题，并多次要求调节过高收入、取缔非法收入、扭转居民收入差距扩大的趋势，但是现实中居民收入差距依然较大。税收作为政府调节经济的重要工具，在调节居民收入分配中本应起到缩小贫富差距、促进社会公平的作用，但是我国以流转税为主体的税制结构不仅没有发挥其应有的调节收入分配的作用，相反还进一步加剧了该矛盾，这主要和我国税制本身存在的问题有关。目前中国税制存在的主要问题和经济问题一样，不是总量问题，而是结构问题，"中国税收最主要的问题是结构问题。我国现在是以间接税为主体，所以，像调整经济结构一样，税收制度改革最主要的是调整税收结构，实现从间接税到直接税的转变"（华生，2013）。因此，在我国居民收入差距进一步拉大的现实条件下，将收入分配这一社会热点问题和税制优化这一战略问题结合在一起，研究如何通过优化税制改善收入分配格局就具有十分重要的意义。

1.2.1 完善收入分配制度，促进社会公平

当前中国收入分配存在的问题，尤其是由于不合法、不合理和不规范因素引起的分配不公，将会降低社会心理承受能力，从而影响社会的和谐

---

① 《四中全会决定全文发布　加快保障和改善民生》，http://www.zhicheng.com/n/20141029/11050.html，2014 年 10 月 29 日。

与稳定。"税收是调节收入分配的重要工具。与调节收入分配、促进社会公平的要求相比,现行税制还存在一些不适应的地方。主要是:初次分配和再分配的税收调节机制不完善;直接税比重偏低,影响税收调节收入分配的力度;个人所得税调节收入分配的作用有待增强;财产税制不健全,对财富分配的调节力度不足。迫切需要积极深化税制改革,缓解和调节收入分配方面的矛盾。"(王军,2013)因此本书的研究不仅可以完善我国的收入分配制度,缩小贫富差距,促进社会公平,而且有利于贯彻和落实以人为本的科学发展观,促进社会和谐和经济持续健康发展。构建和谐社会必须关注民生,要把普通民众的利益作为我们制定各项政策的依据,而收入分配制度改革是当前构建和谐社会的重要内容。党的十八大报告明确提出应加快推进税制改革,充分发挥税收调节收入分配的作用,健全以税收为主要手段的再分配调节机制的建设。增强居民收入分配调节效应的税制优化问题研究对于贯彻十八届三中全会提出的"完善以税收、社会保障、转移支付为主要手段的再分配调节机制,加大税收调节力度","逐步提高直接税比重","保护合法收入,调节过高收入,清理规范隐性收入,取缔非法收入"[①] 等有着极其重要的作用。

1.2.2　对目前我国该研究领域的空白进行了积极的探索

就目前来看,国内学术界对税收调节居民收入分配相关问题的研究建树颇多,基于收入分配的具体税种的研究及检验也有不少文献,但是关于整体税收收入分配效应的研究还很缺乏,针对税收调节居民收入分配效应的系统研究更是稀少。因此,本书从这个意义上来说是在原有研究成果的基础上,从整体、系统和结构的视角客观分析了我国税收的居民收入分配效应,这不仅为税收调节收入分配的研究、验证及解释提供了一个新的视角和经验证据,而且可以使税收更好地发挥缩小我国居民贫富差距、促进社会公平的职能,为今后政府政策制定提供客观而完整的理论依据,充分发挥税收调节收入分配的功能。

---

① 《中共中央关于全面深化改革若干重大问题的决定（全文）》,http://finance.ifeng.com/a/20131115/11093995_0.shtml,2013 年 11 月 15 日。

1.2.3 促进我国税收制度的进一步深化改革、优化税制

本书基于收入分配的视角，对税收调节居民收入分配的效应进行了较为系统、全面的分析和研究，剖析了税收调节效果不佳的深层次原因，并就如何增强税收的居民收入分配效应提出了相应的对策建议。在目前我国基尼系数早已超过国际警戒线 0.4① 的现实下，从收入分配的视角研究税收的调节作用，不仅能使我们更加深刻地认识到税收调节收入分配的重要功能，而且更重要的是能够为我国进一步建立现代税收制度提供理论依据；此外，本书还有助于我国经济社会逐渐建立一个即使不是最优的也应该是次优的税收制度。

1.3 主要概念的界定

1.3.1 税收调节

"税收调节是指运用税收杠杆对社会经济运行进行的引导和调整。通过税收的多征、少征与免征，可以从多方面作用于微观经济活动，使之符合宏观经济运行的目标。"② 一般来说，税收调节的作用主要表现为调节社会总供求、流通以及收入分配等方面。本书所说的税收调节主要是针对居民收入分配的调节，具体来说是指税收对居民收入、消费以及财产的调节。

1.3.2 居民收入

本书所指的居民是指税法中的居民，可分为居民纳税人和非居民纳税人。居民纳税人是指居住在中国境内，拥有中国国籍和户籍的中国公民以及在中国境内一个公历年中居住满 365 天的外籍人员和没有户籍的中国公

---

① 按照世界银行公布的标准，0.4 以上的基尼系数表示收入分配差距较大，已经成为国际上公认的警戒线标准。

② 《税收调节》，http://baike.baidu.com/link? url = mQ4CI3NYyUvFXfa_3UCFr2NBfNB5eU-v2jeIxpnuTFGsUofFAHNhljeIxpnuTFGsUofFAHNhljeI769CnLiOM_。

民并且承担无限纳税义务的人。居民纳税人应该就其在中国境内的所得和境外的全部所得缴纳个人所得税；非居民纳税人是指在中国境内无住所又不居住或者无住处而在中国境内居住但不满一年的，仅就其在中国境内取得的所得缴纳个人所得税的纳税人。非居民纳税人只承担有限纳税义务，只就其在中国境内取得的所得缴纳个人所得税。本书所说的税收调节居民收入分配仅指对居民纳税人的调节。

《中国统计年鉴》将居民分为城镇居民和农村居民，其相对应的收入有人均总收入和人均可支配收入（在农村，称为人均纯收入）。2012 年，《中国统计年鉴》统计口径发生变化后，才有了全体居民的概念，包括城镇居民和农村居民。本书在分析税收调节的总体效应时提到的全体居民既包括城镇居民，也包括农村居民；在分析所得税、流转税、财产税以及具体税种的居民收入分配效应时，由于主要以城镇居民为分析对象，所以此时的居民特指城镇居民。

本书收入的概念包括广义和狭义两种。狭义的收入是指流量收入，而广义的收入既包括流量收入，也包括存量收入，两者均是收入差距产生的重要因素。流量收入和存量收入可以相互转换，二者密不可分。流量收入经过一定的沉淀就会形成存量收入，如财产等；而存量收入反过来又会带来一定的流量收入差距。因此，本书所说的对居民收入分配的调节，不仅包括对居民流量收入分配差距的调节，而且包括对其存量收入分配差距的调节。

居民收入是指一定时期内一国居民在劳动、资本、技术等生产过程中通过对所需要素的占有和运用，以及通过其他方式和手段获得的全部收入的合计。一般从来源上来讲，居民收入是以工资薪金、租金、股息、红利以及从其他各种渠道所获得的总体收入（李实，2008）。《中国统计年鉴》按照收入来源将居民收入主要分为工薪收入、经营性收入、财产性收入和转移性收入，本书使用该定义进行具体的分析。

《中国统计年鉴》将城镇居民收入主要分为人均总收入和人均可支配收入，本书所说的居民收入分配主要是指对居民人均总收入的调节。

1.3.3　贫富差距

"贫困"，即收入少，财产少；"富裕"，即收入多，财产多。从中可以看出，贫富差距包括收入差距和财产差距两部分，是广义的收入差距。因此，本书所说的贫富差距是指广义上的收入差距，既包括流量收入差距，也包括存量收入差距。

1.3.4 收入分配

"经济学研究收入分配有两个常见视角：一是居民收入分配，也称规模收入分配，指收入在居民个人之间的分配；二是要素收入分配，也称功能性收入分配，指收入在资本、劳动等生产要素之间的分配。"（万莹、史忠良，2010）而在我国经常提到的是国民收入分配，国民收入分配是指国民收入在政府、企业和居民之间的分配，政府收入来源于税收，企业收入来源于企业未分配利润，居民收入来源于居民提供资本或者劳动等获得的报酬。传统观点认为国民收入分配有两个环节，即初次分配环节和最终分配环节。然而随着慈善事业的发展，有了第三次分配的说法，厉以宁教授把收入分配分为三个层次：第一次分配、第二次分配和第三次分配。第一次分配是指通过市场实现的收入分配，也称国民收入初次分配，它是指在产品和劳务的生产过程中，按照各生产要素主体对产出直接做出贡献的大小对生产活动形成的净成果进行的分配。在社会主义市场经济条件下，国民收入经过初次分配后，形成劳动者个人收入、企业收入和国家收入三种收入。第二次分配是指通过政府调节而进行的收入分配，是对初次分配的调整，又叫国民收入的再分配，即在国民收入第一次分配的基础上，通过所得税、转移支付等形式对初次分配后的国民收入进行的再分配。经过再分配形成的收入称为派生收入。由于市场缺陷的存在，初次分配的最终结果必然会造成收入和财产分配的不公平，这就需要政府运用税收和转移支付等手段调节收入分配差距，促进社会公平。第三次分配是指在习惯与道德的影响下，个人出于自愿把可支配收入的一部分或大部分捐赠出去的行为。

本书赞同厉以宁教授的三次分配理论。因此，本书所说的收入分配特指第二次分配，而且仅仅涉及税收的收入问题，不涉及政府支出问题。

1.3.5 公平和税收公平

公平是一个主观性较强的概念，不同的人对公平的理解是不一样的，关于公平在理论界也没有统一的标准。一般来说，关于公平有三种观点：起点公平、规则公平和结果公平。起点公平（又称机会公平），可进一步分为先天公平和后天公平，先天公平与人们的禀赋、出身家庭的贫富和所处地理位置等密切相关，是客观存在的，不以人的意志为转移。后天公平往往由社会政策决定，例如教育机会公平等。规则公平不仅强调规则制定上的公平，而且更加强调规则执行上的公平。结果公平是指人们参与社会活动之后获得的待遇、分配等的公正性，结果公平是最终衡量收入分配公平的重要指标，也是人们追求公平的根本目的。本书所说的收入分配公平主要是指在起点公平和规则公平的基础上的结果公平。

税收公平是指税收负担分配的公平，而税收负担的分配则是指税收总额按照一定的原则和方法在不同的纳税人之间的分配，即不同纳税人税负的承担份额问题。所谓税收公平，"是指不同纳税人之间税收负担程度的比较；纳税人条件相同的纳同样的税，条件不同的纳不同的税。因此，公平是相对于纳税人的课税条件说的，不单是税收本身的绝对负担问题"（杨秀琴，1995）。

1.3.6 税制结构

税制结构即税收制度的结构问题，主要包括税种的组合方式和税种的地位两方面的内容，即实行复合税制的国家其税种或税类的组合方式以及各税种或税类在总税收中的配比关系。学者们从不同的视角对税制结构进行了大量的研究，比较全面的如岳树民等（2007）、国家税务总局课题组（2009）和安体富（2010）。他们均认为税制结构包含宏观、中观和微观三个层次的内容：一是宏观税制结构（又称税系结构），是指在一个国家或者地区由多个税种组成的税收体系中各个税系的配置状况和主体税种的选择，如直接税系和间接税系；二是中观税制结构（又称税种结构），是指税系内部不同税种之间的组合与搭配；三是微观税制结构（又称税种要素结构），即税种内部税收要素的组合。本书在研究的过程中主要将税种按照课税对象进行分类，将其划分为流转税、所得税、财产税和其他税，并据此将税制结构界定为由流转税、所得税、财产税和其他税搭配而成的税系结构。在宏观层次上，本书重点研究流转税系、所得税系和财产税系的居民收入分配效应；在中观层次上，本书主要研究和居民收入分配密切相关的税种，如个人所得税、房产税、消费税等的再分配效应；在微观层次上，本书会对具体税种的构成要素进行具体的分析，研究我国税收不能有效发挥收入调节作用的内在原因，进而提出有关税种、税种要素改革的具体措施。

1.3.7　直接税与间接税

直接税和间接税的合理搭配是税收理论和实践中最古老的话题之一，但是目前理论界对于两者的划分及如何搭配等问题仍存在很多争议，焦点在于直接税和间接税的划分标准和范围。目前国际上通用的划分标准是税负转嫁标准，即税负不能或者不易转嫁、纳税人与负税人一致的税种为直接税，该税类以所得税类和财产税类为主体；税负能够转嫁或者容易转嫁、纳税人与负税人不一致的税种为间接税，该税类以货物和劳务税类为主体。

从以上定义可以看出，虽然税负转嫁标准是国际通用的标准，但是对于能否转嫁或者是否容易转嫁也是一个模糊的界定，这就导致不同学者将同一税种划分为不同的类别。目前国内学者在研究直接税和间接税问题时也仅仅是笼统地认为两者之间是非此即彼的关系，至于哪些税种归于直接税、哪些税种归于间接税尚未达成共识。再加上我国目前尚无对直接税、间接税的法律界定，因此，为了研究的方便，笔者认为在按税负转嫁标准划分直接税和间接税的基础上，还应该看到直接税和间接税的更本质的区别，即能否对价格产生影响。能影响交易价格的是间接税，不能影响交易价格的是直接税。从国内已有研究来看，关于直接税和间接税的划分中已经达成共识的主要税种已经确定，如增值税、消费税、营业税和关税为间接税，企业所得税、个人所得税、房产税、契税等均为直接税。而存在争议的主要有印花税、车船税、烟叶税、资源税和车辆购置税五个税。本书在写作的过程中将资源税和烟叶税归为间接税，将印花税、车船税和车辆购置税归为直接税，主要原因如下。

资源税为间接税。有的国家将资源归为财产，因此将资源税归为直接税。在国内也有学者将其叫作资源财产税，即归为直接税。但笔者认为，我国资源在流转中很容易引起商品价格的变化，即发生税负转嫁，再加上我国国家税务总局将资源税划归流转税司管理，因此笔者将资源税归为间接税。

烟叶税为间接税。烟叶税是对境内收购烟叶的单位征收的一种税，其计税依据是烟叶的收购价格。由于其与价格高度相关，因此能够或者很容易发生税负转嫁，因此将之归为间接税。

印花税为直接税。印花税是对在境内书立、领受合同的单位和个人征收的按照合同金额的一定比例征收的一种税。如个人在买房和买卖股票时所缴纳的印花税，大多由个人承担，再加上本书的研究对象是居民个人，故将印花税归为直接税。

车船税为直接税。车船税是以车辆、船舶（以下简称车船）为课征对象，向车船的所有人或者管理人征收的一种税，从 2007 年 7 月 1 日起，有车族需要在投保交强险时缴纳车船税。其与保有使用有关，与交易无关，不存在税负转嫁，故将之归为直接税。

车辆购置税为直接税。车辆购置税是对在境内购买规定车辆的单位和个人征收的一种税，一般由买方承担，不易发生转嫁，故将之归为直接税。

综上所述，目前我国实际征收的 18 个税种中，增值税、消费税、营业税、关税、资源税、烟叶税和城建税属于间接税；其余的 11 个税种属于直接税。由于船舶吨税是针对进出我国港口的国际航行船舶征收的税，故本书不予考虑。

1.4　研究方法

本书主要使用规范分析与实证分析相结合的研究方法，在研究过程中采用的具体方法如下。

1.4.1　实地调研法

本书在写作的过程中，对居民的收入及缴税情况进行了调查研究，尤其是对于增值税再分配效应的研究，通过对城市中普遍存在的农贸市场进行实地调研，收集了大量的一手资料。通过整理与分析，发现了不少实际问题，这在一定程度上保证了结论的科学性。

1.4.2　统计分析方法

本书运用《中国统计年鉴》、《中国城市（镇）生活与价格年鉴》和《中国税务年鉴》等资料中的大量数据，使用统计学中的万分法计算出城镇居民的税前、税后基尼系数，据此进一步计算出个人所得税、增值税等具体税种的 MT 指数、K 指数等指标，系统地测度了我国税收的居民收入分配效应。

1.4.3　数理分析方法

本书通过建立误差修正模型（VEC），实证分析我国税收整体以及财产税的居民收入分配效应。

1.4.4　比较研究法

本书以美、日、德、英等发达国家和韩国等新兴国家为样本，重点研究了其税收在调节居民收入分配差距方面的成功经验，并结合我国的实际，从中获取经验和启示。

1.5　主要内容、创新及不足

1.5.1　主要内容

本书共分为 10 章，主要内容如下。

第 1 章为引言。主要阐述本书的选题背景、研究意义、主要概念、研究思路、研究方法及本书的创新之处与不足。

第 2 章为文献综述。主要在国内外研究文献梳理的基础上，进行简要的述评。

第 3 章为税收调节居民收入分配的基本理论分析。具体包括税收调节居民收入分配的理论依据、调节方式、传导机制、测度方法以及税收调节的局限性等。

第 4 章为我国税收调节居民收入分配的现状及问题分析。主要阐述了居民收入分配的现状、税收调节的基本情况以及存在的问题等。

第 5 章为我国税收调节居民收入分配的总体效应分析。通过建立 VEC 模型实证分析了税收调节居民收入分配的总体效应。研究结果表明：无论是在长期还是在短期，税收对居民收入分配均发挥了逆向调节的作用，且随着时间的推移，其逆向调节效应逐渐减小。

第 6 章为所得税调节居民收入分配效应分析。本章主要以个人所得税为例，从不同收入阶层、不同区域、不同行业和不同要素结构等多个视角实证分析个人所得税的收入分配效应。

第 7 章为财产税调节居民收入分配效应分析。通过建立误差修正模型实证分析了财产税的居民收入分配效应，同时还对主要税种即房产税和契税的收入分配效应进行了专门的分析。对于房产税，主要通过计算其税前和税后收入基尼系数、MT 指数和 K 指数，实证分析其调节效应；对于契税，主要是从理论上进行阐述。

第 8 章为流转税调节居民收入分配效应分析。主要分析了增值税、营业税、消费税及流转税类在居民收入分配中的实际调节效应以及调节的方向和大小。

第 5 ~ 8 章实证分析了我国整体税制、所得税、财产税、流转税以及主要税种对居民收入分配差距的调节效应，进而找出影响我国税收逆向调节的深层次原因，这四章是本书的主体部分。

第 9 章为税收调节居民收入分配的国际经验借鉴与启示。主要以 OECD 国家及新兴国家为样本，通过介绍样本国家在税收调节收入分配差距方面的成功经验，结合国情，为我国税制的进一步改革提供借鉴。

第 10 章为增强税收调节居民收入分配效应的对策建议。

为了更加清晰地看出本书的研究内容，特列出本书的研究框架图，如图 1 - 1 所示。

1.5.2　创新

本书试图在国内外已有研究的基础上对我国税收的居民收入分配效应进行整体和结构上的实证分析，其可能的创新点主要如下。

第一，本书基于整体和结构的视角对税收调节居民收入分配效应进行了系统的研究。目前国内学者的研究大多集中在某一税类或某一具体税种

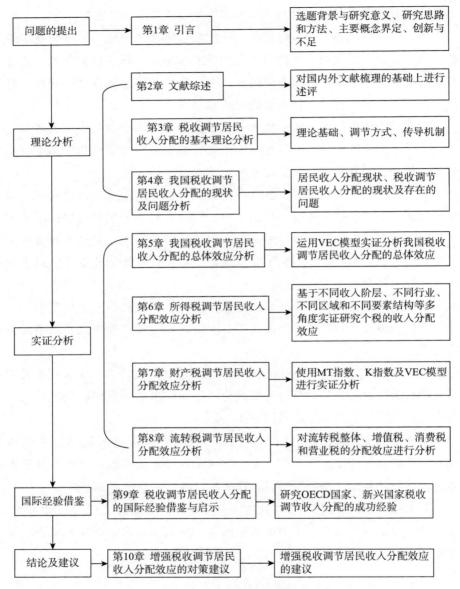

图 1 - 1　本书的研究框架

的收入分配效应的研究上，针对税收调节总体效应的研究较少，而对其系统性研究更为缺乏，故本书基于整体和结构的视角对税收调节居民收入分配效应进行了系统的研究。主要体现在以下四个方面：首先，本书通过建立 VEC 模型实证分析了我国税收调节居民收入分配的总体效应；其次，为了探究税收逆向调节的原因，本书基于结构的视角（即主要影响居民收入分配的税类）对居民收入分配的调节效应进行分析；再次，为了寻求各税类对贫富差距的不同调节效应的原因，本书又对主要税种的居民收入分配效应进行了专门研究；最后，本书基于整体和结构的视角进行分析还表现在衡量税收调节效应的指标选择上，平均税率主要是从结构上来衡量税收的调节效应，而基尼系数、MT 指数则主要从整体上来衡量。

第二，本书从多个视角实证分析了个人所得税的收入再分配效应。目前国内学界对个人所得税再分配效应的研究成果虽然已经非常丰富，但是大多集中在不同收入阶层再分配效应的研究上，关于个人所得税在不同行业、不同区域以及不同要素结构中调节效应的研究较少，而针对个人所得税再分配效应的全面系统研究更是稀少。鉴于此，本书基于不同收入阶层、不同区域、不同行业以及不同要素结构等多角度实证分析了个人所得税的居民收入分配效应，使得分析更加全面和系统，从而使研究结论更加准确、科学。

第三，本书在分析增值税的居民收入分配效应时，将城镇中大量存在的农贸市场考虑在内，通过调研数据对增值税的有关指标进行了修正。国外在研究增值税的收入分配效应时，已经针对增值税偷逃税行为、税收优惠等实际问题进行了大量的实证分析。而国内对此的研究仅仅停留在理论层面，忽视了实践中的很多实际情况，其中城镇中存在大量农贸市场就是一个特例。因此，本书将农贸市场考虑在内，实证分析了增值税的居民收入分配效应。

1.5.3 存在的不足

第一，当前我国居民收入分配领域中贫富差距的形成是由多方面的原因造成的，既有初次分配中市场机制的原因，也有再分配和三次分配的原因，但是本书基于居民收入分配的视角，侧重分析了税收在再分配领域中对居民收入分配差距的调节效应，而忽视了其在初次分配和三次分配中的调节效应，这将是笔者今后要进一步研究的问题。

第二，由于我国目前的统计数据，尤其是基尼系数方面的数据，国家有关部门仅仅给出了宏观数据，没有具体的微观数据，因此在第 5 章分析税收调节居民收入分配的总体效应中，通过建立误差修正模型进行回归分析，较为简单。再加上笔者的研究水平有限，本书在实证方面的定量分析有待进一步深入和细化。

第三，本书在对税收再分配效应及其 MT 指数的分解中，研究的范围为 1995～2011 年。之所以没有计算 2012～2015 年的数据，主要原因在于国家统计局考虑城乡统筹发展战略后，《中国统计年鉴》以及《中国城市（镇）生活与价格年鉴》的统计指标在 2012 年发生了变化，不再详细公布城镇居民生活的详细分组数据，故本书在实证计算具体税类或税种的基尼系数、平均税率、MT 指数及 K 指数时，仅仅计算了 1995～2011 年的相关指标，2012 年至今的相关指标缺乏，这也是本书的不足之处。

2 文献综述

2.1 税收调节收入分配的功能定位

2.1.1 国外研究

在税收调节收入分配的作用方面，亚当·斯密认为"看不见的手"可以自动调节经济活动，政府仅仅是"守夜人"。因此，他认为按要素分配在收入分配中占主导地位，而税收对收入分配的调节处于次要地位。弗里德曼（1991）认为，"对低收入人群进行补助是政府应尽的职责，但使用累进所得税和遗产税来调节贫富差距会影响人们从事经济活动的积极性，有损社会的经济效率，从而提出了相应的负所得税理论。该理论的主要内容是年收入低于规定标准扣除额的家庭将有资格得到一笔补偿，其实质是通过补贴穷人的收入来扩展所得税"。

瓦格纳认为税收在收入分配方面发挥了重要的调节作用，税收能够影响社会财富分配甚至影响人们的社会地位，因此应该通过累进税来缩小居民之间的收入差距和财产差距。埃奇沃思认为，在社会福利最大化的条件下，社会上每个人的边际收入获得的边际效用应该相等，因此应该通过税收将富人的财富转移给穷人，最终实现收入的均等化。马歇尔认为应该采取累进性的税收，保证穷人有一定的物质基础用来保障身体健康和智力发展。庇古的研究表明，如果财富分配不均，将难以实现资源优化配置，因此应当通过征收累进所得税和遗产税促使社会财富的分配，以达到社会公平的目的。

17

当然，国外学者除了从公平的视角研究税收外，很多学者如斯蒂格利茨、米尔利斯等基于效率的视角进行研究。但由于公平与效率难以兼顾，因此国外税制尤其是个人所得税出现了多元化的发展趋势：单一税和二元所得税流行。单一税最早在牙买加实行，目前很多国家采用了该模式。二元税是将个人的全部所得分为劳动和资本，对其实行不同的税率，目前实行该模式的主要是北欧国家，如丹麦、瑞典、挪威和芬兰。

2.1.2　国内研究

卢仁法（1996）基于社会公平的视角，认为税收应该有效地校正居民收入差距中的不合理部分，通过个人所得税等税种进行调控；李实、魏众（2000）的研究表明，虽然居民收入差距的形成因素非常复杂，但是政府税收政策调整滞后的确是一个重要因素；高培勇（2006）认为税收是再分配中解决收入分配差距问题的极好通道，应将税收调节居民收入分配的功能融入税制体系的建设中去，让税收真正发挥调节收入分配的功能；刘尚希、王亚珍（2004）认为，收入功能是个人所得税最基本的功能，而调节收入分配的功能仅是派生功能；安体富、任强（2007）基于国民收入三次分配的视角，详细阐述了税收在调节居民收入分配中的重要功能，而且税收的调节作用在三次分配中均能体现出来；贾康、赵全厚（2008）的研究表明，对于体制不合理造成的收入差距调节的重点应该放在政策和制度的完善上，同时再配以必要的税收再分配调节，这样效果会更佳。

2.2　累进性的测度方法

累进性是衡量税收收入分配效应大小的重要指标，国外对此的研究成果非常丰富。其方法主要分为两类：局部度量法和全局度量法。局部度量法具体包括平均税率法、应纳税额法、边际税率法和相对份额调整法等，主要关注的是内部税率结构的累进性；而全局度量法主要包括 EP 指数法、S 指数法和 K 指数法及其分解等，主要从整体上分析税收对收入分配的影响。

2.2.1 局部度量法

累进性即税率随着收入的上升而上升，国外学者提出了多种计量累进性的方法，如 Pigou（1928）提出的平均税率和边际税率法、Musgrave 和 Thin（1948）提出的应纳税额和剩余收入法等。但是这些方法均存在一些缺陷，尤其是对累进程度的变动方向可能会得出相互矛盾的结论。于是，RSA（相对份额调整指数法）对以上四种局部度量法进行了积极的补充，其具体内容是按照家庭收入从低到高进行排序并将其分组，然后计算每个小组的累进程度。总之，局部度量法仅仅能够反映给定收入水平的累进程度，无法对整体税率结构的累进性进行判断。

2.2.2 全局度量法

全局度量法能够比较全面地反映税收的再分配效应，比较常用的方法主要有 MT 指数、K 指数、S 指数和 EP 指数等方法。

MT 指数是 Musgrave 和 Thin（1948）提出的，主要通过税前、税后收入基尼系数的比较来测度税收的收入分配效应。但是由于 MT 指数是一个总量指标，仅能反映税收再分配效应的方向和大小，不能反映出更加细节的影响因素，如累进程度、平均税率以及具体的税制要素等对收入分配的影响。

Kakwani（1977a）提出了 K 指数，做出了重要贡献，其区分了累进性和平均税率对收入分配的影响。K 指数是用来衡量税收累进性的一种常用方法，等于税收集中度与税前收入基尼系数的差额。若 K 指数大于0，税收集中度大于税前收入基尼系数，表示随着收入的增加，纳税人缴纳的税款在其收入中所占的比重随之增加，此时税收是累进的；反之，K 指数小于 0 时税收是累退的；若 K 指数等于 0，则表示税收是比例税，对收入分配公平无影响。后来 Kakwani 又进一步将 MT 指数表示为平均税率和 K 指数的函数，从而完整地揭示了累进性、平均税率和收入再分配效应之间的关系。

S 指数是 Suits（1977）提出的测度税收累进性的重要方法，和基尼系数的计算方法类似；EP 指数是 Musgrave 和 Thin（1948）提出的有效累进测度方法之一，其不仅依赖于税率结构，而且依赖于税前收入分布状况；KP 指数是 Kakinaka 和 Pereir（2006）提出的一种用来测量税收累进性的指标。该指数通过国民收入与税收收入波动的相对值，测算税制的累进性及其变化程度。

尽管理论界认为 MT 指数、K 指数、EP 指数以及 KP 指数等存在一些缺陷，但其简单明了的优点使其在国内外衡量税收收入分配效应中得到了广泛的使用。此外，国外学者还从税收道德的角度研究了税收累进性与逃税行为的关系。如 Docerrenberg 和 Peichl（2010）的研究表明，税收道德越高，税率的累进性就越强。

相比国外研究，目前国内学界对此的研究仅仅是处于吸收和引进阶段，其开创性的研究尚处于空白。其中对税收收入分配效应进行系统研究和介绍的有彭海艳（2008）、李时宇和郭庆旺（2014）等。

2.3　税制结构对收入分配的影响

2.3.1　国外研究

关于税制结构对收入分配的影响，国外学者的研究成果十分丰富，但观点也不尽相同。如 Diamond 和 Mirrlees（1971）通过对最优税收的研究发现，收入的再分配效应只能通过直接税来实现。Stiglitz（1976）后来的研究也得出了同样的结论。Natio（1999）的研究表明，税收再分配效应主要通过直接税实现，但同时也可以通过间接税来辅助实现。Kakwani（1977a）通过对加拿大、澳大利亚、美国和英国四个国家所得税和间接税累进性的研究发现，所得税的累进性比整个税制的更强，能较好地发挥税收的收入分配作用，但间接税的累退性较强，对收入分配具有逆向调节作用。Milanovic（1999）通过对比 79 个国家再分配前后的基尼系数发现，再分配调节后基尼系数下降了30%，个人所得税使得发达国家和发展中国家的基尼系数分别下降了 0.078 和 0.063，而且收入差距越大的国家，其对低收入者进行收入再分配的偏好就越强。Lars-Erik Borge、Jorn Rattso（2004）分析了挪威税制结构的收入分配效应，研究表明，收入分配越不公平，就越需要优化税制结构对其进行调节。Saez（2004）从再分配的视角研究了直接税和间接税的短期和长期效果，结果表明，间接税在短期内对收入再分配具有优势，但直接税在长期中对收入再分配具有优势。与上述学者认为直接税有利于收入再分配的观点相反，Pippin（2006）实证研究了税制结构与收入不平等的关系，研究结果表明所得税依存度（所得税在税收总收入中所占的比重）与收入不平等不相关，即所得税税收收入比重的大小与收入分配状况的改善没有多大的关系，而且所得税依存度越高也不一定改善收入不平等状况。Bargain（2011）实证分析了美国税收对收入不平等的影响，结果表明，共和党时期的税制结构加剧了收入不平等，恶化了收入分配状况。但是另一部分的实证研究得出了不同的结论，如Kim、Lambert（2009）和Hungerford（2010）的研究表明，美国累进性税收在一定程度上降低了收入不平等程度。此外，国外学者还对直接税与间接税的比例进行了深入的研究，如 Decoster（2006）等使用微观模拟模型，对降低直接税比重与提高间接税比重（即税收替代）的收入分配效应进行了实证分析，结果发现受益者是高收入者，而低收入者受到损害，税制的收入分配功能减弱。Bargain 和 Callan（2010）通过对税收—支出收入分配效应的研究发现，只有把税收与支出综合在一起研究，才能够更加全面地反映财政政策的收入分配效应，从而最终构建最优税制。Cronin（2012）考虑了家庭规模对税收负担的影响，结果发现以家庭为征税单位有利于调节居民收入分配。

2.3.2　国内研究

税制结构是影响税收再分配效应的重要因素，国内学者从不同的角度对税制结构的收入分配效应进行了研究。如财政部科研所课题组（2003）的研究表明，中国税收在收入分配调节中存在的问题主要在于仅仅重视对货币收入的调节，而忽视了对财产的调节，缺乏专门调节个人财产的税种。吕冰洋（2010）从三类收入分配入手，从理论上分析了我国税收制度与三类收入分配的关系，认为影响居民收入分配的税种主要是所得税类中的个人所得税和财产税类。孙钢（2011）认为，参与收入分配调节的税种主要有七个，即个人所得税、企业所得税、消费税、土地增值税、车船税、契税和车辆购置税，但税收的调节作用未能产生预期的成效。吕冰洋、毛捷（2014）从理论和实证两个方面分析了我国高投资、低消费的财政基础，并从降低投资、消费比的角度出发，认为财政支出结构应更多地向民生倾斜，应提高直接税的比重，特别是积极推动财产税改革和个人所得税改革。吕冰洋（2014）还从政府与市场入手，实证研究了我国税制结构以商品税为主的主要原因在于市场的扭曲，市场扭曲导致了政府的扩张，使得政府偏好于对商品征税，而且市场的扭曲促使政府提高商品税税率，导致税制结构中的间接税占比上升。因此，税制结构的优化最终还要归因于市场的进一步改革和完善。杨志勇（2014）认为，从广义的税制结构来看，我国的直接税收入已经超过政府收入的一半，应该在尊重客观规律的前提下主动优化税制结构，其中直接税优化的重点在于个人所得税和房产税的完善，间接税优化的重点在于增值税税制的再造。刘华等（2012）、李香菊和刘浩（2014）分别使用世界银行 WDI 数据和我国 30 个省、自治区和直辖市的面板数据，实证分析了税制结构与收入不平等的关系，结果均发现，流转税比重越高，收入分配越不公平。尽管学者对税制结构收入分配效应的研究角度不同，但均认为我国目前以流转税为主体的税制结构制约了税收调节居民收入分配功能的发挥。

2.4　个人所得税对收入分配的影响

2.4.1　国外研究

国外针对个人所得税再分配效应的研究成果比较丰富。Musgrave 和 Thin（1948）提出了研究税收再分配效应的分析工具即洛伦茨曲线及从中计算出来的基尼系数，一般使用税前收入基尼系数与税后收入基尼系数的绝对差距、相对差距来衡量税收再分配效应，又被称为 MT 指数。Wagstaff 等（1999）测算了 12 个 OECD 国家个人所得税的再分配效应，实证结果表明，个人所得税减小了居民间的收入差距，并且使税后收入基尼系数平均下降了 3.3%。Verbist（2013）以 15 个欧洲国家为样本，通过建立税收—转移支付模型实证分析了个人所得税的收入分配效应，结果发现，尽管样本国家在调节收入分配方面所使用的工具差别很大，但个人所得税均是减轻收入不平等问题的重要因素，其主要原因在于累进性的税率结构。Felix（2007）通过对 19 个发达国家税收收入的研究发现，由于税负转嫁的存在，公司所得税税率的上升会引起劳动者工资的下降，而且劳动者工资下降的总量要远远大于政府所征收的公司所得税，这说明征收公司所得税不仅没有起到收入再分配的作用，而且引起了超额负担的增加，有损效率，因此，政府应该对劳动而不是资本课税，只有这样才能改善公平、提高效率。John Creedy、Jamas Enright、Norman Gemmell 和 Nick McNabb 使用和 Verbist 同样的模型，对新西兰个人所得税的再分配效应进行了实证分析，结果发现征收个人所得税后，税前收入基尼系数下降了 0.06，收入不平等程度下降了 15 个百分点。

相对来说，国外学界对发展中国家的研究较少，比较典型的如 Richard 和 Zolt（2005）的研究表明，在大多数发展中国家中，个人所得税调节居民收入分配的效应较小，其原因在于实际征管不力，且累进程度较低。

2.4.2 国内研究

针对个人所得税调节居民收入分配效应的研究，目前国内多数学者的研究结果表明，个人所得税对收入差距具有一定的正向调节效应，但十分微弱。杨卫华、钟慧（2011）以广州城镇居民为例的研究表明，我国现行个人所得税在调节居民收入分配中发挥了一定的作用，但力度还不够，其调节作用并没有得到充分的发挥。彭海艳（2011）实证分析了 1995～2008 年我国个人所得税的再分配效应，结果表明，个人所得税在调节居民收入分配中具有正向且进一步加强的再分配效应，但调节效应非常有限（2006 年除外）。但也有学者认为我国个人所得税制度对收入分配具有较好的调节作用，而且其调节作用不断增强。如李青（2012）的研究表明，从纳税人角度而言，个人所得税在调节居民收入分配中具有明显的正效应，而且呈现不断增强的趋势。王亚芬、肖晓飞、高铁梅（2007）的研究表明，从 2002 年起，个人所得税对收入分配开始起到调节作用，而且可支配收入的基尼系数开始小于总收入的基尼系数，税收基尼系数呈现上升的趋势，这说明个人所得税的再分配效应逐渐增强。梁俊俏、何晓（2014）利用西南财经大学中国家庭金融调查的样本数据，测算了个人所得税的收入分配效应，结果发现个人所得税起到了正向调节作用，但财产性收入个人所得税税率并非一定与再分配效应正相关。白景明、何平（2014）从个人所得税收入项目结构入手，对我国2000年以来的个人所得税改革进行了实证研究，结果发现个人所得税改革降低了中低收入者的税收负担，加大了对高收入阶层的税收调节力度，这和2000年后个人所得税改革的方向是一致的。同时也有学者如胡鞍钢（2002）、张文春（2005）、岳希明等（2012）的研究表明，个人所得税的调节是逆向的。

2.5 财产税对收入分配的影响

2.5.1 国外研究

国外财产税在调节居民收入分配中发挥了重要作用，尤其是财产保有环节的房产税和交易环节的遗产与赠与税在缩小贫富差距方面功不可没。Sinha（1981）对财产税的税负归宿进行了系统的分析，研究结果表明财产税在调节收入分配中发挥了重要的作用。Abrishami、Mehrara和Sadeghein（2010）实证分析了伊朗（1971～2004年）财产税的收入分配效应，结果发现财产税在长期中能够有效地降低基尼系数，而收入税和企业税反而在一定程度上恶化了收入分配状况。

2.5.2 国内研究

国内关于财产税调节效应的研究主要集中在理论方面。如刘尚希（2014）的研究表明，财产税的功能设计只能以筹集收入为主、以调节为辅。崔军（2011）以"调高""提低"为目标，沿着缩小贫富差距、公平税收负担、完善直接税税种体系的思路，提出了进一步改革个人所得税、扩大房产税试点、开征社会保障税、遗产税和赠与税新税种等政策建议，最终在收入和财产的取得和保有环节构筑一道道闸门，从而有效地调节收入分配，遏制收入差距的扩大。相对来说，实证方面的研究较少，如金双华（2013）测算了2010年城镇居民财产税的收入再分配效应，结果发现财产税仅有微弱的累进性，其调节力度太小。詹鹏、李实（2015）实证模拟了居民房产税的收入再分配效应，结果发现重庆、上海模式的再分配效应比较乐观，在考虑免征额和累进税率的情况下，房产税收入再分配效应呈现出正向的调节作用，但其调节效应远小于个人所得税。

2.6　流转税对收入分配的影响

2.6.1　国外研究

关于流转税的收入再分配效应，国外长期以来都非常重视，许多国家政府部门和研究机构对间接税和收入再分配之间的关系进行了大量研究，并取得了丰硕的成果。其中英国早在 1957 年就开始研究两者的关系，使用的方法是 ONS 方法，澳大利亚采用 ABS 方法每隔几年就要测算一次间接税的收入再分配效应，另外还有加拿大的 SPSD/M 模型等。Myung Jae Sung 和 Ki-baeg Park（2011）通过对韩国家庭收入和支出的实证研究发现，消费税[①]的收入再分配效应很小，甚至是负值。Warren（2008）实证分析了澳大利亚、美国、德国、英国等 18 个发达国家消费税的再分配效应，结果发现，消费税在这 18 个国家中均显示出明显的累退性，而且消费税使得各国基尼系数的平均水平提高了 8 个百分点。但同时也有学者的研究表明，间接税并不总是累退的。对于一般消费品，在边际消费倾向递减的条件下，流转税表现出一定的累退性；但是针对奢侈品，随着收入的提高其边际消费倾向并不是递减的。因此，若对奢侈品征收高额的流转税就会使其具有较高的累进性。

关于增值税的收入分配效应，近年来西方学者也进行了大量的研究。如 Melcalf（1994）基于生命周期视角的研究发现，在人的一生中增值税对于总支出是成比例负担的，即增值税在调节居民收入分配中具有比例税的特征。Haughton（2006）实证分析了越南增值税在不同收入阶层之间的负

---

① 韩国消费税指的是广义的消费税概念，相当于我国的流转税，具体包括增值税、个人消费税、烟税、酒税、驾车税、教育税和地方教育税等。

担情况，研究发现增值税税负呈现出微弱的累进性，主要原因在于在征收增值税的商品中，高收入者的边际消费倾向远高于低收入者。Jenkins（2006）在剔除了增值税偷逃税的因素后，以多米尼加共和国家庭收入与支出数据实证分析了增值税的收入分配效应，结果发现增值税在各个收入阶层的收入分配中均呈现出累进性特征，其主要原因在于穷人和富人的消费方式和场所的差异。

相比增值税，国外对消费税收入再分配效应进行了大量而丰富的研究，但结论并不完全一致。William M. Gentry 和 R. Glenn Hubbard（1992）对消费税和所得税进行了比较研究，结果发现消费税更具有累进性的特征。Myung Jae Sung 和 Ki-baeg Park（2011）分析了韩国税收和转移支付的收入分配效应，结果发现，韩国税收和转移支付使得不平等程度下降了 13.8 个百分点，但消费税的收入再分配效应是逆向的，其值很小，仅为 -0.5%。

2.6.2 国内研究

国内学者对流转税收入分配效应进行系统研究的是刘怡和聂海峰。如刘怡、聂海峰（2004）使用 S 指数分析了整个间接税与收入分配的关系，结果发现间接税是累退的，增值税和消费税具有累退性，但营业税具有累进性，低收入家庭收入中负担增值税和消费税的比例大于高收入家庭，间接税恶化了收入状况，但并不显著。刘怡、聂海峰（2009）又对此问题进行了实证分析，结果发现流转税扩大了收入差距，只是近年来其影响有所下降。平新乔等（2009）比较了营业税和增值税的福利效应，结果发现营业税带来的福利伤害大于增值税，故提出实现从营业税向增值税的转变。聂海峰和刘怡（2010）将收入分为年度收入和终身收入后的研究又发现，间接税接近比例负担。聂海峰、岳希明（2012）实证研究了间接税对城乡居民收入分配的影响，研究结果表明无论是从全国范围来看还是分别从城乡内部来看，间接税负担均呈现出累退性的特征，低收入群体的负担率高于高收入群体，间接税对低收入群体影响较大，略微恶化了整体的收入不平等状况。李华、孙倩（2015）基于国际比较的视角指出，要增强税收的收入分配效应，在直接税比重提高受到客观约束的条件下，消除货物劳务税的累退性具有重要意义。

其他学者对于流转税的收入分配效应也进行了积极的探索。如王剑锋

（2004）通过建立模型实证分析了流转税对居民收入分配的调节作用，结果发现我国城镇居民中，低收入阶层的流转税税负水平明显高于高收入阶层。蒋洪、于洪（2005）在测算居民消费品需求弹性的基础上，实证分析了居民各项消费品的需求弹性对间接税税收负担产生的影响，研究结果表明，我国消费税的征收范围过窄影响了税收的收入分配调节功能，整个间接税呈现出累退性特征，其主要原因在于对需求弹性较小的消费品征收间接税。刘穷志（2011）通过构建间接税归宿的累退性与居民收入不平等的理论模型进行实证分析，研究发现增值税和消费税的累退性较强，但营业税累退性较弱，增值税、消费税和营业税在不同程度上加剧了居民间收入的不平等。岳希明、张斌和徐静（2014）的研究结果表明，间接税具有累退性，个人所得税的累进性并不能全部抵消间接税的累退性，所以中国税制整体上呈现出累退性特征。白景明、何平（2015）实证分析了居民所承担的流转税税负，结果表明增值税和营业税的总体税负具有累退性，且高于个人所得税税负。

在增值税方面，目前国内部分学者对此也进行了较为丰富的研究。较早的如李绍荣、耿莹（2005）的研究表明，我国以增值税为主的流转税降低了劳动分配份额，但对资本分配份额的影响不太显著，进而得出其扩大了劳动所有者和资本所有者之间的收入差距这一结论。樊勇、王蔚（2012）通过城乡居民面板数据实证研究了增值税的收入分配效应，结果发现增值税加剧了城镇居民间的收入差距，多档税率造成的居民收入分配的效率损失要小于单一税率。此外还有学者研究了增值税扩围对公平收入分配的影响，如李海玲（2012）的研究显示，增值税扩围在一定程度上减轻了第三产业的税收负担，但是由于增值税的累退性，其会在一定程度上减弱了税收调节收入分配的公平性。白景明、何平（2015）通过对增值税和营业税给不同群体造成的税收负担的研究发现，增值税整体上呈现出累退性特征，其主要原因在于13%低税率的累退性，增值税的累退性并不是绝对的，能够根据消费支出构成情况适当调整税率，即对穷人消费多的商品和服务设置低税率，对富人消费多的商品和服务设置高税率来减弱其累退性。

对于消费税的调节功能，鹿琳、古建芹（2006）的研究表明，消费税对收入分配的调节作用比个人所得税更明显。岳希明、王怡璞（2011）认为，我国消费税征税范围过窄以及税率结构的不合理导致了消费税在调节收入分配中的功能弱化。李波、王金兰（2014）指出要增强消费税的调节效应，就要把消费税放在整个流转税体系中来研究，注重税种之间的协调配合，即在"营改增"的基础上，重新有目的地选择一些高档行为征收消费税。贾康（2015）认为，赋予某一税种单一功能还是多种功能，应该考虑整个税制体系的设计，由于目前我国所得税还没有成为主体税种，其调节收入分配的能力还很有限，因此消费税的功能应该被定位为组织财政收入、调节收入分配和纠正外部性三个功能，不能像国外那样仅仅将消费税的功能定位为组织收入和纠正外部性。部分学者对消费税的收入再分配效应进行了实证分析，如万莹（2013）通过计算消费税在不同收入组的分布发现，消费税对收入分配的整体影响并不明显，但有逐步向累进性发展的趋势。白彦锋、符旺（2014）以江苏省为例，实证研究了消费税的收入再分配效应，研究结果发现，消费税在促进收入公平分配方面的效应并不明显。

同时也有少数学者研究了整体税制的收入再分配效应，如王志刚（2008）采用 KP 指数，利用 1992～2007 年的季度数据，对整个税制的累进性进行了分析，结果发现中国税制呈现出累退性的特征，而且其累退性正在逐步减弱。王乔、汪柱旺（2008）通过建立多元回归模型实证分析了我国现行税制结构对居民收入差距的影响，研究结果表明，增值税和消费税扩大了居民的收入差距，个人所得税对缩小居民收入差距有良好的促进作用，从整体上看，我国以流转税为主体的税制结构对居民收入分配的影响不甚显著。刘华、徐建斌、周琦深（2012）实证分析了税制结构与收入不平等之间的相关关系，研究结果发现，流转税在财政收入中的比重越高，收入分配就越不平等。岳希明等（2014）使用传统的税收归宿分析方法，根据住户调查数据和资金流量表计算了每个家庭承担的税负，研究结果显示，中国税制整体上是累退的，个人所得税、财产税等的累进性在一定程度上减弱了间接税的累退性，但不能完全抵消其累退性。卢洪友、熊艳（2014）从税收收入规模、结构、征管三个影响因素入手，实证分析了中国税收的居民收入再分配效应，研究结果显示，我国税收并没有起到有效的调节收入分配、缩小贫富差距的作用。

2.7 研究评述

从以上国内外的研究中可以看出如下六点。第一，在税收收入分配效应的影响因素中，累进性是一个重要因素，因此国外学者对于累进性的测度进行了大量的研究并取得了丰硕的成果，而国内对于该问题的研究进展主要还处于吸收和借鉴阶段，开创性的研究极为缺乏。第二，国外针对税收收入分配效应的研究不仅建立起了一套系统的分析理论，而且还在该理论的基础上针对某一国家或多个国家进行了大量实证分析，研究了整体税制或某单一税种的再分配效应。因此，国外学者针对该课题的研究比较深入和成熟；而国内关于税收调节居民收入分配的研究理论分析较多，实证分析较少，而且主要集中在具体税种的再分配效应的研究上，至于直接税和间接税的合理搭配问题方面的实证分析更是稀少，这主要和国内微观数据的缺乏有关。在仅有的实证分析中，大多数学者仅仅是根据《中国统计年鉴》的数据进行简单的计算，而不是进行更为严密、精确的统计分析。第三，国内学界针对税收收入分配效应的研究大多侧重于某一税类或具体的税种，而关于税收调节居民收入分配总效应的研究以及各个税类及主要税种的实证研究偏少；而国外对此的研究更加精细和量化，如对直接税与间接税比例的研究以及税收替代的收入分配效应研究等。第四，国外对具体税种的研究更加深入和微观，如对增值税的收入分配效应的研究，既考虑到实际征管中的偷逃税问题，又将增值税纳入整个生命周期进行研究；而国内由于微观数据缺乏等原因，在实证分析中大多以宏观以及粗略的微观数据为基础展开研究，这也是学界对于增值税的收入分配效应研究结论不一致的主要原因。第五，对同一问题如个人所得税的收入分配效应的研究，由于微观数据的缺乏，不同的学者采用不同的数据，即使采用同样的数据，由于具体的计算方法不同，也会得出截然不同的结果。第六，国外在实证分析税收的收入分配效应时，经常会与转移支付结合起来进行比较研究，因为不管是税收还是转移支付，均是收入分配的重要手段；而国内能将两者结合起来进行比较研究的较为稀少。

收入分配公平是政府政策的重要目标，然而我国现阶段对于税收调节居民收入分配的系统研究还很缺乏。正如柳光强、张馨予（2015）所说，国内关于收入分配的研究主要集中在一个或者几个独立的点上，而关于初次分配、再分配和收入分配秩序形成的三角困局经常被忽视，最终导致税收调节收入分配的工具在现实中缺乏协同效应。高培勇（2014a）指出："按照十八届三中全会《决议》以及《财税体制改革总体方案》要求，未来十年税制改革规划的重点之一，就是在规划税制改革时应该重点研究税制在促进社会公平和结构优化中的功能与作用，尽可能采用具体的量化指标，如促进社会公平方面，要明确税制改革后基尼系数应下降多少，不同税种应该各自承担多少比例等。"鉴于此，本书试图对我国税收的居民收入分配效应既做整体上的实证分析，又从流转税、所得税和财产税税系的视角做结构上的研究，同时还会从主要税种及其要素构成出发考察税收的居民收入分配效应，从而形成对我国税收调节居民收入分配效应的系统研究，而且在实际分析过程中尽可能使用量化指标进行定量分析，以期能够对目前我国国内该领域的研究进行积极、有益的探索。

3 税收调节居民收入分配的
基本理论分析

3.1 税收调节居民收入分配的理论基础

3.1.1 马克思主义分配公平理论

公平是人们追求的社会目标，马克思主义经典作家虽然没有分专门的章节对之进行讨论，但其公平的观念贯穿其著作的整个过程。

3.1.1.1 分配公平是相对的、历史的公平

马克思主义经典作家的公平观是在批判资产阶级的基础上，以无产阶级和劳动人民的根本利益为出发点形成的。公平问题从最根本上来说来源于人们的劳动实践，而劳动实践又反映了生产力水平。因此，公平最终取决于生产力水平。人们的公平观是相对的，而且随着生产力水平的发展而变化。"公平则始终只是现存经济关系的或者反映其保守方面，或者反映其革命方面的观念化的神圣化的表现。希腊人和罗马人的公平认为奴隶制度是公平的；1789 年资产者的公平要求废除封建制度，因为据说它不公平。……关于永恒公平的观念不仅因时因地而变，甚至也因人而异，这种东西正如米尔柏格正确说过的那样，'一个人有一个人的理解'"[1]；"什么是'公平的'分配呢？难道资产者不是断言今天的分配是'公平的'吗？

---

① 《马克思恩格斯选集》第 3 卷，人民出版社，1995，第 212 页。

难道它事实上不是在现今的生产方式基础上唯一'公平的'分配吗？……难道各种社会主义宗派分子关于'公平的'分配不是也有各种极不相同的观念吗？"① 从中可以看出，马克思认为公平是相对的、历史的。关于什么是公平，在不同阶段有着不同的标准，而且不同的人对公平的理解也是有差异的。

3.1.1.2　强调生产方式决定分配方式

社会再生产过程中的分配最终是由生产来决定的，"消费资料的任何一种分配，都不过是生产条件本身分配的结果；而生产条件的分配，则表现生产方式本身的性质"②；分配是"同生产过程的历史规定的特殊社会形式，以及人们在他们生活的再生产过程中互相所处的关系相适应的，并且是由这些形式和关系产生的。这些分配关系的历史性质就是生产关系的历史性质，分配关系不过表示生产关系的一个方面"③；"每种分配形式，都会同它由以产生并且与之相适应的一定的生产形式一道消失"。④ 因此解决收入分配问题，不能仅仅就分配论分配，其根源还在于生产方式本身。

3.1.1.3　劳动能力和天赋所带来的收入差距是合理的

马克思认为，天赋和劳动能力差异所带来的收入差距是合理的，但由阶级引起的收入差距是不合理的。"一个人在体力或智力上胜过另一个人，因此在同一时间内提供较多的劳动，或者能够劳动较长的时间；而劳动，要当做尺度来用，就必须按照它的时间或强度来确定，不然它就不成其为尺度了。这种平等的权利，对不同等的劳动来说是不平等的权利。它不承认任何阶级差别，因为每个人都像其他人一样只是劳动者；但是它默认，劳动者的不同等的个人天赋，从而不同等的工作能力，是天然特权。"⑤

---

① 《马克思恩格斯选集》第 3 卷，人民出版社，1995，第 302 页。
② 《马克思恩格斯选集》第 3 卷，人民出版社，1995，第 306 页。
③ 《资本论》第 3 卷，人民出版社，1975，第 998 页。
④ 《资本论》第 3 卷，人民出版社，1975，第 999 页。
⑤ 《马克思恩格斯文集》第 3 卷，人民出版社，2009，第 435 页。

3.1.1.4　承认形式上的公平和事实上的不公平

"一个劳动者已经结婚，另一个则没有；一个劳动者的子女较多，另一个的子女较少，如此等等。因此，在提供的劳动相同，从而由社会消费基金中分得的份额相同的条件下，某一个人事实上所得到的比另一个人多些，也就比另一个人富些。"① 因此，以被社会接受的劳动时间和强度作为分配社会产品的标准，从形式上来看是公平的。但由于每个家庭的具体情况不同，在消费之后每个人剩余的收入也是不一样的，从而引起事实上的不公平，最终将导致收入分配结果的不公平。

3.1.2　福利经济学的收入分配理论

福利经济学以社会福利问题作为研究对象，主要致力于社会经济运行的目标，历经旧福利经济学、新福利经济学以及现代福利经济学的发展后，已经成为经济学体系的重要组成部分。

3.1.2.1　庇古的收入分配公平理论

庇古在其著作《福利经济学》中提出了收入均等化理论，认为收入均等化可以提高整个社会的福利水平。货币是一种特殊的商品，边际效用递减规律同样也适用于货币收入。由于富人的收入大于穷人，而前者的边际效用却小于穷人。因此，在国民收入总量不变的条件下，政府通过所得税、遗产税等方式将富人收入的一部分通过税收的形式集中在国家手中，然后再通过转移支付，例如养老金、失业救济、免费教育以及医疗保险等形式补贴给穷人，这样就会增加效用，进而提高整个社会的福利水平。虽然庇古的再分配理论是建立在基数效用理论的基础上，存在很大的局限性，但是其收入均等化理论仍然被各国政府广泛使用，对于目前我国研究居民收入分配效应理论仍然具有非常重要的意义。

3.1.2.2　帕累托的收入分配公平理论

新福利经济学是建立在序数效用论理论基础之上的，其中帕累托基于

---

① 《马克思恩格斯文集》第3卷，人民出版社，2009，第435页。

效率的视角来判断公平的准则问题。虽然帕累托的经济理论主要研究的是效率问题，但也阐述了公平的重要性。帕累托效率的实现需要考虑公平问题，从福利经济学第一定理可以看出：在完全竞争的市场经济中，如果存在竞争性均衡，那么这种均衡就实现了帕累托效率。此时的帕累托效率可能是公平的，也可能是不公平的，如何使不公平分配变得公平呢？福利经济学第二基本定理指出：在完全竞争市场中，政府改变的是个人禀赋的初始分配状态，其他的事情均由市场自发地解决。从中可以看出，新福利经济学认为分配和效率是可以分开进行的，起点分配的不公平可以通过政府调节来实现，而效率可以通过市场利用价格竞争来实现，即竞争均衡的实现需要起点公平和完善的市场机制作为保证。

3.1.2.3 现代福利经济学的收入分配公平理论

20 世纪 70 年代，福利经济学逐渐走出低谷，呈现出多元化发展的态势。其中具有代表性的人物是阿玛蒂亚·森（1998 年获得诺贝尔经济学奖），其研究成果极为丰富，引领了现代福利经济学的发展方向。阿玛蒂亚·森主要研究了贫穷国家、低收入阶层的福利增进问题，提出了贫困指数，致力于探寻贫穷背后的制度、政策、技术、伦理等深层次原因，从而提出了有益于低收入阶层的政策建议。因此，现代福利经济学对于贫困的关注度更高，从而在一定程度上更加有利于收入分配的公平。

3.1.3 新剑桥学派的收入分配理论

现代经济实践验证了市场并不是完美的，虽然其在效率方面可以实现资源的优化配置，但是由市场决定的居民收入差距很大，容易激化社会矛盾，最终会影响社会的和谐、持续发展。资本主义 1929 ~ 1933 年的经济大危机对此进行了很好的说明，之后凯恩斯经济理论应运而生。凯恩斯认为，要解决有效需求不足问题，就必须依靠政府的干预，尤其是税收调节。收入分配差距较大，就会降低居民的消费倾向。这是因为边际消费倾向递减，即富人收入多，但他们只会把一小部分用于消费，而穷人则会把新增收入的绝大部分用于消费，但他们的新增收入很少。因此，凯恩斯认为应该通过收入再分配来解决这一问题，即通过累进税的办法对富人征税，然后再通过转移支付分配给穷人，或者通过政府提供公共服务。这样既可解决消费倾向过低造成的消费需求不足，也可增加政府投资，从而达到刺激需求、促使供求平衡和增加就业的目的。其中凯恩斯主义中最具代表性的就是新剑桥学派的税收思想。

新剑桥学派是在与以美国萨缪尔森等为首的新古典综合派的论战过程中形成的，主要代表人物有琼·罗宾逊、卡尔多等。该学派将经济增长与收入分配理论结合起来，重点研究了经济增长中劳动收入（主要是工资）和财产收入（主要是利润）在国民收入中相对份额的变化，认为收入分配失衡是社会的症结所在，因此提出政府应采取各种措施对收入分配进行调节，最终实现收入的均等化。

新剑桥学派的税收理论除了认为税收是国家调节经济（调节需求水平和保持宏观经济稳定）的重要工具外，还特别强调应该充分发挥税收在缩小贫富差距、实现收入均等化方面的作用，在设计税制时强调应该根据不同的行业和纳税人的负担能力，体现税收公平原则。其政策主张是建立在收入分配基础上的，关于税收方面的政策主张，该学派认为：在短期内，在所得税方面，采取累进税率，应该使高收入者多纳税、低收入者少纳税甚至不纳税；在消费税方面，对奢侈品多征税，对生活必需品则减税甚至免税；在长期中征收遗产税，新剑桥学派尤其强调实行没收性的遗产税的重要性。"实行没收性的遗产税（只给孤儿、寡妇留下适当的终身财产所有权，并用同等重的赠送税支持这样的遗产税的征收），以便消灭私有财产的集中，抑制食利者阶层的收入的增长，并把政府由此得到的财产及其收入专用于公共目标。此外，还可用政府预算中的盈余去购买公司股份，把公司股份所有制从个人转移到国家手中。"（琼·罗宾逊，1967）同时该学派还强调对税收调节居民收入分配进行微观分析，即减税（增税）的好处（负担）的归宿问题。一般情况下，政府减税的好处的归宿有三种可能：第一，低收入者得到更多的税收减免和优惠；第二，不分收入高低均按照同一比例减税；第三，减税的好处大部分被最富有的群体获得。新剑桥学派认为最理想的是第一种，后两种违背了税收的公平原则。

虽然新剑桥学派有其自身的局限性，但是该学派的税收思想仍然带给我们很多启示，尤其是在目前我国贫富差距持续拉大而政府对此力不从心的现实背景下，给我国的税制改革提供了重要的理论基础。

3.1.4　皮凯蒂收入分配理论

3.1.4.1　皮凯蒂将收入分配作为经济学分析的核心

长期以来，西方学者将效率问题作为经济学分析的核心。托马斯·皮凯蒂（Thomas Piketty）的《21 世纪资本论》使用欧美国家近 300 年的时间序列数据研究了收入与财富分配发展变化的演进轨迹。"将分配问题回归到经济学分析的核心"[①]，围绕分配来讨论不平等问题。具体涉及收入分配、财富分配以及财富与收入不平等的问题，检验了市场经济中收入不平等的长期历史趋势。皮凯蒂系统地阐述了资本主义财富与收入不平等的特征及其原因，并提出了解决问题的对策建议，使人们清晰地看到了资本主义收入分配中的阶层分布，具有开创性的价值和意义。在当今世界收入和财产差距较大的现实背景下，《21 世纪资本论》再次把公平和效率的权衡问题摆在了世人的面前，引起了人们的极大关注和热情，这也是该书出版后极其畅销的重要原因。

3.1.4.2　财富不平等的根源在于资本收益率大于经济增长率

皮凯蒂认为趋同和分化的力量决定了财富分配与收入分配的长期趋势。"趋同的主要力量是知识的扩散以及对培训和技能的资金流入"，因此，"知识和技能的扩散对于整体生产效率的增长和一国内与各国间不平等的消减起着关键性的作用"[②]；"分化的力量主要包括高收入者的收入远远高于其他人以及在财富积累和集中的过程中伴随着一系列的分化力量，而分化的根本力量就是资本收益率大于经济增长率（r > g），这是导致长期财富分配不平等的主要因素，且其影响程度要远远大于趋同的影响"[③]。在自由的市场经济中，当资本收益率显著地大于经济增长率时，财富分配差异化的风险就会变得非常高，从而在逻辑上可以推断出继承财富的增长

---

① 〔法〕托马斯·皮凯蒂：《21 世纪资本论》，巴曙松等译，中信出版社，2014，第 15 页。

② 〔法〕托马斯·皮凯蒂：《21 世纪资本论》，巴曙松等译，中信出版社，2014，第 22 页。

③ 〔法〕托马斯·皮凯蒂：《21 世纪资本论》，巴曙松等译，中信出版社，2014，第 512 页。

速度要快于产出和收入。在此条件下，"继承财产的人仅需要储蓄其一部分资本，就会使资本增长比整体经济增长得更快。在这种情况下，相对于那些劳动一生积累的财富，继承财富在财富总量中将不可避免地占主导地位，并且资本集中程度将维持在很高的水平上"。①

一个人财富的多寡不仅由劳动所得决定，而且由继承的财富决定，因而出身要比后天的努力和才能更重要。

3.1.4.3　劳动和资本的不平等

"劳动和资本不平等的关键是劳动还是继承遗产。来自劳动的不平等使社会正义受到轻视，劳动收入和财产继承孰重孰轻引起热议；社会收入不平等，一是来自劳动的收入不平等，二是来自资本的收入不平等。来自资本收入的不平等大于资本本身的不平等，个人拥有大量财产不论怎么经营其收获总是大于中等财产者的一般报酬。劳动收入最高的那 10% 的人拥有总劳动收入的 25%～30%。拥有资本收入最高的那 10% 的人却拥有超过50% 的社会财富，而最底层 50% 的人几乎一无所有。"②

3.1.4.4　加大政府税收对财富调节的力度

针对资本主义贫富差距的现实，皮凯蒂主要从再分配的视角进行研究，认为累进税是解决收入分配不平等问题的重要途径。"累进税是社会国家的关键因素：它在社会国家的发展和 20 世纪不平等结构的转型中占据核心地位，为确保未来社会国家的活力，它仍然至关重要"③；"必须建立一个能够适用于全世界财富的税收安排，然后决定如何分配税收收入"。④

托马斯·皮凯蒂的《21 世纪资本论》出版后在全球引起了极大的轰动，同时也引起了很多质疑。但"皮凯蒂热"再次告诉我们，经济学研究不仅要重视效率，而且要重视公平，两者不可偏废。但由于长期受"主流

---

① 〔法〕托马斯·皮凯蒂：《21 世纪资本论》，巴曙松等译，中信出版社，2014，第 27 页。
② 〔法〕托马斯·皮凯蒂：《21 世纪资本论》，巴曙松等译，中信出版社，2014，第 241 页。
③ 〔法〕托马斯·皮凯蒂：《21 世纪资本论》，巴曙松等译，中信出版社，2014，第 26 页。
④ 〔法〕托马斯·皮凯蒂：《21 世纪资本论》，巴曙松等译，中信出版社，2014，第 532 页。

经济学"的影响，经济学研究似乎只重点关注了效率，而忽视了收入分配的公平问题。因此，尽管《21 世纪资本论》可能存在这样那样的不足，但其对资本主义贫富差距的清晰论述使得公平与效率这一古老的矛盾再次引起了人们的热议，政府、学界以及社会大众更加重视再分配和社会公平问题。这在当前我国贫富差距比较大的现实国情下更具现实意义，为本书的研究提供了重要的理论支撑。

3.1.5　税收调节收入分配的公平原则

公平原则是税制设计的首要原则，也是最基本的原则。威廉·配第最早提出了税收公平原则，他将税收基本原则概括为"公平、简便、节省"。亚当·斯密提出了"平等、确实、便利、节省"税收四原则，主要强调的是公平和管理规范，尤其突出了公平的首要地位。后来很多经济学家都对税收公平原则做了重要论述，如阿道夫·瓦格纳和马斯格雷夫等。尽管不同的经济学家在对税收原则的表述上有所不同，但均提到了税收负担分配的公平、平等原则。约翰·穆勒（1991）在其著作《政治经济学原理及其在社会哲学上的若干应用》（下卷）中指出，"由于赋税使人牺牲了舒适和奢侈，政府当然有责任把所得的税款尽可能公平地分配给所有人"，从中可以看出自国家产生后，税收公平原则在税制设置中的重要性。

从发达国家税制结构的演变过程来看，大致经历了原始的直接税、以商品为主的间接税与发达的直接税三个阶段。其中，"在原始的直接税阶段，主要是土地税和人头税，因此征管简单，而且效率也很高，但是缺乏公平，因此税制结构演变到以商品为主的间接税阶段。在以商品为主的间接税阶段，主要按照商品的流转额征税，多消费者多缴税，从形式上来看是很公平的。但是，形式上的公平掩盖了实质上的不公平。这是因为流转税形式上是比例税，但由于边际消费倾向递减，实质上具有累退性，即高收入者所缴纳的税收在其收入中的比重低于低收入者，因此这种形式上的公平掩盖了实质上的不公平，于是税制结构需要向更加公平的方向演变。在发达的直接税阶段，主要是针对个人的所得和财产征税，所得和财产越多，所征的税也就越多。一般来说，富人的财产和收入较多，因此负担较多的税收，而收入较低的承担的税负较低，甚至是不缴税。因此，相对来说，发达的直接税阶段的公平程度是较高的"（高培勇，2014）。

由以上可以看出，在税制结构的发展过程中，随着经济社会条件的变化，税制结构总是会向更公平、更公正的方向演进。中国税制结构的优化和完善，亦是如此。为了达到公平分配的目的，经济学家提出了衡量公平分配的标准即受益原则和支付能力原则。前者是根据纳税人从政府所提供的公共产品或服务中所获得收益的大小来确定税收负担分配，受益大的税收负担重，受益小的税收负担轻。然而在实际生活中，由于公共物品的不可分割性以及消费的非排他性，要准确地量化每个纳税人受益的大小存在很多困难，从而无法在实践中运用。支付能力原则是以纳税人的纳税能力作为税收负担分配的依据，一般以收入、消费、财富作为衡量纳税能力的指标。支付能力大的就多负担，支付能力小的就少负担。该方法能够很好地调节居民收入和财富的分配，实现收入分配的公平，因此，支付能力原则在实践中得到了普遍使用。同时经济学家又根据支付能力原则将税收公平原则进一步分为横向公平和纵向公平。横向公平是指支付能力相同的人应该缴相同的税收，即以相同的方式对待条件相同的人。纵向公平是指支付能力不同的人应该区别对待，负担不同的税收，能力大的多负担，能力小的少负担，即以不同的方式对待条件不同的人。

税收公平原则是税制发展变迁过程中的基本规律。十八届三中全会明确指出，坚持社会主义市场经济改革方向，以促进社会公平正义、增进人民福祉为出发点和落脚点，并且还多次强调公平在经济、市场、分配及社会发展中的重要意义。因此，在今后的税制改革中必须坚持公平和效率兼顾的原则，再分配更加注重社会公平。

3.2 税收调节居民收入分配的机理分析

3.2.1 税收调节居民收入分配的方式

税收对居民收入差距的调节主要通过直接调节和间接调节两种途径来进行，"对个人劳动所得、资本收益或财产的课税，将直接影响个人的收入水平和收入结构，属于直接调节；而对特定商品课征比其他商品更重或更轻的税，会影响不同商品的比价，从而间接影响不同消费者的收入水平，属于间接调节"（邓子基，1999）。

3.2.2 税收调节居民收入分配的具体手段

税收调节居民收入分配的具体手段有累进税率、免征额、起征点、税收抵免和退税等。其中税收抵免和退税的纳税人主要是企业，而与居民密切相关的主要有累进税率、免征额和起征点等。

3.2.2.1 累进税率

在税制设计中对不同收入水平的人群设定不同税率，使得高收入者多纳税、低收入者少纳税甚至不纳税，从而使整体税负随着收入递增呈现出逐级累进的特征，最终达到缩小居民税后收入差距的目的。累进税率是税收调节居民收入分配的主要手段。

3.2.2.2 免征额和起征点

免征额是指征税对象中扣除的免予征税的数额。其目的是照顾人们最基本的生存和生活需要，从而使税负的分配更加公平、合理。起征点是指征税对象在达到一定数额时开始征税的起点。其目的是免除收入较少的纳税人的税负，从而贯彻合理负担的税收政策。

起征点和免征额既有联系也有区别，其共同点在于两者都属于减免税的范畴，当纳税人的收入不超过免征额或起征点时，都不征税。其区别在于：第一，当纳税人的收入恰好等于或大于起征点时就要征税，而当纳税人的收入等于免征额时，则不征税；第二，若纳税人收入大于起征点，则按其收入全额征税，然而当纳税人收入大于免征额时，则只就超过部分征税。从调节居民收入分配的视角来看，免征额是对所有人的照顾，而起征点是对部分低收入者的照顾。

起征点和免征额均属于减免税的重要内容，而减免税是税制中对某些纳税人或者征税对象（如抚恤金、退职费、离退休补助等）的鼓励或照顾措施。从某种意义上来说，减免税是税率的补充和辅助手段。减免税主要是在按照税法规定的税率征税时，由于不能解决某些具体问题而采取的一种措施，是税收统一性和灵活性的有机结合，是对特殊情况进行特殊调节的一种手段。

3.2.3 税收调节居民收入分配的传导机制

税收除了具有筹集财政收入的基本功能外，还具有调节居民收入分配的重要功能。相对政府的其他调节居民收入分配的手段，税收调节更具独特性，这是由税收的强制性、固定性和无偿性特征所决定的。第一，税收能够以强制力量，按照法定税率调节居民收入分配。第二，政府可以通过税制安排以及税种的设计，对居民收入进行全面的控制和调节，因此税收对居民收入的调节更加全面。第三，如果一国政府的调控目标侧重于社会公平，那么"税收调节还可以直接立足于收入分配的公平，即国家通过税收政策中的伦理思想，诸如对奢侈品课重税、对日用必需品课轻税，并通过税收政策、税收制度将这种税收分配中的伦理思想，具体化为一定的课税对象和税率，统一地、无差别地适用于不同的社会群体和个人，从而又使得这种公平尺度能够通过税收分配更加有效地作用于整个社会"（罗涛，2009）。因此，税收一直是政府调节收入分配的重要手段之一，即使是市场经济非常完善的西方发达国家，也非常重视税收的调节作用，由此也形成了西方经济史中各种各样的具有不同观点的经济学流派。那么，在实际中税收如何调节居民之间的收入分配差距呢？居民间的贫富差距主要表现在收入、消费和财产三个方面，收入与消费属于流量数据，财产属于存量数据，而税收也将主要从这三个方面发挥其调节作用。在收入取得阶段，有相应的个人所得税、社会保障税等进行专门的调节；在消费支出阶段，有增值税、消费税、营业税等流转税进行调节；在财产流转和保有阶段，有契税、房产税、遗产与赠与税等税种相对应，具体传导过程如图 3－1所示。

由以上可以看出，税收在缩小居民间的贫富差距中可以从收入、财产和消费三个方面发挥积极的作用，即通过从流量和存量两个方面起到缩小贫富差距、促进社会公平的作用，那么我国现行税制在调节贫富差距中到底发挥何种作用？其调节效应到底有多大？这些问题将在第5~8章的实证分析中进行具体的研究。

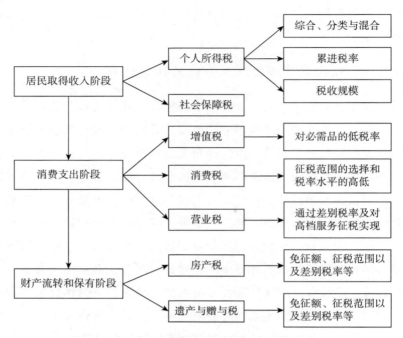

图 3 – 1　税收调节居民收入分配的传导机制

3.2.4　分配公平与税制之间的关系

　　税收公平历来是税制设计中必须要遵循的基本原则和首要原则。收入分配是我国目前学界、政府及民众普遍关注的热点和焦点议题，而税收是促进收入公平分配的有效手段，因此，税收与公平收入分配之间存在着密不可分的关系。我国收入差距持续拉大的因素中，既有合理的因素，也有不合理的因素。合理的因素可以促使人们积极诚实劳动、合法经营致富，但是不合理因素导致的收入差距如腐败等则会挫伤人们的积极性、主动性和创造性，伤害劳动人民的社会情感，再加上中国长期以来受"不患寡而患不均"传统观念的影响，这些最终会影响到社会的和谐与稳定。党和政府历来都非常关注收入分配公平问题，并提出了很多政策措施，如十八届三中全会通过的《中共中央关于全面深化改革若干重大问题的决定》明确提出税制改革的方向，即优化资源配置、维护市场统一、促进社会公平、实现国家长治久安，从中便可以看出公平和税制之间存在密切的关系。市场在资源配置中起决定性的作用，主要是指市场在国民收入的初次分配中起到决定性的作用；而税收主要在再分配环节发挥作用，即可以通过税种的设置、税基的选择以及税率的调节等达到调节收入分配、促进社会公平的目的。税收的无偿性、强制性、固定性特征决定了税收在调节居民收入分配中能够发挥其他再分配手段如社会保障和转移支付不可替代的作用。

3.3　税收收入分配效应的衡量方法

判断税收收入分配效应的关键在于判断税收是否具有累进性，其衡量方法主要分为古典累进性测算法和现代累进性测算法。其中前者主要用来分析不同收入群体的累进性，但无法用来衡量整体税收的累进性；而后者可以从整体上揭示税收的累进性程度，但是对于不同收入个体的累进性的测算则无能为力。鉴于此，本书选用现代测算法中的 Kakwani 累进性和古典测算法中的平均税率法，分别从整体和结构的视角来研究税收的收入分配效应。

3.3.1　整体视角

3.3.1.1　基尼系数的概念

基尼系数，是意大利经济学家基尼在洛伦茨曲线的基础上提出的衡量居民收入不平等程度的指标，同时也是国际上用来判断收入分配平等程度的常用分析指标。基尼系数指，在居民收入中，用于进行不平均分配的那部分收入在居民总收入中所占的比例。其最大值为 1，表示收入分配绝对不平均，即一个人全部占有 100% 的收入；最小值为 0，表示收入分配绝对平均，即人与人之间的收入没有任何差异：这是两种极端的分配形式。一般情况下，基尼系数的值介于 0 和 1 之间。系数越大，居民收入分配越不平均。

联合国有关组织规定使用基尼系数来反映收入分配差异程度，一般认为，基尼系数低于 0.2 为收入绝对平均；0.2～0.3 为比较平均；0.3～0.4 为相对合理；0.4～0.5 表示收入差距较大；0.5 以上表示收入差距很大。由于基尼系数能够有效地预测出两极分化的质变临界值，因此被世界各国在衡量各自的收入分配状况时普遍采用，是衡量收入差距最可行的方法。

3.3.1.2 基尼系数的计算方法——万分法

基尼系数的计算方法有多种，如万分法、差分法、等分法以及洛伦茨曲线回归法等。《中国统计年鉴》将城镇居民家庭收入划分为 7 个小组，而且每组的人口比重并不相等（10%、10%、20%、20%、20%、10% 和 10%），因此只能以万分法进行计算。这主要是因为万分法是一种无论家庭、收入和人口比重是否等分都适用的一种直接计算方法，故本书采用万分法进行具体的实证分析。具体计算公式为：

$$G = 1 - S \qquad (3-1)$$

公式（3-1）中，G 表示基尼系数，S 表示相邻两个收入组的人口百分比与相应的累加收入百分比乘积的和：

$$S = \sum_{i=1}^{n} p_i \times V_i \qquad (3-2)$$

公式（3-2）中，n 为不同的收入小组数；p_i 为第 i 组的人口百分比；V_i 为相邻两组的收入累加百分比：

$$V_i = U_{i-1} + U_i \qquad (3-3)$$

公式（3-3）中，U_{i-1} 和 U_i 分别表示第 $i-1$ 组和第 i 组的向下累加收入百分比：

$$U_i = \sum_{i=1}^{i} y_i \qquad (3-4)$$

公式（3-4）中，y_i 表示第 i 组的收入百分比。

$$p_1 + p_2 + p_3 + \cdots + p_n = 100$$
$$p_i = \frac{P_i}{\sum_{i=1}^{n} P_i} \qquad (3-5)$$

公式（3-5）中，p_i 表示第 i 组的人口百分比；P_i 表示第 i 组的人口数额。

$$y_1 + y_2 + y_3 + \cdots + y_n = 100$$
$$y_i = \frac{Y_i}{\sum_{i=1}^{n} Y_i} \qquad (3-6)$$

公式（3-6）中，y_i 表示第 i 组的收入百分比；Y_i 表示各个收入组的收入数额。

如无特别说明，本书在计算基尼系数时均采用该方法进行计算。

3.3.1.3　MT 指数

本书的研究目的在于评价税收的收入分配效应，因此需要相应的衡量指标。国际上比较常用的衡量指标是 Musgrave 和 Thin 提出的税前、税后收入基尼系数的差额，即 MT 指数，其公式为：

$$MT = G_b - G_a$$

其中，G_b 和 G_a 分别表示税前、税后收入基尼系数。其经济学含义是，如果税收具有缩小收入差距的均等效应，那么税前收入基尼系数就会大于税后收入基尼系数，MT 指数为正值；否则，若税收不具有缩小收入差距的均等效应，那么 MT 指数为负值。

3.3.1.4　K 指数的计算

税收累进性是影响税收收入分配效应的重要因素，决定着税收的调节方向和大小。Kakwani（1977）又提出了税收累进性的衡量指标，即 K 指数，其公式为：

$$K = C_y - G_b$$

其中，C_y 表示税收集中率，是指相对居民收入来说，税负在居民之间分布的衡量指标；G_b 是指税前收入基尼系数。K 指数的经济学含义是，如果税收集中率等于税前收入基尼系数，即 $K = 0$，那么税负和收入在居民个人之间的分布是完全相同的，此时税收为比例税；如果税收集中率大于税前收入基尼系数，即 $K > 0$，则说明税负的分布偏重于高收入者，此时的税收为累进税；如果税收集中率小于税前收入基尼系数，即 $K < 0$，则说明税负的分布偏重于低收入者，此时的税收为累退税。

3.3.1.5　MT 指数的分解

根据 Kakwani（1984）的研究，进一步将 MT 指数分解为横向公平和纵向公平两个方面，其分解公式为：

$$MT = (C_y - G_a) + tK/(1-t) \qquad (3-7)$$

公式（3-7）中，C_y 表示按照税前收入排序的税后收入集中率，指相对收入而言，税收负担在不同收入群体之间分布的一个衡量指标；t 是平均税率，G_a 是税后收入基尼系数。$C_y - G_a$ 为横向公平效应（记为 H）。如果税前、税后收入排序相等，即 $C_y = G_a$，则横向不公平效应的值等于 0。Kakwani（1984）、Atkinson（1980）和 Plotnick（1981）的研究均表明，如果税后收入排序发生变化，那么税后收入集中率一定小于税后收入基尼系数，即 $C_y < G_a$，也就是说横向不公平的衡量指标最大值是 0，并且只有在横向公平原则实现时取最大值，否则取负值。该项具有明显的经济学含义，在纵向公平一定的条件下，如果税收在横向上是不公平的，即 $C_y < G_a$，那么 MT 会变小，同时税收的再分配效应减弱。

$tK/(1-t)$ 是税收通过纵向公平调节收入分配的衡量指标，由平均税率和税收累进性两项构成，又被称为纵向公平效应（记为 V）。其经济含义有三方面。第一，由于 t 大于或等于 0，所以 $t/(1-t)$ 一定大于等于 0，故累进性指数 K 决定了税收调节纵向收入分配效应的方向，如果 $K>0$，那么税收在调节收入分配中发挥了积极的作用；若 $K=0$，则税收是比例税，即税收通过纵向公平原则对缩小收入差距没有发挥任何作用；如果 $K<0$，则其发挥了逆向的调节作用。第二，平均税率 t 的大小也是影响再分配效应的重要因素，如果 K 大于 0，那么平均税率 t 越大，税收的再分配效应也就越强。第三，在横向公平一定的前提下，平均税率和税收累进性两者共同决定了税收的再分配效应。Kakwani 还进一步证明了如果不存在再排序效应，那么其公式可以简化为：

$$MT = tK/(1-t) \qquad (3-8)$$

3.3.2　结构视角

3.3.2.1　平均税率

Pigou 将平均税率随收入变化的程度作为衡量税收累进性的指标，称为 ARP 指标。其计算公式为：

$$ARP = \frac{\dfrac{T_1}{Y_1} - \dfrac{T_0}{Y_0}}{Y_1 - Y_0} \qquad (3-9)$$

公式（3-8）中，T_0 和 Y_0 分别指低收入者缴纳的税收和收入，T_1 和 Y_1 分别指高收入者缴纳的税收和收入。若 ARP 大于 0，则表明税收是累进的；若 ARP 小于 0，则表明税收是累退的；若 ARP 等于 0，则说明税收是中性的。

3.3.2.2 税收公平三定理

正如上文所指出的税制公平问题是一个主观性很强的问题，判断一个国家的税制是否公平会存在不同的观点，Kakwani 和 Lambert 在 1998 年第一次提出了判断税制是否公平的三个定理。由于税制的公平性会直接影响税制的收入再分配功能，因此我们详细介绍 Kakwani 和 Lambert 税制公平的三个定理。

定理 1：$x_i \geq x_j \Rightarrow t_i \geq t_j$

其中 x_i 和 x_j 表示第 i 个人和第 j 个人的税前收入，t_i 和 t_j 表示其各自的应纳税额。定理 1 的经济含义是如果一个人的税前收入高于另外一个人，那么其缴纳的税额应该在绝对值上高于另外一个人，即高收入者应该缴纳的税额的绝对值不能低于低收入者。由于定理 1 中的收入和税额都是以绝对额为基础进行比较的，所以又被称为税收绝对额累进。

定理 2：$x_i \geq x_j, t_i \geq t_j \Rightarrow \dfrac{t_i}{x_i} \geq \dfrac{t_j}{x_j}$

定理 2 是在定理 1 的基础上，将税率累进性引入税制公平问题，即在公平税制下，高收入者承担的税负在其收入中所占的比重应该大于或等于低收入者。简单来讲，定理 2 要求高收入者不仅其应该缴纳的税额要高于低收入者，而且其适用的税率也应该具有累进性，要高于低收入者。

定理 3：$x_i \geq x_j, t_i \geq t_j, \dfrac{t_i}{x_i} \geq \dfrac{t_j}{x_j} \Rightarrow x_i - t_i \geq x_j - t_j$

定理 3 是在定理 2 的基础上进一步要求高收入的税后收入不能低于低收入者，即公平的税制不能改变人们的收入排序，否则会挫伤人们工作的积极性。

以上三个定理是税制公平性衡量的量化指标，其中对任何一个定理的违背都会影响税制的公平性。在现实中最常用的指标是定理2，即以税率是否累进来判断税制的公平性。本书在之后的实证分析部分，若无特别说明，主要使用公理2作为衡量税制公平性的标准。

3.4 税收调节居民收入分配的局限性分析

税收作为政府调节居民收入分配的一个重要手段，具有强制性、无偿性和固定性的特征，任何单位和个人均应按照税法的规定依法纳税。而且税收的调节范围较广，从收入分配的视角来看，既可以通过多层次的税收调控体系来进行，也可以通过具体税制要素的设计来进行。因此，税收可以通过对不同的纳税人采取针对性的政策来进行合理的调节，是政府调节收入分配手段中较好的一种。但是税收并不是万能的，在实际的调节中也存在一定的局限性。

3.4.1 市场机制不健全制约了税收调节效应的发挥

在大多数西方发达国家中，税收调节居民收入分配是在市场分配中人们的工资性收入能够基本公平的基础上进行的。工资性收入是否公平主要看个人的能力和收入是否匹配，而是否匹配取决于市场的成熟程度。西方发达国家的市场经济已经相当成熟，因此，经过市场第一次分配后，在其比较公平的基础上进行税收调节的效果是比较明显的。然而，目前我国的市场经济还存在很多问题，经过市场第一次分配后，个人的能力与收入水平并不匹配，相反主要受行业、区域以及垄断等因素的影响，主要表现为较大的行业收入差距、区域收入差距以及不同所有制单位之间的差距，以及工资性收入之外的员工福利（福利是不纳税的）差距，这些均严重地制约了税收调节功能的有效发挥。

同时，在健全的市场经济体制下，经济活动的透明度较高，从而居民收入的货币化程度也比较高，最终个人收入才能够被有效地监控。在此前提下，税收调节居民收入分配的功能才能得到有效的发挥。因此，税收的调节功能能否有效地发挥出来，除了税制本身的原因外，还需要健全的市场作为其发挥效应的前提条件。目前我国市场机制方面存在的问题也在一定程度上制约了税收调节居民收入分配功能的发挥。

3.4.2 税收调节居民收入分配的范围有限

税收具有调节收入分配的功能，但是税收并不能对居民所有的收入进行调节。这是因为随着经济的发展，居民的收入来源呈现出多元化的趋势，税收只能对居民的"看得见"[①] 的合法收入进行调节，而很多"黑色"收入等非法收入都游离在税收的调节范围之外，如 Friedrich Schneider（2007）实证分析了 145 个国家的隐性收入，研究结果发现：隐性收入在发展中国家 GDP 中所占的比重较高，其中非洲为 41.2%、中美洲为 41.5%、亚洲为 26.3%，OECD 国家为 16.3%，社会主义国家为 21.8%，转型国家为 40.1%，而且其比重随着时间的推移而增加。目前，我国的地下经济已经有了相当的规模，尤其是盗版、走私、地下工厂和受贿等较为突出，税收对居民个人从中获得的收入无法调节。因此，收入统计的完整程度是税收调节居民收入分配的重要局限之一，居民收入统计的不完整性会进一步影响其收入分配效应的测算，一般情况下计算出来的结果会低估其效应。

目前我国对于居民收入分配效应的研究，大多以国家统计局公布的数据为标准，而统计局的数据均是家庭住户的实地调查数据，是家庭住户自己填写的，所以不可避免地会隐瞒一部分收入，尤其是不合法的收入。纳入税收体系内的并不是居民的全部收入，隐性收入是不纳税的。一般情况下，高收入者的隐性收入较多，低收入者的隐性收入较少，那么，在当前的个人所得税制下，征收累进的个人所得税会进一步加剧收入分配差距，甚至对收入分配起逆向调节作用。因此，由于实际生活中大量存在的隐性收入等，税收的调节功能受到了很大的限制，这也是我国税收调节作用不能充分发挥的重要原因之一。本书在以后的章节中进行分析时，由于使用的也是国家统计局公布的数据，所以同样无法考虑到居民的所有收入，其

[①] 大多是工薪收入，税收基本上对于高收入者的隐性福利和收入无法调节，更谈不上对不合法的收入的调节了。

结论也存在一定程度的低估。

3.4.3 税收仅仅是政府调节收入分配的手段之一

税收仅仅是政府调节收入分配的手段之一，只能"劫富"，而不能济贫，不能代替政府的其他调节手段，如转移支付和社会保障；同时也不能代替社会调节手段，即富人、慈善和民间团体对低收入阶层的爱心援助等。而目前我国收入分配差距较大的根本原因还在于市场经济中的第一次分配，因此，要彻底解决收入分配问题，仅仅强调税收的调节作用是远远不够的。税收调节无法代替市场调节和社会调节，也非政府宏观调节的全部，仅仅是政府调节收入分配的一个手段。再加上税收调节仅仅是一种有限的事后调节，不可能完全消除居民间的收入分配差距，也无法改变整个社会的收入分配规则，这就大大制约了税收调节效应的充分发挥。

3.4.4 公平与效率的两难选择

税收调节居民收入分配效应究竟多大才算是合理的，取决于效率与公平的权衡。当我们强调税收在调节居民收入分配中的效应时，很有可能在一定程度上损害效率。这是因为税收作为政府宏观调控的手段，在具体操作的过程中必然会改变市场原有的资源配置模式，从而产生效率损失，1988年我国筵席税的征收就是一个很好的证明。在研究税收的调节效应时还必须考虑到效率的权衡问题，税收的调节效应并不是越大越好，其必须是在保证效率的基础上尽可能发挥其调节功能。因此，政府在宏观调控中强调税收调节效应的公平时往往受到效率的制约。

3.4.5 大数据时代的到来对税收的调节功能提出了更高的挑战

大数据时代的到来为税收征管既带来了机遇，也带来了巨大的挑战。大数据为税收征管模式转变提供了技术推动力、为税收征管模式转型指明了路径以及为征管模式的转型提供了可资借鉴的范式等的同时，也带来了巨大的挑战：第一，税务部门目前对于大数据的认知十分有限，对于大数据的内涵、技术的功能了解得很少；第二，税务部门对于税收征管的地位存在着错误的认识。一般来说，经济决定税源，税源决定税收。在经济发展水平一定的条件下，税源的多少取决于税制的设计，而在税源一定的前提下，税收收入的实现则取决于税收征管水平的高低。在此基础上，就形成了征税是税务局的事情这一认识。该认识束缚了税务部门寻求外部协作的动力和积极性，这样的理念和认识与大数据的开放观念是相矛盾的。因此，大数据时代的到来对税收征管提出了更高的要求，在新的经济形态下，如果相应的税收征管跟不上，那么相应的税收收入能否征上来就成了一个很大的问题。那么，若税收收入不能有效、及时地入库，就会大大弱化税收的调节功能。

4 中国税收调节居民收入分配的现状及问题分析

4.1 中国居民收入差距的现状

4.1.1 居民收入增长的基本情况

1978 年改革开放以来，伴随着经济的高速增长，我国居民的收入水平有了很大提高。从全国居民人均可支配收入来看，2014 年人均可支配收入为 20167.1 元，比 2013 年提高了 1856.3 元，增长了 10%。分城乡居民收入来看，城镇居民人均可支配收入从 1978 年的 343.4 元提高到 2014 年的 29381.0 元，增长了 84.6 倍；农村居民人均纯收入从 1978 年的 133.6 元提高到 2014 年的 9892.0 元，增长了 73.0 倍。因此，我国居民收入无论是从总体上来看，还是分城乡来看均有了很大提高。

4.1.2 居民收入差距变化的基本情况

4.1.2.1 全国居民收入差距进一步拉大

从全国居民按收入五等份分组的人均可支配收入来看，2014 年 20% 的高收入组的人均可支配收入比低收入组高出 46221 元，相比 2013 年增长了 3166.8 元；在中等收入组内部，2014 年中等偏上收入组人均可支配收入为 26937.0 元，比中等偏下收入组高出 16050 元，相比 2013 年两者的差距更大，提高了 1342.5 元。从五个小组之间差距的绝对值来看，全国居民间的收入差距进一步拉大。

4.1.2.2 城乡居民收入差距有所下降，但依然处于高位

2014 年，城镇居民人均可支配收入为 29381 元，同比名义增长 9.0%；而农村居民人均可支配收入为 9892 元，同比名义增长 11.2%。2014 年城乡居民人均收入比为 2.97∶1，相比 2013 年下降了 0.06。根据世界银行的研究，大多数国家城乡居民收入差距为 1.5∶1，超过 2∶1 的国家非常少，而我国城乡居民收入比在 2009 年已经高达 3.3∶1。因此，虽然近年来我国城乡居民收入差距有所缩小，但从国际上来看，仍然处于较高的水平。

4.1.2.3 地区差距依然较大

"随着改革开放的深入，各地区经济快速增长，区域差距扩大、地区发展机会不均等、区域之间的利益摩擦和冲突加剧等问题也如影随形。区域发展不均衡成为困扰我国经济社会发展的一大难题。"[①] 2014 年，东部地区居民人均可支配收入为 25954.0 元，比 2013 年增加了 2295.6 元，增长了 8.84%；西部地区人均可支配收入为 15376.0 元，比 2013 年增加了 1457 元，增长了 10.47%；中部地区人均可支配收入为 16868.0 元，比 2013 年增加 1829 元，增长 8.93%；东北地区人均可支配收入为 22375.0 元，比 2013 年增加 1604.1 元，增长了 10.51%。从人均可支配收入的绝对差距来看，2014 年东部与西部的差距为 10578 元，比 2013 年扩大了 838.6 元；东部与中部的差距为 9086 元，比 2013 年扩大了 691.5 元；东部与东北的差距为 6350 元，比 2013 年扩大了 584.7 元。从人均可支配收入的相对差距来看，2014 年东部、西部、中部和东北地区的比值为 1.54∶0.91∶1∶1.16（假定中部地区的数值为 1），与 2013 年的 1.55∶0.91∶1∶1.17 大致相同。[②] 从以上数据可以看出，我国东部地区的人均可支配收入远远高于其他地区，而中部、西部和东北地区的收入水平基本相当。区域差距严重制约了我国经济的长期均衡发展。

---

① 《区域发展的战略思维》，《学术前沿》2015 年第 8 期，第 4 页。

② 数据根据《中国统计年鉴》有关数据计算而得。

4.1.2.4 城镇居民行业差距虽有所缩小，但差距依然较大

分行业来看，我国各行业的收入水平随着经济的发展也在不断地提高。在收入水平大幅提高的同时，行业间收入差距虽有所缩小，但差距依然较大，甚至大于城乡差距。从各行业的人均工资来看，2003 年人均工资最高的行业是信息传输及信息技术服务业，最低的行业是农林牧渔业，最高收入行业与最低收入行业的比值高达 4.49（见图 4-1）。但到了 2014年，金融业成为收入最高的行业，而最低的行业依然是农林牧渔业，最高收入行业与最低收入行业的比值为 3.82。虽然相比 2003 年有所下降，但远远高于同年城乡收入 2.97 的比值。而且进一步，由于高收入行业效益较好，其提供的相应的五险一金等也远远高于低收入行业，从而形成恶性循环，进一步拉大了行业间的收入差距。

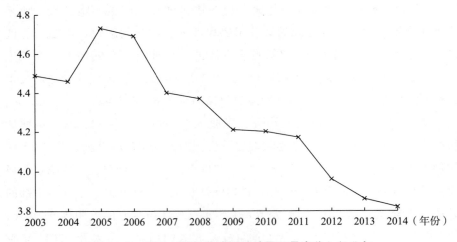

图 4-1　2003~2014 年我国城镇居民最高收入行业与
最低收入行业人均工资比

从以上可以看出，目前全国居民收入差距、城乡差距、城镇居民内部以及区域差距等依然较大。那么我国居民收入差距现在究竟有多大？这个问题不仅是社会各阶层关注的焦点，而且是学术界争议比较大的问题。但对于居民收入差距较大的现实，国内外学者普遍持一致观点。中国居民收入分配的格局到底如何？为什么居民收入差距会持续拉大？是什么因素导致了我国居民收入差距？学界已经从多个方面进行了探讨，本书旨在从居

民贫富差距的三个层次即收入差距、消费差距和财产差距的视角进行分析，以期能从税制优化的战略高度，提出缩小贫富差距的对策。

4.1.3　居民贫富差距的三个层次

4.1.3.1　收入差距

"收入差距可以归为七个方面：源于诚实劳动中努力程度和辛苦程度不同；源于个人禀赋和能力不同；源于要素占有的状态、水平不同；源于机遇不同；源于体制改革滞后；源于'潜规则'；源于不法行为、腐败行为。"（贾康，2007）其中后两项来源属于非法收入，而基尼系数反映的正是前五项来源的收入差距。有关个人努力程度和辛苦程度、个人禀赋和能力以及机遇所造成的收入差距是市场经济公平竞争规则下的必然结果。关于收入差距的衡量指标有很多，国际上比较常用的是基尼系数。对于我国而言，初次分配中的不公平、再分配中的调节不力，导致我国基尼系数长期居高不下，财产集中现象越来越突出，种种迹象表明，中国居民间的收入差距到了不得不重视的地步。

从图 4-2 可以看出，1994~2014 年中国居民基尼系数基本上呈现出上升的趋势。尽管在 2008 年达到 0.491 的最高点后有所下降，但是下降的幅度非常小，如 2014 年基尼系数为 0.469，仅仅下降了 0.022（与 2008 年相比）。与其他金砖国家相比，我国的基尼系数仍然偏高。例如，2005 年我国基尼系数为 0.485，远远高于印度的 0.33；2009 年我国基尼系数为 0.490，远远高于俄罗斯的 0.40。

4.1.3.2　消费差距

1. 居民消费的地区差距较大

2014 年，我国居民人均消费支出最高的地区是北京，其值为 31102.9 元，比最低地区西藏高 23785.9 元（西藏是 7317 元），两者的比为 4.25∶1；从城镇居民人均消费支出来看，北京最高，为 33717.5 元，比最低地区广西高 18672.1 元（广西为 15045.4 元），其比为 2.24∶1；从农村居民人均消费支出来看，上海最高，为 14820.1 元，比最低地区广西高 9998 元（4822.1 元），其比为 3.07∶1。

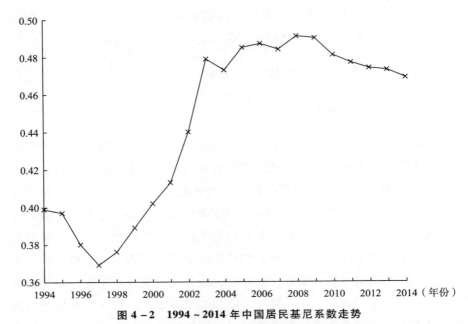

图 4 - 2 1994~2014 年中国居民基尼系数走势

注：1994~2002 年数据来源于国家发改委研究报告，2003~2014 年数据来源于国家统计局公布的数据。

从消费结构上来看（以 2014 年为例），我国城镇居民恩格尔系数最高的是西藏，其值为 51.2%，最低的是北京，其值为 33.8%；农村恩格尔系数最高的广西，其值为 53.4%，最低的地区依然是北京，其值为 33.9%。

2. 城乡消费差距尤为突出

改革开放以来，随着城乡居民收入的不断提高，其消费差距也越来越明显。1990 年我国城乡人均消费支出比值为 2.19，而到了 2010 年则上升到了 3.07。之后有所下降，但 2011 年之后一直保持在 2.6 以上的水平。消费差距从深层次上来说不利于城乡协调发展，最终还会阻碍我国经济的可持续、健康发展。

3. 城镇居民间消费差距呈扩大趋势

除了居民间的收入差距外，不同的收入阶层在消费水平和消费结构上也存在着巨大的差异。随着经济的增长，居民的消费力也有了很大的提高，但是居民间的消费差距也越来越大（见表 4 - 1）。以 2013 年北京市城镇居民消费支出为例，伴随着不同阶层收入水平的提高，居民绝对消费水平由低收入组的 15236 元升至高收入组的 42779 元，提高了近 1.8 倍。但消费收入比由低收入组的 72% 下降至高收入组的 51.8%，下降了 20.2 个百分点，消费收入比的差异远远低于居民收入水平的差距。从食品消费支出结构来看，低收入组的恩格尔系数远远高于高收入组，低收入组的恩格尔系数为 37.5%，比高收入组高出 11.1 个百分点；低收入组的消费仍然以食品、衣着、居住等基本生活服务需求为主，其比重高达 60%，而高收入组的消费则开始逐步向交通和通信、教育文化娱乐服务等高端消费转移。

表 4 - 1　2013 年北京市城镇居民家庭人均消费支出构成

单位：元，%

项目	低收入	中低收入	中等收入	中高收入	高收入
人均收入	21161	31329	38752	49264	82493
人均消费	15236	19112	24349	28335	42779
消费收入比	72	61	62.8	57.5	51.8
消费支出构成：					
食品（恩格尔系数）	37.5	36.1	33	30.3	26.4
衣着	9.7	10.1	10.1	10.7	11.4
居住	9.5	7.4	8.2	7.5	8.3
家庭用品及服务	7	7.8	7.6	7.5	7.5
医疗保健	7.3	7.1	7.9	6.4	5.4
交通和通信	11.5	13.6	13.6	16.6	18.3
教育文化娱乐服务	13.6	13.5	14.8	15.3	16.5
其他商品和服务	3.9	4.4	4.8	5.7	6.2

注：根据 2014 年《北京统计年鉴》中的有关数据整理计算而得。

4.1.3.3　财产差距

收入差距和消费差距属于流量方面的差距，而财产差距则属于存量方面的差距。财产性收入具有财富的累积性和较强的马太效应，在财产存量方面，随着财产总量的增加，其分布不均衡问题较为突出，尤其是近年来随着房地产市场的活跃，"房姐""房叔"的出现使得大量房产方面的财产向少数人手中集中，财产的分布更加不均衡，从而进一步加剧了我国的贫富差距。

从表 4-2 可以看出，2002~2010 年我国城镇居民人均财产差距呈现出持续扩大的趋势。从最高收入组与低收入组的比值来看，2002 年其比值为 13.55，至 2010 年提高到 17.54，大约上升了 30%；从最高收入组与中等偏下收入组的比值来看，2002 年其比值为 7.37，至 2010 年提高到 8.49，大约上升了 15%，大大低于最高收入组与低收入组的比值。至于最高收入组与中等收入组、中等偏上收入组及高收入组的比值变化，具体如图 4-3 所示。

表 4-2 2002~2010 年我国城镇居民不同收入小组人均财产存量

单位：元

年份	最低收入	低收入	中等偏下	中等收入	中等偏上	高收入	最高收入
2002	780	11179	20556	32626	50096	77312	151498
2003	53	11128	21107	33897	53544	81433	160875
2004	-445	11681	22633	36778	58220	89067	177789
2005	-1038	12087	23950	39258	62485	96469	194157
2006	-1049	12523	25383	41836	66986	103934	210296
2007	-1837	13504	27770	45960	73849	114740	233151
2008	-2247	14612	30327	50421	81285	126040	257080
2009	-2380	15485	32179	53750	86411	134351	274644
2010	-2270	17340	35833	59723	95451	148462	304094

数据来源：梁婷《我国居民个人财产的税收调节研究》，硕士学位论文，江西财经大学，2012。

从图 4-3 可以看出，2002~2010 年居民人均财产比值基本上呈现出上升的趋势。DSR 曲线最为明显，因为其代表的是最高收入组与低收入组的比值，所以差距表现得最为突出。其他各小组的比值，尤其是 GSR 曲线（最高收入组与高收入组的比值）最为平稳，但也呈现出上升的趋势。ZDPX、ZD 以及 ZDPS 曲线的变化处于中间，但均表现出上升的势头，这表明我国城镇居民人均财产差距较大，而且呈扩大趋势。

国内学者李实等（2005）对我国居民以及城镇居民财产的不均等分布进行了系统的研究和实证分析，结果发现我国居民间的财产差距在日益扩

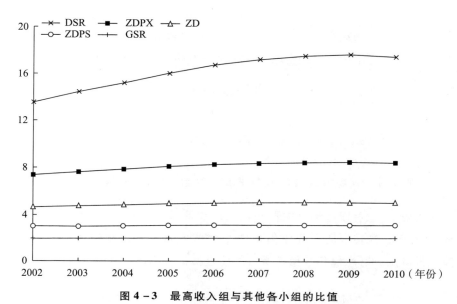

图 4 - 3　最高收入组与其他各小组的比值

注：根据表 4 - 2 数据计算而得，其中 DSR 是指最高收入组与低收入组的比值，
ZDPX 是指最高收入组与中等偏下收入组的比值，ZD 是指最高收入组与中等收入组的
比值，ZDPS 是指最高收入组与中等偏上收入组的比值，GSR 是指最高收入组与高收
入组的比值。

大，2010 年我国居民财产基尼系数超过 0.73，远远大于我国收入分配的基
尼系数。其中房产在财产总额中占主导地位，房产在总财产中的比重由
2002 年的 57% 大幅上升到 2010 年的 74%，从而使得高收入者的财产迅速
增加，居民间的财产差距迅速扩大。原鹏飞、冯蕾（2014）的研究发现：
"房价上涨会加剧城镇居民家庭之间的贫富差距，而且房产溢价的利益固
化已经成为近年来贫富差距恶化的主要原因。"

　　由以上可以看出，改革开放后我国居民之间无论是从收入差距、消费
流量差距来看，还是从财产存量差距来看，都呈现出不断扩大的趋势，其
中最突出的是财产差距。这是因为，收入差距与消费差距还会进一步转化
为财产差距，而财产差距的存在反过来又会加大收入差距和消费差距。因
此，当前我国由财产引起的贫富差距更应该引起我们的高度重视。正如李
实、苏海南、杨宜勇（2015）所说："'十三五'期间，收入分配改革重点
要把收入调节和财产调节相结合，加大对居民财产的调节力度，逐步实现
居民收入和财产分配格局的合理化。"

4.2 中国税收调节居民收入分配的
现状及问题分析

4.2.1 中国税制结构的现状及变化

4.2.1.1 从课税性质的视角来看，中国税制结构以流转税为主体

从表 4-3 可以看出，中国是以流转税为主体的税制结构。从 1995 年至 2014 年，流转税所占的比例年均在 65% 左右，是税制结构中的主体税种，所得税、财产税和其他税所占的比重偏低，年均在 35% 左右。

表 4-3 中国税制结构（以 1995 年、2005 年、2012 年和 2014 年为例）

单位：亿元，%

	1995 年		2005 年		2012 年		2014 年	
	金额	占比	金额	占比	金额	占比	金额	占比
间接税	4484.43	74.27	18825.27	65.41	61357.71	60.98	68325.97	57.33
国内增值税	2653.7	43.95	10792.11	37.50	26415.51	26.25	30855.36	25.89
国内消费税	554.3	9.18	1633.81	5.68	7875.58	7.83	8907.12	7.47
关税	291.83	4.83	1066.17	3.70	2783.93	2.77	2843.41	2.39
进口增、消	396.7	6.57	4211.78	14.64	14802.16	14.71	14425.3	12.10
出口退税	-548.7	-9.09	-4048.94	-14.07	-10428.89	-10.37	-11356.46	-9.53
营业税	869.4	14.40	4232.46	14.71	15747.64	15.65	17781.73	14.92
城建税	212.1	3.51	795.68	2.76	3125.63	3.11	3644.64	3.06
烟叶税	—	—	—	—	131.78	0.13	141.05	0.12
资源税	55.1	0.92	142.20	0.49	904.37	0.90	1083.82	0.91
直接税	1553.61	25.73	9952.97	34.59	39256.57	39.02	50849.34	42.67
企业所得税	827.3	13.70	5343.92	18.57	19654.53	19.53	24642.19	20.68
个人所得税	131.5	2.18	2094.91	7.28	5820.28	5.78	7376.61	6.19
土地增值税	0.3	0.00	140.31	0.49	2719.06	2.70	3914.68	3.28
农牧业税	278.09	4.61	59.41	0.21	—	—	—	—
房产税	81.7	1.35	435.96	1.51	1372.49	1.36	1851.64	1.55

续表

	1995 年		2005 年		2012 年		2014 年	
	金额	占比	金额	占比	金额	占比	金额	占比
印花税	46.8	0.78	67.30	0.23	985.64	0.98	1540	1.29
城镇土地使用税	33.6	0.56	137.34	0.48	1541.72	1.53	1992.62	1.67
车船税	13.4	0.22	38.90	0.14	393.02	0.39	541.06	0.45
车辆购置税	—	—	583.26	2.03	2228.91	2.22	2885.11	2.42
船舶吨税	—	—	13.81	0.05	40.98	0.04	45.23	0.04
耕地占用税	—	—	141.85	0.49	1620.71	1.61	2059.05	1.73
契税			735.14	2.55	2874.01	2.86	4000.7	3.36
其他税收入	140.92	2.33	161.16	0.56	5.22	0.02	0.45	0.00
税收合计	6038.04	100	28778.54	100	100614.28	100	119175.31	100

注：根据《中国统计年鉴》计算而得，其中 1995 年的耕地占用税和契税包含在农牧业税中。

　　首先，流转税又可以分为一般流转税和特殊流转税。一般流转税是指对全部商品和劳务按照单一税率征收的税种，如增值税和营业税；特殊流转税是指对部分商品和劳务按照特别税率或单一税率征收的税种，如消费税、关税、城建税、烟叶税等。2014 年，我国税制结构中的一般流转税收入为 48637.09 亿元，占流转税总收入的 71.18%；特别流转税收入为 19688.88 亿元，仅占流转税总收入的 28.82%。我国流转税又以一般流转税为主体税种，即以增值税和营业税为主体税种。

　　其次，直接税可以分为所得税和财产税。2014 年，我国的所得税收入为 32018.8 亿元，占直接税总收入的 62.97%；财产税收入为 18830.54 亿元，占直接税总收入的比重仅为 37.03%。可见我国税制结构中的直接税又以所得税为主。2014 年，企业所得税为 24642.19 亿元，在所得税总收入中占比高达 76.96%；个人所得税为 7376.61 亿元，仅占所得税总收入的 23.04%，即我国的所得税以企业所得税为主体。

4.2.1.2　从征税客体来看，可以分为对生产经营、收入和财产征税

　　由于生产经营是指企业的生产经营活动，而我国税制结构中的纳税主体是企业，因此，从征税客体来看，我国税收收入主要来源于企业的生产

经营活动，来自收入和财富积累等非生产经营活动的税收收入较少。如2005 年个人所得税在税收总收入中的比重仅为 7.28%，2012 年进一步下降为 5.78%。

4.2.1.3 中国现行税制结构的变化

1. 从直接税和间接税的视角来看，间接税比重明显下降，直接税比重明显上升，但仍然以间接税为主体

（1）间接税比重下降

从表 4 - 3 可以看出，1995 年间接税收入为 4484.43 亿元，占税收总收入的比重高达 74.27%；2005 年，间接税收入为 18825.27 亿元，但占税收总收入的比重下降为 65.41%，下降了 8.86 个百分点；2012 年，间接税收入为 61357.71 亿元，占税收总收入的比重进一步下降到 60.98%，相比1995 年下降了 13.29 个百分点，相比 2005 年下降了 4.43 个百分点；2014年间接税比重进一步下降到 57.33%。

（2）直接税比重上升

1995 年直接税收入为 1553.61 亿元，仅占税收总收入的 25.73%；2005年，直接税收入为 9952.97 亿元，占税收总收入的比重上升为 34.59%，上升了 8.86 个百分点；2012 年，直接税收入为 39256.57 亿元，占税收总收入的比重进一步上升到 39.02%，相比 1995 年上升了 13.29 个百分点，增幅高达34%；2014 年直接税比重进一步上升到 42.67%。

2. 从纳税客体来看，来源于企业生产经营活动的税收收入小幅下降，来自收入和财富积累等非生产经营活动的税收收入出现上升趋势

从以上可以看出，1994 年税制改革以来，我国税制结构发生了很大的变化，直接税比重上升，间接税比重下降，企业缴纳的税收下降，个人直接缴纳的税收呈现上升的趋势，但是我国以间接税为主体、以企业为纳税主体、以生产经营活动为纳税客体的税制结构并没有发生根本上的变化。

4.2.2 中国税收在调节居民收入分配中存在的主要问题

4.2.2.1 以流转税为主体的税制结构不利于税收调节作用的发挥

我国以流转税为主体的税制结构是在 1994 年税制改革的基础上形成

的。以流转税为主体的税制结构符合当时的经济发展阶段，其优势在于：第一，流转税按照商品的流转额征税，有力地保障了财政收入的稳定增长，达到了1994年税制改革的目标；第二，流转税的征管简单，征税成本较低；第三，流转税具有隐蔽性，有利于资源的优化配置。但是随着经济的增长，尤其是随着居民收入差距的不断拉大，以流转税为主体的税制结构其弊端不断显现，如流转税与商品价格密切相关，税负转嫁非常容易造成市场价格体系的扭曲，加大消费者的税收负担；流转税会造成税收的逆向调节，按照消费征收的流转税使得高收入者承担的税收低于低收入者，有悖于量能负担的税收公平原则，难以促进社会公平。

在市场经济国家，税收是国家调节收入分配的重要手段，在税收调控的效率和公平目标的选择中，以间接税为主体的税制结构有利于税收效率目标的实现，以直接税为主体的税制结构更有助于税收公平目标的实现。我国以流转税为主体的税制结构，最终导致了税收在调节收入分配尤其是过高收入时面临种种难题：70%以上的税收可以通过税负转嫁，意味着税收的最终归宿是难以把握的，即使是直接税，其税负的最终归宿也要由最终的消费者来承担，如二手房买卖中针对卖方征收的20%的个人所得税，在实际买卖中最终还是转嫁给了购房者①，并没有达到政策应有的目的；再加上我国税制结构中，90%左右的税收都是由企业缴纳的，税收在调节收入分配时难以直接触及居民个人，因此，政府为了调节居民收入分配所实施的政策措施在实际操作中，由于要经过企业这堵墙，其调节效应也是非常微弱的。2013年，我国税收总收入为110336.16亿元，其中间接税为64816.34亿元，占税收总收入的59%；直接税为45519.82亿元，仅占税收总收入的41%。② 与发达国家相比，间接税比重过高，直接税比重偏低。③ 间接税比重过高，在很大程度上会影响经济社会转型，这主要是因为间接税与价格高度相关，并且具有累退性，其比重过高容易推高物价、

① 根据笔者的实际调查获得，在北上广等城市，一般情况下全部转嫁给买方；二三线城市一般由买卖双方协商分担。
② 关于直接税和间接税的划分，官方文件中没有统一的标准，学界对此的划分差异也很大，本书将增值税、消费税、营业税、资源税、城建税、关税和烟叶税7个税种归为间接税，其他归为直接税。
③ 若按照严格的直接税定义，其比重会更低。

抑制消费，不利于贫富差距的缩小与和谐社会的构建；与间接税过高的事实相对应，我国直接税比例偏低，且内部结构不合理。在直接税内部，企业所得税比重较高，而真正能调节贫富差距的个人所得税和财产税比重过低，再加上其自身存在的问题导致其在实践中不能有效发挥作用，致使我国税收的调节效应大大减弱。

从以上可以看出，我国以流转税为主体的税制结构最突出的矛盾就是税负的不公平分配：首先，以流转税为主体意味着我国现实的税收负担主要是以商品和服务的消费为标准来分配的，而在这一过程中，由于边际消费递减，低收入者所承担的流转税在其收入中所占的比重要大于高收入者；其次，大部分税收由企业缴纳，意味着我国现实的税收负担主要通过企业转嫁给消费者。

4.2.2.2 税收调控体系不健全，影响了税收调节功能的发挥

我国税制中现有的调节居民收入分配的税种没有发挥其应有的作用。例如，土地增值税形同虚设，从而未能对房地产商的高收益率进行有效调节；消费税由于只是增值税的配套税种，征收范围狭小，从而不能通过广泛调节高消费进而调节高收入；而个人所得税的征收范围太窄，在全体居民中所占的比重仅为2%，极其有限的征收范围大大削弱了其调节收入分配的功能。同时，由于调节收入和财产的税种缺失，在居民收入差距的调节中缺乏针对居民房产保有环节的房产税、遗产与赠与税、社会保障税等对居民收入、财产进行调节的税种，使得税收调节收入分配的能力非常微弱。例如，能够充分调节并被认为是最有效的调节社会财产占有的遗产税虽确立了，但至今还没有开征等。

总之，我国目前税收调控体系中现有的税收没有能够有效发挥其应有的调节作用，再加上关键税种的缺失，最终导致税收调节居民收入分配的有效性大大减弱。

4.2.2.3 税收征管水平制约了税收收入分配功能的发挥

"1994年税制改革确定了我国税制结构以流转税为主体，与之相对应的税收征管体系也是以流转税为基础建立起来的。目前我国税收征管的特点是主征流转税、主征企业、主征现金流量为主"（高培勇，2015），没有

直接针对自然人的税收征管服务体系，严重制约了税收调节居民收入分配功能的发挥。如目前针对所得税征管实行的是自行申报和代扣代缴两种方法。其中在自行申报方面，由于严重的信息不对称，税务部门无法获得居民收入、财产的真实信息，因此税务部门很难发现纳税人少报的应税所得，造成大量税款的流失；在代扣代缴方面，我国税务部门对工薪阶层严征管，税收征收率相对较高，但对于靠资本所得、劳务所得的高收入阶层缺乏强有力的监督管理，最终使得高收入者的税负反而低于低收入者，在一定程度上加剧了居民间的收入差距。在实际征管中按"计划任务"征税，基数和任务的作用导致经济发达、收入水平高的地区税负轻，经济不发达、收入水平低的地区税负重，从而使得穷的更穷、富的更富。尤其是随着大数据时代的到来，如电子商务、"互联网＋"等的出现，对税收征管提出了更高的要求。如果税务部门的征管水平不能随着经济新形态的出现而及时跟进的话，那么从收入分配的视角来看，将会引起更多的社会矛盾和收入分配不公。

从以上可以看出，不管是我国的税制结构，还是税收调控体系抑或税收征管水平，都制约了我国税收调节居民收入分配功能的发挥。那么，在现实中我国税收调节居民收入分配的效应到底是怎样的，本书将使用近年来我国的税收数据，通过建立误差修正模型（VEC 模型），计算基尼系数、MT 指数、K 指数等指标以揭示我国税收整体、所得税、财产税、流转税以及主要税种的居民收入分配效应。

5 中国税收调节居民收入分配的
总体效应分析

1994 年税制改革后，伴随着我国税收收入的高速增长，居民收入分配差距进一步持续扩大，基尼系数从 1994 年的 0.389 上升到 2014 年的 0.469，这引起了政府、学界及民众的广泛关注，一度成为社会的焦点和热点议题。居民间收入差距的进一步拉大，将会威胁经济的长远发展和社会的和谐稳定。税收具有调节收入分配的职能，同时也是政府进行宏观调控的重要手段之一，既可能改善一国居民的收入分配，也可能拉大居民间的收入差距。《深化财税体制改革总体方案》对我国未来税制改革做出了总体规划和战略部署，其中优化税制结构、深化税制改革是其核心内容之一。《中共中央关于全面深化改革若干重大问题的决定》对财税体制在国家治理中的重要性给予了高度肯定：财政是国家治理的基础和重要支柱，科学的财税体制是优化资源配置、维护市场统一、促进社会公平、实现国家长治久安的制度保障。税收作为财政的核心内容之一，理应在推进国家治理体系和治理能力现代化中发挥积极的作用。这就要求税收实现从传统税收向现代税收的转变，即建立与国家治理体系和治理能力现代化相匹配的现代税收制度，这也标志着我国税制改革进入了一个新的历史阶段。而在这一过程中的一个突出特点就是由过去对税制中某一个或某几个税种的修修补补转变到税制的全面和深化改革，其中涉及税收的调节作用，也就开始强调整体税收的再分配效应。胡怡建（2015）指出，我国新一轮全面深化税制改革将促进我国税收在十个方面发生趋势性变化，其中两个最突出的变化就是税制结构由以间接税为主向以直接税为主转变和税制改革由个别税种改革向全面系统改革转变。

对于税收的收入分配效应，目前国内学者对此进行了大量的研究并取得了丰硕的成果，但大多是针对某一具体税种或税类进行的，针对税收调节居民收入分配总体效应的研究比较缺乏，而且该方面的实证分析更为稀少。一般的税收理论告诉我们，流转税具有累退性。从理论上来讲，我国以流转税为主体的税制结构决定了税收在整体上具有累退性，但是在我国的实践中，税收在整体上是否具有累退性？如果有，其累退性有多大？这些均是考察税收再分配效应的重要信息，需要准确地测量，只有这样才能进一步为我国未来的税制改革提供科学的指导。鉴于此，本书在现有研究成果的基础上，从税收规模即税收总收入的视角出发，运用现代计量经济学中的 VEC 模型，实证分析我国税收调节居民收入分配的总体效应，以期为税制的进一步改革和优化提供借鉴。

5.1　中国税收总收入的基本情况

1994 年税制改革后，伴随着 GDP 的高速增长，税收总收入迅速提高，从总量上看已经从 1994 年的 5126.88 亿元增长到了 2014 年的 119158.05 亿元，增长了 22.24 倍；从增长速度来看，自 1997 年起税收的增长率均大于 GDP 的增长率，如 2001 年税收增长率是 GDP 增长率的 2 倍，表现出明显的税收超速增长现象。但是随着 2013 年以来的经济下滑，税收呈现出超 GDP 下降的趋势（见图 5 - 1）。

那么，在税收收入总量不断增加的情况下，税收调节居民收入分配的总体效应如何？本章将在以下的部分进行具体的实证分析，其中第二部分主要对 VEC 模型进行一个简单的介绍，第三部分是实证分析，第四部分是结论。

5.2　VEC 模型简介

5.2.1　VEC 模型的产生

VEC 模型即向量误差修正模型，是恩格尔和格兰杰提出的现代计量经

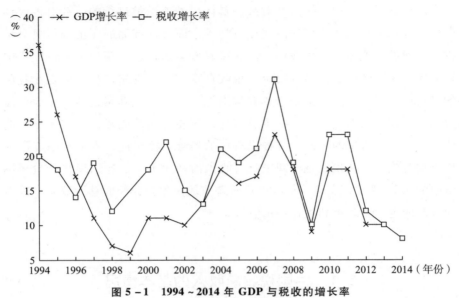

图 5 - 1　1994 ~ 2014 年 GDP 与税收的增长率

注：根据《中国统计年鉴》（1995 ~ 2015 年）计算而得。

济学的一个很重要而且在经济学领域中广泛运用的计量模型，该模型将协整与误差修正模型结合在一起，只要变量之间存在协整关系，即可以建立该模型进行计量分析。由于宏观经济数据大多是非平稳时间序列，而传统计量经济学中的最小二乘法在具体回归的过程中非常容易导致变量之间的伪回归问题，因此误差修正模型应运而生。

5.2.2　VEC 模型的基本原理

传统的经济模型一般研究的是变量之间的长期均衡关系，但是实际的经济数据是由非均衡过程生成的。因此，我们在建立模型的时候就需要使数据的动态非均衡过程逼近经济理论的长期均衡过程。如果一个内生变量 y_t 仅被表示为外生变量 x_t 的函数，那么 x_t 对 y_t 的长期影响就会很快被求出。但是，如果每个变量的滞后也出现在模型中，其长期影响通过分布滞后的函数反映，即 ADL 模型，其最简单的形式是 ADL(1,1)：

$$y_t = \beta_0 + \beta_1 y_{t-1} + \beta_2 x_t + \beta_3 x_{t-1} + u_t \qquad (5-1)$$

在公式（5 - 1）中，$u_t \backsim$ i. i. d. $(0, \sigma^2)$，把 y_t、x_t 的期望值分别记为 E(y_t)、E(x_t)，且令 E$(y_t) = y^*$、E$(x_t) = x^*$，由于 E$(u_t) = 0$，对公式

（5-1）两边取期望后可以进一步变为：

$$y^* = \beta_0 + \beta_1 y^* + \beta_2 x^* + \beta_3 x^* \qquad (5-2)$$

由公式（5-2）可以解出：

$$y^* = \left[\beta_0 + (\beta_2 + \beta_3) x^* \right] / (1 - \beta_1) \qquad (5-3)$$

令 $k_0 = \beta_0 / (1 - \beta_1)$，$k_1 = (\beta_2 + \beta_3)/(1 - \beta_1)$，则公式（5-3）可以进一步变形为：

$$y^* = k_0 + k_1 x^* \qquad (5-4)$$

在公式（5-4）中，k_1 度量了两变量之间的长期均衡关系。进一步地，在该公式两端减去 y_{t-1}，在右边加减 $\beta_2 x_{t-1}$，可以得到：

$$\Delta y_t = \beta_0 + (\beta_1 - 1) y_{t-1} + \beta_2 \Delta x_t + (\beta_2 + \beta_3) x_{t-1} + u_t \qquad (5-5)$$

由于 $\beta_2 + \beta_3 = k_1(1 - \beta_1)$，$\beta_0 = k_0(1 - \beta_1)$，所以公式（5-5）可以进一步改写为：

$$\Delta y_t = (\beta_1 - 1)(y_{t-1} - k_0 - k_1 x_{t-1}) + \beta_2 \Delta x_t + u_t \qquad (5-6)$$

令 $\alpha = \beta_1 - 1$，则公式（5-6）进一步变形为：

$$\Delta y_t = \alpha(y_{t-1} - k_0 - k_1 x_{t-1}) + \beta_2 \Delta x_t + u_t \qquad (5-7)$$

公式（5-7）就是误差修正模型，其中 $y_{t-1} - k_0 - k_1 x_{t-1}$ 表示的是误差修正项，反映了 y_t 关于 x_t 在第 t 时点的偏离程度；α 为调整系数，由于 $\alpha = \beta_1 - 1$，β_1 的绝对值小于1，因此 $\alpha < 0$。

由以上可以看出，误差修正模型是在充分利用变量的水平值和其差分所提供的信息的基础上建立模型的，而且将两者有机地结合在一起。被解释变量的变动是由比较稳定的长期趋势和短期波动决定的。从长期来看，协整方程发挥了引力线的作用，将非均衡状态拉回到均衡状态；从短期来看，系统对于均衡状态的偏离程度的大小直接影响波动振幅的大小。

5.2.3 VEC 模型的优点

第一，解决了多年来一直困扰经典计量经济学的伪回归问题。一阶差分的使用消除了变量可能存在的趋势因素，同时有效地解决了模型中可能存在的多重共线性问题，使得误差修正模型中包含的全部差分变量和非均衡误差项均具有平稳性。因此，使用最小二乘法（OLS 法）估计参数可以有效地避免虚假回归问题。

第二，误差修正项的引入有力地保证了变量水平值的信息不被忽视，再加上误差修正项本身的平稳性，使得 VEC 模型的差分项可以使用通常的 t 检验与 F 检验来进行选取。

第三，能够同时给出变量之间的长期均衡关系和短期效应。经典计量经济学只讨论变量之间的长期关系，不涉及短期关系。而误差修正模型的这种长期和短期参数的明确划分，使其成为一种把变量之间长期表现和短期效应结合在一起的有效工具。

本书的被解释变量是基尼系数。基尼系数除了受当期各种宏观因素的影响外，还受到各种长期因素的影响，再加上误差修正模型存在的上述优点，本书在论述居民收入差距与税收各变量之间的关系时运用该模型进行具体的实证分析。

5.3 税收调节居民收入分配的总体效应分析

5.3.1 模型构建和数据来源

5.3.1.1 模型构建

本书以基尼系数为被解释变量，以 1994 ~ 2013 年的税收总收入（取自然对数）为解释变量，通过建立 VEC（误差修正模型）模型实证分析我国税收调节居民收入分配的总体效应。影响居民收入差距的因素有很多，税收只是其中的一个，因此，本书选择了国内生产总值的年增长率（$gdpz$）、对外开放度（$dwkfd$）和城镇化水平（$urban$）等作为控制变量，建立如下模型：

$$gini_t = \theta_1 + \theta_2 \ln ztax_t + \theta_3 gdpz_t + \theta_4 dwkfd_t + \theta_5 urban_t + \varepsilon_t \qquad (5-8)$$

在公式（5 - 8）中，$gini$ 是基尼系数，代表居民收入差距；$ztax$ 为税收总收入，*gdpz*、*urban* 和 *dwkfd* 均为控制变量，*ε* 为随机误差项。由于税收总收入是一个绝对值，为了消除单位不同所造成的影响，对其取自然对数，具体变量说明见表 5 - 1。

表 5 - 1　变量定义及说明

变量	符号	变量含义
基尼系数	*gini*	用来衡量一个国家或者经济体中收入分配的公平程度
税收总收入	*ztax*	年度税收总收入的绝对数额
国内生产总值年增长率	*gdpz*	一个国家国内生产总值的年增长速度
城镇化水平	*urban*	城镇人口在总人口中所占的比重
对外开放度	*dwkfd*	一个国家进出口在国内生产总值中所占的比重

5.3.1.2　数据来源

本书数据主要来源于《中国统计年鉴》、《中国城市（镇）生活与价格年鉴》及《中国税务年鉴》，其中基尼系数的数据来源于国家发改委的研究报告和国家统计局公布的官方数据（见表 5 - 2）。

表 5 - 2　我国 1994 ~ 2013 年的基尼系数

年份	1994	1995	1996	1997	1998	1999	2000	2001	2002	2003
基尼系数	0.399	0.397	0.38	0.369	0.376	0.389	0.402	0.413	0.44	0.45

年份	2004	2005	2006	2007	2008	2009	2010	2011	2012	2013
基尼系数	0.451	0.452	0.453	0.455	0.457	0.490	0.481	0.477	0.474	0.473

注：1994 ~ 2008 年的基尼系数来源于国家发改委的研究报告；2009 ~ 2013 年的基尼系数来源于国家统计局公布的官方数据。

5.3.2　实证分析

5.3.2.1　数据的平稳性检验

由于本书使用的是时间序列数据，因此首先必须对变量进行平稳性检验，以避免变量之间的伪回归问题。本章采用 Eviews 6.0 中单位根检验中的 ADF 方法分别对 *gini*、*ztax* 以及控制变量 *gdpz*、*urban* 和 *dwkfd* 进行平稳性检验，具体检验结果见表 5 - 3。

表 5 - 3　各经济变量的 ADF 单位根检验结果

变量	检验类型	t 值	1%临界值	5%临界值	10%临界值	P 值	DW 值	稳定性结论
gini	$(c,t,4)$	- 0.56	- 3.83	- 3.03	- 2.66	0.86	1.34	不稳定
ln*ztax*	$(c,t,4)$	0.50	- 3.83	- 3.03	- 2.66	0.98	0.90	不稳定
gdpz	$(c,t,4)$	- 3.78	- 3.89	- 3.05	- 2.67	0.01	2.49	不稳定
urban	$(c,t,4)$	- 2.63	- 3.86	- 3.04	- 2.66	0.11	2.68	不稳定
dwkfd	$(c,t,4)$	- 1.09	- 3.83	- 3.03	- 2.66	0.70	1.49	不稳定
Δ*gini*	$(c,t,4)$	- 2.93 ***	- 3.86	- 3.04	- 2.66	0.06	1.88	稳定
Δln*ztax*	$(c,t,4)$	- 3.65 **	- 3.89	- 3.05	- 2.67	0.02	1.71	稳定
Δ*gdpz*	$(c,t,4)$	- 2.72 ***	- 3.89	- 3.05	- 2.67	0.09	1.96	稳定
Δ*urban*	$(c,t,4)$	- 2.91 ***	- 3.89	- 3.05	- 2.67	0.06	1.33	稳定
Δ*dwkfd*	$(c,t,4)$	- 3.37 **	- 3.86	- 3.04	- 2.66	0.03	2.08	稳定

注：检验类型 (c,t,p) 的 c 表示常数项，t 表示总体趋势，p 表示滞后阶数；*、** 和 *** 分别表示统计量在 10%、5% 和 1% 的显著水平上显著；Δ 表示一阶差分。

表 5 - 3 的单位根检验结果表明，各变量的时间序列数据在 level 上均存在单位根，即变量是非平稳时间序列，但是各变量经过一阶差分后均通过了单位根检验，说明各变量具有相同的单整阶数，而且均是一阶单整时间序列，即 I (1)。因此，被解释变量 *gini* 与其余的解释变量之间可能存在协整关系，可以进一步进行协整检验。

5.3.2.2　协整检验

由平稳性检验可知，*gini*、ln*ztax*、*gdpz*、*dwkfd* 和 *urban* 均为一阶单整序列，故 *gini* 与解释变量及控制变量之间可能存在协整关系。协整检验的方法有很多，本章采用 Johansen 方法进行协整检验。从表 5 - 4 可以看出，变量之间在 5% 的显著性水平下通过检验，即公式（5 - 8）中变量之间存在协整关系。

表 5 - 4 Johansen 协整（迹）检验结果

Hypothesized No. of CE（s）	Eigenvalue	Trace Statistic	0.05 Critical Value	Prob.
None	0.984968	146.2798	69.81889	0
At most 1	0.857986	70.72312	47.85613	0.0001
At most 2	0.763483	35.59023	29.79707	0.0096
At most 3	0.392894	9.638966	15.49471	0.3095
At most 4	0.035791	0.656043	3.841466	0.418

数据来源：根据 Eviews 6.0 软件检验得出。

利用 Eviews 6.0，可以得到变量之间的协整方程：

$$gini_t = -0.730 + 0.047\ln ztax_t + 0.275gdpz_t + 0.003dwkfd_t + 0.105urban_t$$

$$(0.01258) \quad (0.02429) \quad (0.00729) \quad (0.05544)$$

$$[-3.73188] \quad [-11.3122] \quad [-1.97107] \quad [-1.89920]$$

其中，小括号内为标准差，中括号内为 t 值。

从协整方程中括号的 t 值可以看出，税收总收入的 t 值绝对值为 3.73188，大于 2，这说明税收总收入作为解释变量对基尼系数有着显著的影响，其系数为 0.047 说明在其他变量保持不变的情况下，税收总收入每增加一个单位，会引起基尼系数平均增加 0.047，即税收总收入与基尼系数是正相关的关系，这表明我国的税收总收入对居民间收入差距的调节起到了明显的逆向调节作用。另外，控制变量中 dwkfd、gdpz 和 urban 对基尼系数的影响均为正，但是 gdpz 的影响最为显著。这是因为我国经济发展还处于较低的水平，根据库兹涅茨的倒 U 形理论，随着经济的增长，社会的收入分配状况将会不断恶化。而且在城镇化的过程中，资源偏向城市而导致居民间的收入差距越来越大。

5.3.2.3 建立向量误差修正模型

协整方程虽然可以说明变量之间的长期关系和趋势，但是无法知道变量之间的短期关系，所以本章进一步建立 VEC 模型来说明变量之间的短期变动关系。使用 Eviews 6.0，得到 VEC 模型的估计结果：

$$\Delta gini_t = -0.710ecm_{t-1} + 0.189\Delta gini_t + 0.072\Delta \ln ztax_t + 0.295\Delta gdpz_t - 0.004\Delta dwkfd_t$$
$$- 0.129\Delta urban_t + 0.002$$
$$ecm_{t-1} = gini_{t-1} - 0.047\ln ztax_{t-1} - 0.275gdpz_{t-1} - 0.003dwkfd_{t-1}$$
$$- 0.105urban_{t-1} + 0.730$$

从 VEC 模型的估计结果可以看出，误差修正项的系数为 -0.710，即当短期波动偏离长期均衡状态时，将以 -0.710 的调整力度将其从非均衡状态拉回均衡状态，调整方向符合误差修正机制，可以保持并自动调节变量之间的长期均衡关系；模型中的差分项反映了短期波动的影响，从短期参数估计结果来看，税收总收入的系数为 0.072，与长期均衡中的调整方向保持一致，这说明模型本身比较稳定。

5.4　结论

通过以上实证分析可以看出，我国税收对居民收入分配具有稳定的影响。长期中，税收显著地影响居民的收入分配差距，两者呈正相关的关系，即税收在整体上起逆向调节的作用；短期中的影响不明显，但也起到逆向的调节作用，即我国税收不仅没有起到缩小居民收入差距的效果，反而进一步拉大了居民之间的收入差距；若不考虑显著性水平，我们发现税收在长期中的逆向调节程度是 0.047，短期中的逆向调节程度是 0.072，即税收在短期中的逆向调节效应更大，但随着时间的推移，在长期中其逆向调节效应逐渐减小。

传统的税收理论告诉我们，税收除了筹集财政收入的基本功能外，还具有调节收入分配的重要功能，那么现在的问题是：为什么我国的税收在实践中不仅没有起到调节收入分配的应有功能反而起到相反的作用呢？这就需要对税收收入的内部结构进行更加深入的分析，本书主要按照国际上通用的标准将税收划分为流转税、所得税、财产税和其他税，由于其他税的比重很小，故本书在以下的章节中主要对流转税、所得税和财产税的居民收入分配效应进行具体的实证分析，以探究我国税收整体再分配效应逆向调节的深层次原因，并以此为基础提出有针对性的对策建议。

6 所得税调节居民收入分配效应分析

6.1 中国所得税基本情况分析

6.1.1 所得税增长态势分析

国际上,所得税能够有效地调节居民收入分配。目前我国所得税主要包括企业所得税和个人所得税。从图 6-1 可以看出,所得税在整个税收中的占比年均在 22% 左右;1994 年所得税占比偏低,只有 14%;2006 年和 2008 年达到最高占比 27%。企业所得税占比较高,年均为 16%;其中 1998 年占比最低,为 10%;2008 年占比达到最高,大约为 21%,这与企业所得税"两税合一"有密切关系。"两税合一"后,外企的很多税收优惠被取消,而且和内资企业适用相同的税率,从而使企业所得税占比提高。个人所得税占比较低,年均为 5%,其中 1994 年的占比最低,为 1%。2001 年以来,个人所得税的占比一直处于 7% 左右,但 2012 年和 2013 年稍有下降,降低到 6%。从图 6-1 还可以看出,所得税和企业所得税的变动趋势基本一致,呈现出倒 U 形的变化趋势,而个人所得税的变动幅度不大,呈现出先增长继而平稳再下降的变动趋势。

6.1.2 所得税内部结构分析

从表 6-1 可以看出,企业所得税在整个所得税中的比重较高,年均在 75% 左右,其中在 1994 年比重最高,接近 90%;而个人所得税在整个所

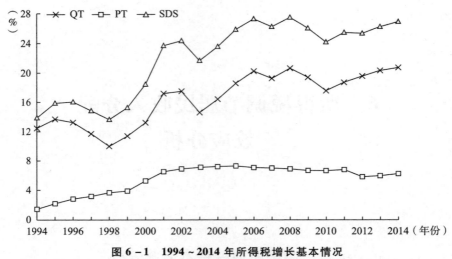

图 6 - 1　1994～2014 年所得税增长基本情况

注：根据《中国统计年鉴》相关数据计算而得，其中 SDS 是所得税在税收总收入中的比重、QT 是企业所得税的比重、PT 是个人所得税的比重。

得税中的比重偏低，基本呈现出先升后降的趋势，年均占比在 25% 左右。

表 6 - 1　企业所得税与个人所得税的比重分析

单位：亿元，%

年份	企业所得税	个人所得税	所得税	企业所得税占比	个人所得税占比
1994	639.73	72.67	712.40	89.80	10.20
1995	827.33	131.49	958.82	86.29	13.71
1996	915.89	193.19	1109.08	82.58	17.42
1997	963.18	259.93	1223.11	78.75	21.25
1998	925.54	338.65	1264.19	73.21	26.79
1999	1216.13	413.66	1629.79	74.62	25.38
2000	1662.02	659.64	2321.66	71.59	28.41
2001	2630.87	995.25	3626.12	72.55	27.45
2002	3082.79	1211.78	4294.57	71.78	28.22
2003	2919.51	1418.04	4337.55	67.31	32.69
2004	3957.33	1737.06	5694.39	69.50	30.50
2005	5343.92	2094.91	7438.83	71.84	28.16
2006	7039.6	2453.71	9493.31	74.15	25.85

年份	企业所得税	个人所得税	所得税	企业所得税占比	个人所得税占比
2007	8779.25	3185.58	11964.83	73.38	26.62
2008	11175.63	3722.31	14897.94	75.01	24.99
2009	11536.84	3949.35	15486.19	74.50	25.50
2010	12843.54	4837.27	17680.81	72.64	27.36
2011	16769.64	6054.11	22823.75	73.47	26.53
2012	19654.53	5820.28	25474.81	77.15	22.85
2013	22427.2	6531.53	28958.73	77.45	22.55
2014	24632.49	7376.57	32009.06	76.95	23.05

数据来源：http://data.stats.gov.cn/easyquery.htm?cn=C01&zb=A0806&sj=2014。

从收入分配的视角来看，我国所得税内部结构的现实格局不利于缩小居民间的收入差距。这主要是因为个人所得税直接对居民的收入征税，从理论上讲再分配效应更加明显，但由于其比重太低，收入分配效应可想而知；而企业所得税虽然占比较高，但由于其直接对企业征税，其税负最终也会由资本要素所有者部分承担，可能具有收入分配效应。由于税负转嫁的复杂性，政府在调节收入分配的过程中也不知道企业所得税的税负究竟落到了谁的头上，而且目前理论界多数学者认为企业所得税主要调节的是企业之间的差距，再加上微观数据的缺乏，故本书在实证分析所得税的再分配效应时以个人所得税为例进行说明。

6.2　个人所得税再分配效应分析

"在现代社会，再分配机制至关重要。它不仅关系到社会公平问题，更是社会稳定的基石。"（王绍光，2002）个人所得税作为国际上公认的调节居民收入分配的重要手段，是缓解社会矛盾的必然选择，自然成为社会各界关注的热点和重点。国内学者针对个人所得税收入再分配效应进行了大量而丰富的研究，并取得了丰硕的成果，但是至今对其调节作用并没有取得一致的看法。其主要原因在于大多数研究以居民收入差距的某一层面（多数以城镇居民的收入阶层结构）为对象展开讨论，再加上微观税收数据等条件的制约，目前我国个人所得税再分配效应的研究仍然存在较大的分歧。人们无法准确地了解个人所得税的再分配效应究竟有多大，以及哪些因素影响了其再分配功能的发挥等。传统的税收理论告诉我们，个人所得税具有调节居民收入分配的效应，该调节功能表现在多个方面，包括不同收入阶层居民之间的收入差距、行业收入差距、要素收入差距、区域收入差距等。然而目前国内学者对个人所得税收入再分配效应的研究主要集中在城镇居民不同收入阶层结构上，而针对不同行业、不同区域、不同要素的研究还比较缺乏。贾康、靳东升（2015）指出："如何从不同区域之间、不同人群之间、不同产业之间、不同所有制之间等众多维度考虑，发挥税收公平作用，这也是税制下一步改革的重点和难点所在。"鉴于此，本章拟从不同收入阶层、不同区域、不同行业以及不同要素结构等多个视角入手，全面系统地分析个人所得税的收入再分配效应。

6.2.1 个人所得税的基本情况分析

6.2.1.1 个人所得税、税收和 GDP 的增长情况

个人所得税是对个人的净所得在扣除一定的费用扣除标准后征收的一种税。我国的个人所得税是在 1980 年建立的，之后由于经济发展和人们收入水平较低，个人所得税增长缓慢，但是 2000 年后随着经济的快速增长和人们收入水平的大幅提高，我国个人所得税进入快速增长时期（见表 6 - 2）。

表 6 - 2　GDP、税收和个人所得税基本情况

单位：亿元，%

年份	GDP	GDP 增长率	TAX	TAX 增长率	PT	PT 比重	PT 增长率
2000	99776.3	10.63	12581.51	17.78	659.64	5.24	59.46
2001	110270.4	10.52	15301.38	21.62	995.26	6.50	50.88
2002	121002.0	9.73	17636.45	15.26	1211.78	6.87	21.76
2003	136564.6	12.86	20017.31	13.50	1418.03	7.08	17.02

续表

年份	GDP	GDP 增长率	TAX	TAX 增长率	PT	PT 比重	PT 增长率
2004	160714.4	17.68	24165.68	20.72	1737.06	7.19	22.50
2005	185895.8	15.67	28778.54	19.09	2094.91	7.28	20.60
2006	217656.6	17.09	34804.35	20.94	2453.71	7.05	17.13
2007	268019.4	23.14	45621.97	31.08	3185.58	6.98	29.83
2008	316751.7	18.18	54223.79	18.85	3722.31	6.86	16.85
2009	345629.2	9.12	59521.59	9.77	3949.35	6.64	6.10
2010	408903.0	18.31	73210.79	23.00	4837.27	6.61	22.48
2011	484123.5	18.40	89738.39	22.58	6054.11	6.75	25.16
2012	534123.0	10.33	100614.28	12.12	5820.28	5.78	-3.86
2013	588018.8	10.09	110530.70	9.86	6531.53	5.91	12.22
2014	636462.7	8.24	119158.05	7.81	7376.57	6.19	12.94

注：根据《中国统计年鉴》《中国税务年鉴》相关数据计算而得，其中 TAX 是指税收总收入，PT 是指个人所得税，PT 比重是指个人所得税在税收总收入中的占比，GDP 是指国内生产总值。

从图 6-2 可以看出，随着 GDP 的增长，税收呈现出超 GDP 增长的态势，而个人所得税则呈现出超 GDP 和税收增长的势头，如 2000 年 GDP 的增长速度为 10.63%，税收为 17.78%，而个人所得税则高达 59.46%，这主要和我国居民收入大幅度提高有关；然而随着 GDP 增速的放缓，个人所得税则呈现出超税收和 GDP 下降的态势，这与近年来我国个人所得税改革中多次提高费用扣除标准有关。从总体上看，个人所得税在近年来呈现出 W 形的变动态势，虽然呈高增长状态，但在税收总收入中的比例偏低，即人均税负水平偏低。

6.2.1.2 个人所得税总量分析

从图 6-3 可以看出，2000 年以来我国个人所得税收入高速增长，从 2000 年的 659.64 亿元迅速增长到 2014 年的 7376.57 亿元，增长了 10 多倍。但个人所得税的增长率出现阶段性下降的态势（见表 6-2），从 2000 年的 59.46% 下降到 2006 年的 17.13%；之后 2007 年升高至 29.83% 后，又下降到 2009 年的 6.10%；2010~2011 年处于上升趋势，但在 2012 年出

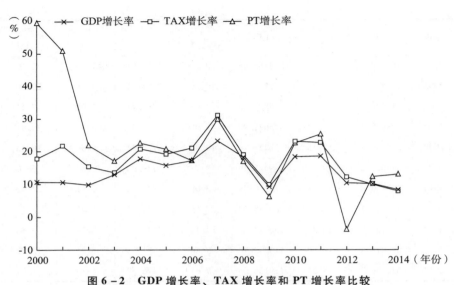

图 6 – 2　GDP 增长率、TAX 增长率和 PT 增长率比较

注：根据《中国统计年鉴》《中国税务年鉴》相关数据计算而得。GDP 是指国内生产总值，TAX 是指税收总收入，PT 是指个人所得税。

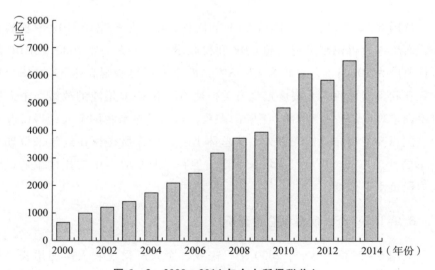

图 6 – 3　2000～2014 年个人所得税收入

注：根据《中国统计年鉴》数据整理而得。

现了负增长，这主要和 2011 年 9 月提高费用扣除标准有关，之后其增长率略有上升。

6.2.1.3 个人所得税在税收总收入中的比重

从个人所得税在税收总收入中所占的比重来看（见图 6-4），2000 年以来个人所得税在税收总收入中所占的比重基本上呈现上升—下降—上升的小幅变动态势，从 2000 年 5.25% 的最低占比上升到 2005 年 7.28% 的最高占比后开始下降，之后基本上处于下降的态势。由于受 2011 年个人所得税费用扣除标准提高以及税率结构调整的影响，2013 年个人所得税的比重明显下降，但之后又呈现出上升的趋势。

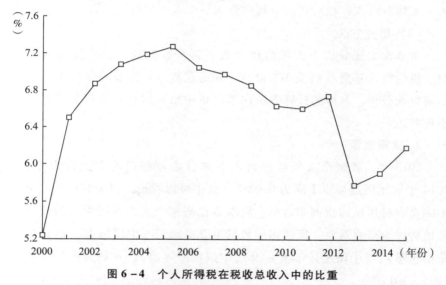

图 6-4 个人所得税在税收总收入中的比重
注：根据《中国统计年鉴》相关数据计算而得。

6.2.2 不同收入阶层再分配效应分析

6.2.2.1 研究方法及数据来源

1. 研究方法

（1）税前、税后收入的界定

在实证分析个人所得税收入再分配效应之前，首先需要准确地界定税前收入和税后收入，若对此概念的界定不同，其最终计算的结果也会相互矛盾。在目前已有的研究中，大多以城镇居民人均总收入为税前收入，城镇居民可支配收入为税后收入，这样的界定是不精确的。这是因为，根据《中国统计年鉴》对城镇居民人均总收入和可支配收入的解释，人均总收入－人均可支配收入＝个人所得税＋社会保障支出＋记账补贴，即两者的差额并不仅仅是个人所得税，还有社会保障支出和记账补贴两项内容，而且更为重要的是，社会保障支出在该差额中占80%以上。因此，以此为基础计算的再分配效应并不纯粹是个人所得税的再分配效应，由此得出的结论也是不准确的。这也是目前我国对该研究没有取得一致结果的主要原因。鉴于此，本章首先对税前收入和税后收入进行准确的界定：税前收入＝人均总收入；税后收入＝税前收入－个人所得税。

（2）研究方法

本章在实证分析个人所得税的收入再分配效应时，主要通过计算税前、税后收入基尼系数及 MT 指数，并通过对 MT 指数的分解来进行具体的研究和分析，具体的计算方法在第 3 章中已经进行过详细的论述，在此不再赘述。

2. 数据来源

2013 年，我国个人所得税收入中来自农业部门的占比仅为 0.13%，2014 年该比例进一步下降为 0.02%。从中可以看出，目前我国个人所得税中来自农村居民的比例非常小，故本章在研究个人所得税再分配效应时以城镇居民为研究对象，所使用的数据主要来源于《中国城市（镇）生活与价格年鉴》、《中国统计年鉴》及《中国税务年鉴》。本研究的样本范围为 1995～2011 年。

6.2.2.2　不同收入阶层收入分配效应的实证分析

1. 个人所得税收入分配效应分析

根据《中国城市（镇）生活与价格年鉴》和《中国统计年鉴》中城镇居民家庭收入的 7 组数据，本章使用万分法测算出中国个人所得税税前与税后收入基尼系数、MT 指数以及调节效应，具体如表 6－3 所示。

从表 6－3 可以看出，个人所得税税前收入基尼系数和税后收入基尼系数均呈现出不断提高的趋势，两者均在 2005 年达到最高点，分别为 0.3321 和 0.3297，这表明 1994 年税制改革后，中国城镇居民收入差距持续扩大。本书使用万分法计算的基尼系数与国家统计局公布的基尼系数的变动趋势基本一致，这在一定程度上验证了万分法计算结果的正确性。前者小于后者的主要原因在于本书的基尼系数仅仅是指城镇居民的基尼系数，没有将农村居民的数据核算在内。

表6－3　1995～2011年城镇居民税前、税后收入基尼系数及调节效应的比较

年份	税前基尼系数 G_b	税后基尼系数 G_a	MT 指数	调节效应 α（％）
1995	0.2038	0.2037	0.0001	0.05
1996	0.2039	0.2038	0.0001	0.05
1997	0.2180	0.2178	0.0002	0.09
1998	0.2255	0.2252	0.0003	0.13
1999	0.2324	0.2320	0.0003	0.13
2000	0.2448	0.2443	0.0005	0.20
2001	0.2553	0.2547	0.0006	0.24
2002	0.3090	0.3078	0.0011	0.36
2003	0.3175	0.3158	0.0017	0.54
2004	0.3261	0.3239	0.0022	0.67
2005	0.3321	0.3297	0.0023	0.69
2006	0.3285	0.3263	0.0022	0.67
2007	0.3244	0.3219	0.0025	0.77
2008	0.3303	0.3278	0.0025	0.76
2009	0.3235	0.3209	0.0026	0.80
2010	0.3180	0.3150	0.0029	0.91
2011	0.3175	0.3147	0.0028	0.88

注：根据《中国统计年鉴》《中国城市（镇）生活与价格年鉴》中的相关数据计算得到。其中，$MT = G_b - G_a$，即MT指数是指税前收入基尼系数与税后收入基尼系数的绝对差额；调节效应 α =（税前收入基尼系数 － 税后收入基尼系数）/税前收入基尼系数。

资料来源：郭晓丽《个人所得税调节城镇居民收入再分配效应研究》，《财经问题研究》2015年第6期，第73页。

从绝对差额即 MT 指数来看，个人所得税调节效应呈现出积极的正向调节作用且总体增强。MT 指数在 1995～2011 年均大于 0，这说明个人所得税在再分配中发挥了正向的调节作用；1995～2001 年期间 MT 指数较小，为 0.0001～0.0006，这说明其调节效应十分微弱，甚至可以忽略不计；

2002～2011 年 MT 指数呈现出上升的趋势，从 2002 年的 0.0011 提高到 2010 年 0.0029（2010 年达到最高值），这表明个人所得税再分配效应增强。从国际上看，中国个人所得税的 MT 指数明显偏低，如芬兰（1989 年）个人所得税的 MT 指数为 0.043，爱尔兰（1987 年）为 0.045，瑞典（1990 年）为 0.040，远远高于中国（2010 年）个人所得税的 MT 指数最高值 0.0029。

从调节效应 α 的值来看，我国个人所得税的调节效应逐年增强，从 1995 年的 0.05% 上升到 2010 年的最高值 0.91%。但与发达国家相比，中国个人所得税再分配效应仍然不佳，如美国 2008 年个人所得税的调节效果为 4.18%[1]，而同年中国的调节效应为 0.76%，其调节效应远远低于美国，不足其调节效应的 1/5。而与芬兰（1989 年）个人所得税的调节效应 16.09%、爱尔兰（1987 年）11.68%、瑞典（1990 年）9.29% 的水平相比，其调节效果更低，中国个人所得税再分配效应最高值为 2010 年的 0.91%，不及这些国家调节效应的 1/10。发达国家调节效应比较好的如英国，2000 年苏格兰税前收入基尼系数为 0.38，税后收入基尼系数为 0.33，调节效应高达 13.16%，而同年中国的调节效应为 0.20%，仅为苏格兰调节效应的 1.5%。[2]

实证分析结果表明，1995～2011 年个人所得税在调节城镇居民收入分配中发挥了积极的正向调节作用，但其调节效应十分微弱。从图 6-5 可以看出，税前、税后收入基尼系数几乎完全重合在一起，个人所得税再分配效应的绝对值即 MT 指数和横轴几乎重叠在一起，个人所得税的调节效应则呈现出增强—下降—增强—下降的趋势，2005 年达到高点后有所回落，继而在 2010 年达到 0.93% 的最高点，之后有所下降。因此，从整体上看，个人所得税对居民收入分配的调节力度虽然呈现逐年增强的趋势，但非常微弱。

2. MT 指数的分解

根据公式 $MT = tK/(1-t)$，可以将个人所得税的收入分配效应分解为

---

① 数据来源于美国统计局网站，http://www.census.gov。
② 韩晓毓：《个人所得税制度改革的分配效应和财政效应》，博士学位论文，吉林大学，2007。

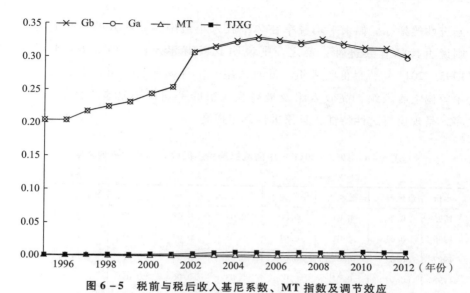

图 6 – 5 税前与税后收入基尼系数、MT 指数及调节效应

注：Gb 表示税前收入基尼系数，Ga 表示税后收入基尼系数，MT 是指税前收入基尼系数与税后收入基尼系数的绝对差额，TJXG 是指个人所得税的调节效应。

平均税率和 K 指数两个指标，即个人所得税调节居民收入分配的效应主要取决于平均税率和累进性两个因素。在平均税率 t 一定的条件下，MT 指数随着累进性水平 K 的上升而增大，即个人所得税的收入分配效应增强；同理，在累进性水平 K 不变的前提下，MT 指数随着平均税率 t 的上升而增大，从而使个人所得税的收入分配效应增强，反之亦然。从前一部分的分析可知，个人所得税在调节城镇居民收入分配中发挥了微弱的正向调节作用，为什么？本书接下来通过对 MT 指数的分解进行更加深入的分析和研究。

（1）平均税率

平均税率是衡量税收累进性的一个重要指标，是指每个小组缴纳的税收数额与该小组税前总收入的比值。个人所得税在不同收入阶层中的平均税率如表 6 – 4 所示。

平均税率可以从两个方面来影响个人所得税的收入分配效应：一方面，其本身的大小可以直接决定再分配效应的强弱，若 K 指数为正，那么平均税率与 MT 指数成正比，平均税率越高，个人所得税的再分配效应就越大；另一方面，不同收入阶层之间平均税率的大小也可以作为判断税收

中国税收调节居民收入分配效应研究

累进性的指标。如果平均税率在 7 个收入小组中随着收入的提高而上升，则说明其具有累进性；反之，则说明其具有累退性。由表 6 - 4 可知，1995 ~ 2011 年，最低收入组、低收入组、中等偏下收入组、中等收入组、中等偏上收入组、高收入组及最高收入组的平均税率基本上由低到高排序，呈现出累进性特征，且累进性逐年提高。

表 6 - 4　1995 ~ 2011 年中国城镇居民不同收入小组的平均税率

单位：%

年份	最低收入	低收入	中等偏下	中等收入	中等偏上	高收入	最高收入	整体 t
1995	0.00	0.01	0.00	0.01	0.01	0.00	0.01	0.02
1996	0.01	0.01	0.01	0.03	0.03	0.05	0.11	0.04
1997	0.01	0.01	0.01	0.02	0.04	0.08	0.14	0.05
1998	0.01	0.01	0.03	0.03	0.06	0.09	0.18	0.07
1999	0.01	0.02	0.03	0.05	0.09	0.13	0.22	0.10
2000	0.02	0.03	0.05	0.07	0.12	0.20	0.31	0.14
2001	0.02	0.03	0.05	0.10	0.15	0.28	0.39	0.18
2002	0.06	0.05	0.09	0.15	0.26	0.40	0.75	0.35
2003	0.04	0.06	0.11	0.19	0.35	0.55	1.11	0.48
2004	0.03	0.08	0.13	0.25	0.41	0.67	1.41	0.60
2005	0.05	0.10	0.17	0.31	0.52	0.82	1.47	0.66
2006	0.03	0.08	0.10	0.16	0.37	0.60	1.40	0.54
2007	0.03	0.05	0.10	0.21	0.41	0.68	1.54	0.61
2008	0.03	0.05	0.10	0.19	0.40	0.76	1.58	0.61
2009	0.03	0.06	0.11	0.24	0.50	0.79	1.62	0.65
2010	0.04	0.06	0.17	0.31	0.62	1.01	1.80	0.76
2011	0.05	0.10	0.14	0.28	0.55	0.89	1.73	0.71

注：根据《中国物价及城镇居民家庭收支调查统计年鉴》①（1996 ~ 2001 年）、《中国价格及城镇居民家庭收支调查统计年鉴》②（2002 ~ 2005 年）和《中国城市（镇）生活与价格年鉴》（2006 ~ 2012 年）中城镇居民家庭收入分组数据中的人均总收入与各个小组缴纳的个人所得税计算得出，t = 个人所得税数额/人均总收入。

资料来源：郭晓丽：《个人所得税调节城镇居民收入再分配效应研究》，《财经问题研究》2015 年第 6 期，第 74 页。

———————————

①　2002 年改名为《中国价格及城镇居民家庭收支调查统计年鉴》。
②　2006 年改名为《中国城市（镇）生活与价格年鉴》。

　　从图 6-6 可以明显地看出，尽管我国个人所得税的平均税率呈现出累进性，但平均税率的值偏低，例如 2011 年最低收入组的平均税率仅为 0.05%，即使在最高收入组中的比重也仅为 1.73%。这对于低收入家庭来说，个人所得税税负确实不重，但是对于高收入家庭来说，个人所得税税负确实较轻。从国际上看，中国个人所得税的平均税率偏低，即使最高（2010 年）也仅为 0.76%，大大低于发达国家的水平，例如"美国、澳大利亚和加拿大在 1970 年个人所得税的平均税率分别高达 13.73%、14.45% 和 12.25%，OECD 国家（1998 年）个人所得税平均税率的均值为 16.61%"（Kakwani N. C.，1977）。因此，在目前收入差距较大的国情下，平均税率偏低制约了个人所得税调节居民收入分配功能的发挥，这是导致其调节效应十分微弱的重要因素。

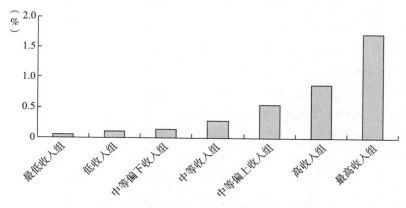

图 6-6　2011 年 7 个收入组的平均税率

（2）K 指数

　　K 指数是衡量税制累进性的一个重要指标。一般情况下，K 大于 0，说明税制是累进的，否则是累退的。由表 6-5 可知，1995～2011 年 K 指数均大于 0，这说明高收入者承担的个税税负高于其收入占比，而低收入者承担的个税税负低于其收入占比，即个人所得税呈现出累进性的特征；从变化趋势来看，1995～2002 年 K 指数呈现出下降的趋势，2003 年后又呈现出上升的势头，但其变化幅度不大；从国际比较来看，中国个人所得税 K 指数在 1995 年达到 0.4317 的最高水平之后有所下降，在 2002 年之后又有所上升，但其均值在 0.3837 左右。Wagstaff 的研究表明，OECD 国家个人所得税 K 指数的均值为 0.1963，这说明我国个人所得税的累进性远远高于 OECD 国家的水平。从横向公平来看，H 多数年份是 0，少数年份是 -0.0001，基本上接近于 0。

表 6 - 5 个人所得税税收集中系数、K 指数及 H 值等指标

年份	C_t	G_b	K	MT	$tK/(1-t)$	H
1995	0.6355	0.2038	0.4317	0.0001	0.0001	0
1996	0.6156	0.2039	0.4117	0.0001	0.0002	-0.0001
1997	0.6330	0.2180	0.4150	0.0002	0.0002	0
1998	0.6155	0.2255	0.3900	0.0003	0.0003	0
1999	0.6031	0.2324	0.3707	0.0003	0.0004	-0.0001
2000	0.5946	0.2448	0.3498	0.0005	0.0005	0
2001	0.6106	0.2553	0.3553	0.0006	0.0006	0
2002	0.6544	0.3090	0.3454	0.0011	0.0012	-0.0001
2003	0.6881	0.3175	0.3706	0.0017	0.0018	-0.0001
2004	0.6974	0.3261	0.3713	0.0022	0.0022	0
2005	0.6734	0.3321	0.3413	0.0023	0.0023	0
2006	0.7276	0.3285	0.3991	0.0022	0.0022	0
2007	0.7270	0.3244	0.4026	0.0025	0.0025	0
2008	0.7359	0.3303	0.4056	0.0025	0.0025	0
2009	0.7139	0.3235	0.3904	0.0026	0.0026	0
2010	0.6923	0.3180	0.3743	0.0029	0.0029	0
2011	0.6995	0.3175	0.3820	0.0028	0.0028	0

注：根据《中国城市（镇）生活与价格年鉴》中的相关数据计算而得。

6.2.2.3 结论

首先，通过以上实证分析可以看出，我国个人所得税在调节不同阶层居民收入分配中发挥了正向的调节作用，但调节效应比较微弱。

其次，通过对 MT 指数的分解，我们发现，个人所得税的累进性即 K 指数较高，但是由于平均税率过低，所以最终个人所得税在调节居民收入分配中仅具有微弱的调节效应。

6.2.3 不同区域再分配效应分析

"随着改革开放的深入，各地区经济快速增长，区域差距扩大、地区发展机会不均等、区域之间的利益摩擦和冲突加剧等问题也如影随形。区域发展不均衡成为困扰我国经济社会发展的一大难题。"[①] 2013 年，东部地区城镇居民人均可支配收入为 30582 元，比 2012 年增加 2668 元，增长 9.56%；西部地区城镇居民人均可支配收入为 20610 元，比 2012 年增加 2977 元，增长 16.88%；中部地区城镇居民人均可支配收入为 22307 元，比 2012 年增加 1829 元，增长 8.93%；东北地区城镇居民人均可支配收入为 22375 元，比 2012 年增加 1900 元，增长 9.28%。从人均可支配收入的绝对差距来看，2013 年东部与西部的差距为 9972 元，比 2012 年缩小了 309 元；东部与中部的差距为 8275 元，比 2012 年扩大了 839 元；东部与东北的差距为 8207 元，比 2012 年扩大了 768 元。从人均可支配收入的相对差距来看，2013 年东部、西部、中部和东北地区的比为 1.37∶0.92∶1∶1（假定中部地区的数值为 1），与 2012 年的 1.36∶0.86∶1∶1 大致相同。[②] 从以上数据可以看出，我国东部地区的人均可支配收入远远高于其他区域，而中部、西部和东北地区的收入水平基本相当。李万甫、欧阳明（2015）指出，需高度重视区域发展失衡问题，尤其是东北地区和部分中西部省份经济和税收出现断崖式下跌。在目前区域间收入差距较大的现实国情下，作为调节居民收入分配的手段，个人所得税在其中有没有发挥应有的调节作用？国内目前的研究相对较少，鉴于此，本书对个人所得税在四大区域的调节效应进行专门的实证分析和研究。

6.2.3.1 研究方法及数据来源

1. 区域的界定

研究个人所得税对我国区域间收入分配的调节效应，首先需要对我国区域范围进行界定。根据国家统计局 2011 年 6 月 13 日的划分办法，将我

---

① 《区域发展的战略思维》，《学术前沿》2015 年第 15 期，第 4 页。
② 数据根据《中国统计年鉴》有关数据计算而得。

国的经济区域划分为东部、中部、西部和东北四大地区。其中东北地区包括黑龙江省、吉林省和辽宁省；东部地区包括北京市、天津市、上海市、河北省、山东省、江苏省、浙江省、福建省、台湾省、广东省、香港特别行政区、澳门特别行政区、海南省；中部地区包括山西省、河南省、湖北省、安徽省、湖南省、江西省；西部地区包括内蒙古自治区、新疆维吾尔自治区、宁夏回族自治区、陕西省、甘肃省、青海省、重庆市、四川省、西藏自治区、广西壮族自治区、贵州省、云南省。需要特别说明的是，由于数据统计的标准不一样，本书在研究东部地区时不包括台湾省、香港特别行政区和澳门特别行政区。

2. 研究方法

第一，区域税收集中度。通过计算区域税收集中度，来判断个人所得税的区域调节效应。

第二，人均税负。根据个人所得税的累进性，各区域间的人均税负也应该呈现高收入地区税负高、低收入地区税负低（即满足税收公平第一定理）的这一特点。根据《中国统计年鉴》和《中国税务年鉴》中的相关数据，用各区域城镇居民人均缴纳个人所得税的数额除以各区域城镇居民人均总收入得到我国各区域间城镇居民人均个人所得税税负。

第三，税前、税后收入份额的比较。通过区域税前、税后收入份额的变化情况，来判断个税在区域间的调节效应。一般来说，东部地区收入水平较高，若税后收入份额小于税前收入份额，则说明个人所得税起到了"调高"的作用；中部、西部和东北地区相对落后，若税后收入份额大于税前收入份额，则说明个人所得税起到了"提低"的作用。

3. 数据来源

本书以《中国统计年鉴》和《中国税务年鉴》为基础，经过计算得出相关指标，本研究的样本范围为 2007～2013 年。

6.2.3.2 实证分析

1. 区域税收集中度

长期以来，由于国家政策的倾斜以及历史等多种因素的存在，东部地区一直是我国经济最发达的区域，而中部、西部和东北地区相对落后。与此相对应，东部地区所承担的个人所得税所占的比重最高，在 60% 左右，而且比较稳定（见表 6 - 6）；其次是西部地区，占比在 14% 左右；中部地区占比年均在 10% 左右；占比最低的是东北地区，其比重在 5% 左右。

表 6 - 6   2007～2013 年四大经济区域个税分布情况

单位：%

地区	2007 年	2008 年	2009 年	2010 年	2011 年	2012 年	2013 年
东部	60.79	60.72	60.73	59.57	58.80	59.36	60.49
中部	10.50	10.20	10.12	10.16	10.76	10.41	10.62
西部	13.44	13.49	14.38	15.19	15.79	16.03	15.46
东北	5.32	5.16	4.59	4.73	4.70	4.08	4.02

注：根据《中国税务年鉴》中全国个人所得税分项目分地区数据计算而得。

从个人所得税的区域分布来看，个人所得税基本呈现累进性的特征，即收入水平越高的区域，其承担的税负越高。但是，由于不同的经济区域人口数量不同，我们只能大致认为个人所得税在调节区域收入分配中具有累进性。为了精确地衡量个人所得税的区域收入分配效应，我们将人口因素考虑在内，计算出不同区域个税的人均税负。

2. 不同区域人均税负的测算

将东部、中部、西部和东北地区的个人所得税总额除以该地区当期城镇居民总人数即可得到各区域的人均个税税负，具体计算结果如表 6 - 7 所示。

表 6 - 7   2007～2013 年四大经济区域个人所得税人均税负

单位：元

地区	2007 年	2008 年	2009 年	2010 年	2011 年	2012 年	2013 年
东部	3576.38	4077.76	4146.58	4742.74	5247.61	4781.49	4443.12
中部	1273.59	1434.23	1457.02	1734.51	2073.69	1832.29	1823.75
西部	1571.27	1823.33	2013.35	2534.90	3021.66	2650.69	2577.45
东北	1344.98	1540.30	1454.45	1834.90	2149.95	1753.07	1754.54

注：根据《中国统计年鉴》和《中国税务年鉴》数据计算而得。

从表 6 - 7 可以看出，东部地区人均税负明显大于中部、西部和东北地区，2011 年人均税负最高为 5247.61 元，远远大于其他地区；从变化趋势来看，四大经济区域的人均税负均呈现出先升后降的特征，在 2011 年到达最高点后下降，这主要与 2011 年 9 月费用扣除标准提高到 3500 元有关；东部和其他地区的人均税负呈现出累进性特征，但是中部、西部和东北地区不明显。其中西部地区的人均税负排名第二，而中部和东北地区的人均税负大体相当。

3. 不同区域税前、税后收入份额的测算

为了更加准确地分析个人所得税对区域收入分配的调节，本书计算了 2007 ~ 2013 年各区域城镇居民的税前、税后收入份额及其变化（具体如表 6 - 8 所示）。

表 6 - 8　2007 ~ 2013 年四大区域税前、税后收入份额及其变化情况

年份	指标	东部	中部	西部	东北
2007	税前收入份额	0.4209	0.1694	0.3274	0.0822
	税后收入份额	0.3948	0.1792	0.3398	0.0862
	变化份额	- 0.0261	0.0097	0.0124	0.0039
2008	税前收入份额	0.3576	0.1862	0.3639	0.0923
	税后收入份额	0.3360	0.1951	0.3729	0.0960
	变化份额	- 0.0216	0.0089	0.0090	0.0037
2009	税前收入份额	0.4230	0.1694	0.3227	0.0850
	税后收入份额	0.4004	0.1795	0.3300	0.0901
	变化份额	- 0.0226	0.0101	0.0073	0.0051
2010	税前收入份额	0.4202	0.1683	0.3271	0.0844
	税后收入份额	0.3993	0.1792	0.3320	0.0895
	变化份额	- 0.0209	0.0109	0.0050	0.0050
2011	税前收入份额	0.4170	0.1692	0.3296	0.0843
	税后收入份额	0.4052	0.1802	0.3250	0.0896
	变化份额	- 0.0118	0.0110	- 0.0046	0.0053
2012	税前收入份额	0.4141	0.1702	0.3310	0.0848
	税后收入份额	0.4118	0.1826	0.3144	0.0913
	变化份额	- 0.0023	0.0124	- 0.0166	0.0065

续表

年份	指标	东部	中部	西部	东北
2013	税前收入份额	0.4147	0.1696	0.3310	0.0846
	税后收入份额	0.4055	0.1775	0.3280	0.0890
	变化份额	-0.0092	0.0079	-0.0031	0.0044

注：根据《中国统计年鉴》和《中国税务年鉴》数据计算而得。

从表 6-8 可以看出，东部地区税前收入份额均大于税后收入份额，这说明个人所得税发挥了逆向调节作用；同时中部和东北地区的税前收入份额小于税后收入份额，这说明经过个人所得税调节后，增加了中部和东北地区的收入份额，起到了个人所得税"提低"的目的；而西部地区 2007~2010 年个人所得税起到了正向调节作用，但是 2011 年之后，西部地区的税后收入份额小于税前收入份额（具体的变化份额如图 6-7 所示）。

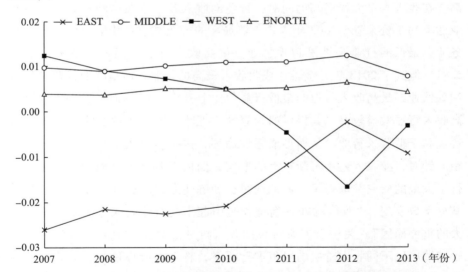

图 6-7 2007~2013 年四大区域税前、税后收入份额变化的基本情况

注：本图根据表 6-8 数据，使用 Eviews 6.0 软件画出，其中 EAST 指东部地区，MIDDLE 指中部地区，WEST 指西部地区，ENORTH 指东北地区。

从图 6-7 可以看出，东部地区的税前税后收入份额的变化额均为负值，即经过个人所得税调节后，其收入份额下降，但是其变化幅度的绝对值越来越小，这说明虽然个人所得税在东部区域中起到了调节作用，但是其调节效应逐年减弱；中部和东北地区的调节份额曲线均处于 0 的上方，而且其变化幅度较为平稳；西部地区的变化额在 2010 年之前是正值，基本上处于下降趋势，但 2011 年之后变为负值，2012 年之后逐渐逼近于 0。

6.2.3.3 结论

本书从区域间税收分布的基本情况、人均税负以及税前与税后收入份额的变化等多个角度实证分析了个人所得税在区域居民收入分配方面的调节作用。实证分析结果表明，区域税收集中度、人均税负以及不同区域税前与税后收入份额等相关指标基本上呈现出累进性特征，这说明个人所得税在调节区域居民收入分配中发挥了积极的调节作用。

6.2.4 不同行业再分配效应分析

改革开放后，随着经济的发展，我国各行业的收入水平也在不断地提高。在收入水平大幅提高的同时，行业间收入差距也在不断扩大。从各行业的人均工资来看，2003 年人均工资最高的行业是信息传输及信息技术服务业，最低的行业是批发和零售业，最高收入行业与最低行业的比值为 2.84。但到了 2013 年，金融业成为收入最高的行业，而最低的行业是住宿和餐饮业，最高收入行业与最低行业的比上升为 2.93。而且进一步，由于高收入行业效益较好，其提供的相应的"五险一金"或"三险一金"等也远远高于低收入行业，从而形成恶性循环，进一步拉大了行业间的收入差距。针对行业收入差距不断扩大的事实，国内学者基于不同的视角对此进行了大量的研究并取得了丰硕的成果，如陈建东、高远（2012）通过分解基尼系数发现，"收入的非均衡增长是引起不同行业收入分配差距持续扩大的重要原因"。关于个人所得税的收入再分配效应，国内学者大多是基于城镇居民不同收入阶层的视角进行研究，将个人所得税与行业收入差距放在一起进行研究的较少，如李蕾、李梦雪和刘千亦（2015）通过多元统计分析方法实证分析了个人所得税的行业收入再分配效应，研究结果表明，"个人所得税虽然对高收入行业发挥出应有的收入再分配调节作用，但其对个人收入的调节主要集中在中低收入行业群体，从而在一定程度上与个人所得税的立法宗旨相背离"。

个人所得税是国际上公认的调节收入分配的有效手段，而目前我国行业收入差距不断扩大也是一个不争的事实。鉴于此,本书基于收入分配的视角,以《中国统计年鉴》中国民经济行业分类的人均工资和行业个人所得税额的统计数据为基础,实证分析个人所得税对行业间收入差距的调节效应,以期为个人所得税的进一步深化改革提供有益的借鉴和启示。

6.2.4.1 研究方法与数据来源

1. 研究方法

平均税率是测度税收再分配效应的有效方法之一,如果平均税率随着收入的增加而上升,则说明个人所得税具有较强的收入再分配效应(累进性);相反,如果平均税率随着收入的增加而下降,则个人所得税具有累退性,即个人所得税具有调节收入再分配的负效应。在实证分析个人所得税调节行业收入分配效应时,我们使用平均税率指标进行测算,即如果平均税率随着行业收入的增加而上升,则说明个人所得税具有较强的行业收入再分配效应(累进性)。

本书在实证分析不同行业间的收入差距时以行业人均工资和行业个人所得税额的统计数据为基础,通过计算行业平均税率来判断个人所得税在不同行业之间的调节效应。根据个人所得税的累进性特征,各行业间的人均税负也应该呈现高收入行业税负高、低收入行业税负低的特征。具体来说,高收入行业工资较高,其缴纳的个人所得税也应该比较高,即行业平均税率较高。否则,行业平均税率较低。即如果收入最高的行业其平均税率在各行业中也居于首位,那么我们大致可以认为个人所得税在缩小行业收入差距中发挥了正向的调节作用。

2. 数据来源和研究范围

本书的数据主要来自《中国统计年鉴》和《中国税务年鉴》。由于数据的可得性和一贯性,本书在计算平均税率时主要将信息传输及信息技术服务业、金融业等11个行业进行研究,没有考虑科学研究和技术服务,文化、体育和娱乐业,卫生和社会工作,公共管理等,教育,制造业,居民服务、修理7个行业。

6.2.4.2 实证分析

根据《中国统计年鉴》中按行业分城镇单位就业人员平均工资的统

计数据，我们发现 2003~2008 年收入最高的行业是信息传输及信息技术服务业，金融业位居第二，电力、热力、燃气及水的生产和供应业位居第三；但是在 2009~2013 年，收入最高的行业是金融业，信息传输及信息技术服务业退居第二，电力、热力、燃气及水的生产和供应业仍然位居第三；从平均值来看，信息传输及信息技术服务业仍居首位，金融业位居第二，而电力、热力、燃气及水的生产和供应业仍然位居第三，具体见表 6-9。

从表 6-9 可以看出，我国行业收入差距基本上呈现出固化的发展趋势，即收入排名靠前的基本上是信息传输及信息技术服务业和金融业，而建筑业、住宿和餐饮业总是排名靠后。而且高收入行业近年来保持了较高的工资增长率，而低收入行业的工资增长率相对缓慢，所以行业收入固化特征越来越明显。

从表 6-9 和表 6-10 可以看出，人均收入从高到低的排序依次是信息传输及信息技术服务业，金融业，电力、热力、燃气及水的生产和供应业等，但是收入最高的行业承担的个人所得税的平均税率并不是最高，如排名第一的信息传输及信息技术服务业，其平均税率仅为 12.85%，远远低于租赁和商务服务业 34.71% 的最高税率；金融业近年来的人均收入水平虽然位居第二，但自 2009 年以来在行业人均收入中稳居第一，其平均税率为 16.23%，在平均税率排名中仅位居第四；而租赁和商务服务业的人均工资为 34540 元，在人均收入中的位居第五，但是其平均税率位居第一。收入较低的行业承担的个人所得税较高，如收入水平最低的行业住宿和餐饮业，其承担的税负在行业排名中位居第六，并不是最后一名，而人均收入排名第四的采矿业其平均税率最低，为 6.2%。

为了更好地对比人均收入和平均税率在行业间的分布情况，我们将行业平均税率的均值以及人均总收入的均值进行归一化处理，并在一张图中进行比较，具体见图 6-8。

从图 6-8 可以明显地看出，个人所得税在不同行业中的人均收入排序和平均税率排序并不一致。高收入行业对应的平均税率并不是最高，如信息传输及信息技术服务业以及金融业，其人均收入水平处于前两名，但是对应的平均税率较低。而租赁和商务服务业、房地产业、批发和零售业以及住宿和餐饮业等行业人均收入水平较低，但对应的税率很高。因此，本

表 6 - 9 2003～2013 年各行业人均收入从高到低排序

单位：元

行业	2003 年	2004 年	2005 年	2006 年	2007 年	2008 年	2009 年	2010 年	2011 年	2012 年	2013 年	均值
信息传输及信息技术服务业	30897	33449	38799	43435	47700	54906	58154	64436	70918	80510	90915	55829
金融业	20780	24299	29229	35495	44011	53897	60398	70146	81109	89743	99653	55342
电力、热力等	18574	21543	24750	28424	33470	38515	41869	47309	52723	58202	67085	39315
采矿业	13627	16774	20449	24125	28185	34233	38038	44196	52230	56946	60138	35358
租赁和商务服务业	17020	18723	21233	24510	27807	32915	35494	39566	46976	53162	62538	34540
交通运输、仓储和邮政业	15753	18071	20911	24111	27903	32041	35315	40466	47078	53391	57993	33912
房地产业	17085	18467	20253	22238	26085	30118	32242	35870	42837	46764	51048	31182
制造业	12671	14251	15934	18225	21144	24404	26810	30916	36665	41650	46431	26282
批发和零售业	10894	13012	15256	17796	21074	25818	29139	33635	40654	46340	50308	27630
建筑业	11328	12578	14112	16164	18482	21223	24161	27529	32103	36483	42072	23294
住宿和餐饮业	11198	12618	13876	15236	17046	19321	20860	23382	27486	31267	34044	20576

注：根据《中国统计年鉴》和《中国税务年鉴》相关数据计算而得。

表6-10 2003~2013年各行业个人所得税平均税率①

单位：%

行业	2003年	2004年	2005年	2006年	2007年	2008年	2009年	2010年	2011年	2012年	2013年	均值
租赁和商务服务业	34.61	31.98	32.43	30.89	34.61	34.13	33.24	35.02	44.09	43.76	27.06	34.71
房地产业	16.19	16.54	18.44	19.91	24.55	26.52	31.31	33.62	30.00	23.59	22.10	23.89
批发和零售业	19.90	21.07	21.46	21.49	22.19	23.28	22.41	23.60	19.49	15.25	12.33	20.23
金融业	8.27	9.04	10.05	10.74	19.02	20.57	17.97	18.97	23.76	19.53	20.59	16.23
信息传输及信息技术服务业	11.33	11.36	12.16	12.77	15.03	15.36	14.00	14.23	13.75	12.37	8.96	12.85
住宿和餐饮业	0.00	0.00	15.99	16.27	17.40	17.11	16.21	16.76	14.18	10.29	7.98	12.01
电力、热力等	5.88	6.41	7.50	7.29	9.32	10.31	10.61	10.72	10.10	7.69	5.98	8.35
建筑业	7.29	8.17	8.52	8.65	9.34	10.30	10.08	10.29	8.24	6.33	4.23	8.31
制造业	7.28	7.90	8.28	7.76	8.21	8.60	7.99	8.69	7.96	5.84	4.48	7.54
交通运输、仓储和邮政业	5.47	6.43	6.97	6.58	7.62	8.46	7.23	7.59	7.53	5.47	3.94	6.66
采矿业	2.67	3.20	4.38	4.68	6.10	7.98	8.16	9.32	9.26	—	6.29	6.20

注：根据《中国统计年鉴》和《中国税务年鉴》相关数据计算而得。

① 由于《中国统计年鉴》中仅有城镇居民在各行业就业的人口数量统计，不包括农村居民。其实在城市的各行业中存在着大量的农民工，因此，本表计算出来的数据偏高，若将大量的农民工考虑在内，平均税率会大大降低。

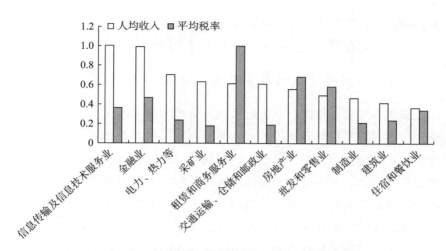

图 6 - 8 不同行业人均收入与平均税率对比情况

书认为，个人所得税在调节行业收入分配中并没有发挥应有的作用，即没有起到个人所得税在政策设计中应有的"调高"的目的，相反低收入行业承担的税负较高，即个人所得税在调节行业收入分配中发挥了逆向调节作用。进一步，个人所得税对高收入行业如金融业、信息传输及信息技术服务业等的逆向调节会形成恶性循环，必然会使不同行业之间的居民收入差距更大。

6.2.4.3 结论

通过上述平均税率的计算，我们可以看到，高收入行业的平均税率并不高，而低收入行业对应的平均税率较高，这说明个人所得税在缩小行业收入差距中并没有发挥出应有的调节收入分配的积极作用，相反还在一定程度上加大了居民间的收入差距。

个人所得税在调节行业收入分配中没有发挥应有的调节作用的主要原因是我国在 1980 年进行个人所得税税制设计时，行业间的收入差距很小，所以在当时并没有考虑行业与行业之间的收入差距。随着经济的发展，各个行业发生了很大的变化，其差距也越发明显。虽然个人所得税在 1980 年之后进行了多次调整和完善，但大多以费用扣除标准的调整为重点，均没有涉及行业方面的调整。因此，在未来个人所得税的深化改革中，应充分重视行业间收入差距持续扩大的问题，根据不同行业的发展特点进行相应的调整和设计，强化个人所得税对高收入行业（如金融业）的"调高"作用，充分发挥其在行业收入分配中的积极调节作用。

6.2.5　不同要素结构再分配效应分析

经济学界对收入分配一般从居民收入分配和要素收入分配两个视角进行研究，这正好与目前我国居民收入差距过大和劳动报酬占比偏低的现实相对应。目前国内学术界针对个人所得税收入分配效应的研究主要集中在居民收入分配上，即通过计算城镇居民不同收入阶层所承担的个人所得税的税前与税后收入基尼系数、平均税率等来判断其再分配效应的大小。实际上税收既通过消费效应也通过收入效应发挥其对居民收入分配的调节作用，而且更本质的影响在于收入效应。这是因为人们通过要素取得收入，而拥有要素的数量和类型存在差异，税收通过其来影响居民间的收入分配。郭庆旺、吕冰洋（2011）的研究表明："要有效解决居民收入差距进一步扩大的问题，就必须考虑要素收入分配，这是因为要素收入分配与居民收入分配密切相关。"而国内关于个人所得税的要素收入分配的研究较少。鉴于此，本书在现有研究的基础上，基于要素结构的视角，对个人所得税的收入分配效应进行全面和深入的研究，希望能为我国税制的进一步改革提供有益借鉴和思考。

6.2.5.1　数据测算

1. 个人所得税分项目收入中的要素结构

个人所得税是以个人收入为基础，扣除一定的费用扣除标准后征收的一种税。我国个人所得税针对的个人收入有11种：工资、薪金所得，个体工商户的生产经营所得，对企业、事业单位的承包经营、租赁经营所得，劳务报酬所得，稿酬所得，特许权使用费所得，利息、股息、红利所得，财产租赁所得，财产转让所得，偶然所得，经国务院财政部门确定征税的其他所得。尽管个人所得税的征税项目有多种收入来源，但就其性质来看，可以分为资本所得和劳动所得两大类。其中工资、薪金所得，劳务报酬所得，稿酬所得和特许权使用费所得属于劳动所得；而利息、股息、红利所得，财产租赁所得和财产转让所得属于资本所得；个体工商户的生产经营所得和对企业、事业单位的承包经营、租赁经营所得（简称经营所得）既属于劳动所得也属于资本所得。本书在研究要素收入结构时只考虑工资、薪金所得，劳务报酬所得，稿酬所得，特许权使用费所得，利息、股息、红利所得，财产租赁所得和财产转让所得 7 种所得。之所以这样处理有两个原因：第一，由于经营所得的混合性质，目前国内也没有专门的统计数据，即数据分离存在困难；第二，考虑在研究范围内的 7 种所得的应纳税额在个人所得税中的占比在 80% 左右，因此这样做并不会影响本书结论的精确性。其中前 4 项属于劳动所得，后 3 项属于资本所得，具体如表 6 – 11 所示。

表 6 – 11　个人所得税要素结构

单位：元，%

年份	劳动要素所得	资本要素所得	劳动要素税比重	资本要素税比重
2000	2978716	1924796	45. 11	29. 15
2001	4309771	3516457	43. 27	35. 30
2002	5859950	3878565	48. 39	32. 03
2003	7718808	3890583	54. 46	27. 45
2004	9770139	4543909	56. 27	26. 17
2005	12086091	5279523	57. 72	25. 21
2006	13417782	7049865	54. 71	28. 74
2007	18163693	8746591	57. 03	27. 46
2008	23280354	7936106	62. 54	21. 32
2009	25802035	7367236	65. 43	18. 68
2010	32711472	8090171	67. 62	16. 72
2011	40448185	11444068	66. 81	18. 90
2012	37482678	12647637	64. 40	21. 73
2013	42757584	14302845	65. 46	21. 90

注：根据《中国税务年鉴》中个人所得税收入分项目来源计算而得。

2. 个人所得税要素结构收入分配公平的判断标准

Atkinson（2000）的研究表明，"高收入者的收入来源主要是资本收入，低收入者的收入来源主要是劳动收入，因此，若个人所得税的目标是公平，则应对资本实行高税率"；而 Judd（1985）和 Chamley（1986）的研究发现，"若个人所得税的目标是效率，那么有两种方法可以选择：第一是对劳动和资本的征税比例与居民收入中两种要素收入的比例相同；第二是对资本所得实行较低的税率"。

据此我们认为，如果资本的征税比例大于居民收入中该要素收入的比例，那么我们认为这不悖于资本要素的效率原则，但有利于收入分配公平目标的实现，否则如果劳动的征税比例大于居民收入中该要素收入的比例，那么我们认为这不悖于劳动要素的公平原则，但有利于效率目标的实现。

3. 测算结果

根据《中国统计年鉴》中的数据分析城镇居民收入构成结构，如表6-12所示。

表6-12　城镇居民收入构成结构

单位：元，%

年份	工资收入	经营收入	财产性收入	转移性收入	总收入	劳动收入占比	资本收入占比
2000	4480.5	246.24	128.38	1440.78	6295.91	71.17	2.04
2001	5009.73	400.34	134.62	1362.39	6907.08	72.53	1.95
2002	5739.96	332.16	102.12	2003.16	8177.4	70.19	1.25
2003	6410.22	403.82	134.98	2112.2	9061.22	70.74	1.49
2004	7152.76	493.87	161.15	2320.73	10128.51	70.62	1.59
2005	7797.54	679.62	192.91	2650.7	11320.77	68.88	1.70
2006	8766.96	809.56	244.01	2898.66	12719.19	68.93	1.92
2007	10234.76	940.72	348.53	3384.6	14908.61	68.65	2.34
2008	11298.96	1453.57	387.02	3928.23	17067.78	66.20	2.27
2009	12382.11	1528.68	431.84	4515.45	18858.09	65.66	2.29
2010	13707.68	1713.51	520.33	5091.9	21033.42	65.17	2.47
2011	15411.91	2209.74	648.97	5708.58	23979.2	64.27	2.71
2012	17335.62	2548.29	706.96	6368.12	26958.99	64.30	2.62
2013	18929.8	2797.1	809.9	7010.3	29547.1	64.07	2.74

注：根据《中国统计年鉴》计算而得。

通过表6-11和表6-12，我们可以得出个人所得税要素结构的收入分配效应（见表6-13）。

表 6-13　个人所得税要素结构与居民收入构成结构对比

单位：%

年份	劳动税比例	资本税比例	劳动收入占比	资本收入占比
2000	45.11	29.15	71.17	2.04
2001	43.27	35.30	72.53	1.95
2002	48.39	32.03	70.19	1.25
2003	54.46	27.45	70.74	1.49
2004	56.27	26.17	70.62	1.59
2005	57.72	25.21	68.88	1.70
2006	54.71	28.74	68.93	1.92
2007	57.03	27.46	68.65	2.34
2008	62.54	21.32	66.20	2.27
2009	65.43	18.68	65.66	2.29
2010	67.62	16.72	65.17	2.47
2011	66.81	18.90	64.27	2.71
2012	64.40	21.73	64.30	2.62
2013	65.46	21.90	64.07	2.74

注：根据《中国统计年鉴》和《中国税务年鉴》相关数据计算而得。

从表 6-13 可以看出，个人所得税中资本要素承担的比例要远远大于城镇居民资本收入在总收入中所占的比重，如 2000 年城镇居民只有 2.04% 的收入来自资本收入，但资本要素在个人所得税中的比重高达 29.15%，是资本收入比例的 14 倍多。之后虽然资本收入在总收入中的比重呈上升趋势，资本要素在个人所得税中的比重呈下降趋势，但是资本要素税在个人所得税中仍然承担了较大的部分，如 2013 年资本收入比是 2.74%，资本税比例为 21.90%，后者是前者的 8 倍；2000 年劳动收入比为 71.17%，而劳动税比例为 45.11%，之后劳动收入占比趋于下降，但是劳动税比例基本呈现出上升的趋势。

从图 6-9 可以清晰地看出劳动税比例、劳动收入占比、资本税比例和资本收入占比的变动趋势。2000 年至今，虽然劳动收入占比呈现下降的趋势，从 2000 年的 71.17% 下降到 2013 年的 64.07%，下降了 7.1 个百分点，但是劳动税比例具有上升的趋势，从 2000 年的 45.11% 上升到 2013 年的 65.46%，上升了 20.35 个百分点。2000 年劳动税比例和劳动收入占比两条曲线间的距离很大，之后慢慢缩小，2009 年两者重合，劳动税比例曲线甚至在 2010～2011 年超过了劳动收入占比曲线。资本收入占比呈现上升的趋势，从 2000 年的 2.04% 上升到 2013 年的 2.74%，上升了 0.7 个百分点，其对应的资本税比却呈现下降的趋势，从 2000 年的 29.15% 下降到 2013 年的 21.90%，下降了 7.25 个百分点，两条曲线之间的距离依然很大，而且资本税比例曲线一直都处于资本收入占比曲线的上方，这说明个人所得税对于资本要素的调节还是比较充分的，主要原因在于尽管对于资本所得实行比例税率，但由于没有相应的费用扣除标准，所以财产税比例一直较高且比较稳定。

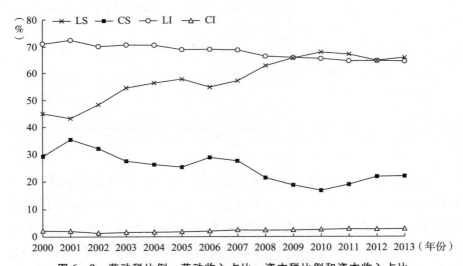

图 6 - 9 劳动税比例、劳动收入占比、资本税比例和资本收入占比

注：本图根据表 6 - 13 数据，使用 Eviews 6.0 软件画出，其中 LS 是指劳动税比例，LI 是指劳动收入占比，CS 是指资本税比例，CI 是指资本收入占比。

6.2.5.2 结论

本书基于要素结构的视角对个人所得税的收入分配效应进行了实证分析，结果发现，个人所得税在居民收入分配中发挥了缩小收入差距的作用。在个人所得税的进一步深化改革中，如果政府更加倾向社会公平，则可以进一步提高资本要素的征税比例，降低劳动要素的征税比例。

6.3 个人所得税收入再分配效应不佳的原因分析

本书从不同收入阶层、不同区域、不同行业以及不同要素结构等多个视角实证分析了个人所得税的收入分配效应。研究结果发现，个人所得税在不同收入阶层、不同区域、不同要素结构中均发挥了微弱的调节作用，但是在不同行业发挥了明显的逆向调节作用。那么是什么因素导致我国个人所得税收入再分配效应微弱？在实证分析中我们看到，我国个人所得税累进性较强，但由于平均税率过低和行业间的逆向调节，个人所得税的整体调节效应比较微弱。然而我国个人所得税改革大多以提高费用扣除标准为重点，例如 2011 年税制改革将费用扣除标准提高到 3500 元后，平均税率在 2012 年出现大幅下降，这就使原本就比较微弱的个人所得税再分配效应进一步减弱。那么为什么我国个人所得税的平均税率偏低？为什么在经济高速发展、税源充足的情况下，个人所得税在税收总收入中所占的比重没有获得相应的提高呢？这主要与我国以流转税为主的税制结构、个人所得税税制本身及税收征管水平有关。

6.3.1 个人所得税在税收总收入中所占的比重偏低

我国以流转税为主体的税制结构决定了直接税在税收总收入中所占的比重偏低，而个人所得税在税收总收入中的比重仅仅在 6% 左右，且随着个人所得税的多次改革呈现出下降的趋势。中国个人所得税在税收总收入中的比重不仅远远低于发达国家，而且也低于发展中国家的平均水平（大多为 10% ~ 20%）。2005 年我国个人所得税在税收总收入中的比重为 7.28%，到 2013 年降至 5.91%，呈现出下降的趋势，个人所得税总体比例偏低且收入总量偏少。而在其他发达国家的税制结构中，个人所得税具有重要地位（见表 6 - 14 和表 6 - 15），这主要是为了解决经济发展过程中出现的贫富差距扩大、社会分配不公等问题。而同样是发展中国家的南非、印度和泰国，其个人所得税的比例均高于中国，进一步反映了中国的个人所得税比例偏低的现状。

表 6 - 14　2005～2014 年我国个人所得税收入及其比重

年份	2005	2006	2007	2008	2009	2010	2011	2012	2013	2014
收入（亿元）	2094.91	2453.71	3185.58	3722.31	3949.35	4837.27	6054.11	5820.28	6531	7377
比重（%）	7.28	7.05	7.2	6.38	6.19	6.24	6.39	5.78	5.91	6.19

注：来源于《中国税务年鉴》(2006～2014 年) 数据，其中 2014 年数据来自《中国税务报》。

表 6 - 15　世界各国个人所得税占税收总额的比例

国家	税收总额（亿本币）	个人所得税（亿本币）	个人所得税占比（%）
美国	15601	10927	70.04
德国	2844	958	33.68
法国	4123	1462	35.5
英国	3914	1472	37.61
南非	6909	2282	33.03
印度	68772	12877	18.72
泰国	18500	2143	11.58

注：来源于《国际统计年鉴》(2013 年) 数据。

1994 年税制改革后，我国个人所得税虽然经过多次调整，但是并没有从根本上进行改革，其重心主要围绕在提高工资、薪金所得费用扣除标准和改进税率上：费用扣除标准经过三次调整，即 2006 年 1 月 1 日起将费用减除标准从 800 元提高至 1600 元，2008 年 3 月 1 日起提高至 2000 元，2011 年 9 月 1 日起提高到 3500 元；税率方面也仅仅是调整了工资、薪金所得和个体工商户经营所得的税率结构，其他所得的税率改革严重滞后。费用扣除标准的提升虽然在表面上减少了纳税人上缴的税收，但实质上损害了个人所得税调节收入再分配的功能。再加上其采取统一固定的费用扣除标准，进一步造成了纵向上的不公平，从而使得个人所得税调节收入分配的效应更差。"2011 年个人所得税改革虽然提升了个人所得税的整体累进性，但却大大降低了平均税率，导致本就十分微弱的收入再分配效应进一步弱化，不利于社会公平的实现。"（岳希明等，2012）

6.3.2 分类征收模式存在缺陷

我国现行的个人所得税实行分类征收，即将纳税人一定时期的所得按来源划分为 11 类，扣除费用扣除标准后分别适用不同的税率。在改革开放初期，该模式符合当时人们收入渠道单一、征管水平落后等方面的特殊国情。但随着经济的发展和收入水平的提高，个人（尤其是高收入者）的收入来源和构成发生了很大的变化，尤其是高收入者，其工资、薪金所得在收入中所占的比重越来越低。在税源越来越丰富的背景下，分类征收模式无法对个人的全部收入使用超额累进税率进行综合课税，从而使个人所得税的横向和纵向"双向"公平缺失。当前个人所得税调节收入分配的功能微弱，在很大程度上，分类征收模式抑制了个人所得税宏观调控的空间，主要表现在以下三点。

第一，由于按所得的不同来源分类征收，各类所得的费用扣除标准不同，适用税率不同，所以不同所得的税负缺乏公平、合理性。与综合所得按年征收相比，调节个人收入分配的力度相对减弱，不能充分体现公平税负、合理负担的原则。

第二，个人所得税存在制度安排漏洞，如对工资、薪金所得（最高边际税率为 45%）、个体工商户生产经营所得实行累进税率，对劳务报酬所得加成征收，而对利息、股息和红利等资本所得实行 20% 的比例税率，远低于工资、薪金所得最高 45% 、工商经营所得最高 35% 的边际税率。此外对于年终奖的计算不合理，从表面来看，年终奖的发放是比较公平的，但是在实际操作中存在很多问题。据调查，很多私营企业年底为了逃税，直接以现金的形式给职工发年终奖；有些事业单位例如很多高校，将年终奖和年底一次发放给职工的课时费混为一谈，按年终奖来计算。从计算方法上来说，出现在临界点的税负不公平现象非常严重，经常出现税前收入高的职工在缴税后实际收入反而低于税前收入低的职工的实际收入不合理的现象。这些问题一方面会挫伤职工的积极性，另一方面也不利于税收公平目标的实现，会促使人们想尽一切办法逃税。因此，年终奖的计算不合理，违背了税收公平职能的发挥，促使了大量逃税、漏税现象的出现，从而在一定程度上制约了税收再分配功能的发挥。个人所得税税制本身的缺陷导致收入差距进一步拉大，不利于社会公平的实现。

第三，在分类征收模式下，将劳动收入划分成不同种类会带来横向上的不公平。即使同样是劳动所得，其对应的税率也是不一样的，其中问题比较严重的是劳务报酬所得和稿酬所得。劳务报酬所得的社保在税前不能抵扣，其适用的最低税率是 20% ，远远高于工薪所得 3% 的最低税率，尤其是对于收入只有劳务报酬所得的个人，其税负相比工薪阶层更重，这有悖于税收的公平原则；稿酬所得目前的费用扣除标准依然是 800 元（超过4000 元的，扣除标准是收入的 20%），这是 1980 年《中华人民共和国个人所得税法》规定的扣除标准，虽然个税已经进行了多次改革，但大多是以工资、薪金所得为主要内容（工资、薪金所得的费用扣除标准已经从1980 年的 800 元提高到目前的 3500 元，且还有可能进一步提高），再加上稿酬所得按次征收，这就对以稿酬收入为主要收入来源的个人，尤其是对以稿酬所得为唯一收入来源的个人更加不公平。

6.3.3　征管不力，难以监控高收入群体

个人所得税再分配效应的发挥与税务部门的征管水平密切相关，税收征管是个人所得税再分配效应有效发挥的前提和基础。即使是最完善的税制，其功能的有效发挥也必须以税收的有效征管为制度保证。然而目前我

国税收征管体系以流转税、企业和现金流量为主的征收特征，没有直接针对自然人的税收征管体系，这就大大制约了个人所得税再分配功能的有效发挥。长期以来我国个人所得税仅对工薪所得实行源泉扣缴和严征管，而对富人、高收入群体征管不力；在实际的征管中按"计划任务"征税，"基数"和任务使得经济发达、收入水平高的地区税负相对较轻，而经济不发达、收入水平低的地区税负相对较重，从而使穷的更穷、富的更富；而且税收征管技术水平比较落后，加上难以控制的农业人口和城市非就业人口占总就业人口比重较大，从客观上加大了个人所得税征管的难度，再加上对于其他来源项目的收入以及高收入行业如金融业、计算机行业等征管不力，导致大量高收入群体的税收流失严重，这样就进一步削弱了税收的累进性，最终弱化税收的再分配效应。由于个人所得税调节的仅是合法收入，对不规范的隐性收入、灰色收入无能为力，这就更进一步拉大了收入差距。据王小鲁（2007）测算，2005～2006 年没有统计的隐性收入高达4.8 万亿元，且主要发生在占城镇居民家庭 10%的高收入户，这些隐性收入无法纳入有效的税收监控体系中，是导致收入差距扩大的主要原因。甚至有学者认为非法、非正常收入已经成为我国居民收入差距非正常扩大的根本原因。根据陈宗胜、周云波（2011）估计，"目前非法、非正常收入约占居民收入总差别的 15%，从而导致我国正常收入的基尼系数额外增加。例如 1997 年正常收入的基尼系数为 0.40，若加上各种非法、非正常收入，则基尼系数提高为 0.49"。知名企业家董明珠在广东省国税局主办的座谈会中也指出："有些民营企业老板私人花费的钱，都可以拿到企业报销，个人几乎没有税收，应该加强对民营企业职务消费的个税征管。"[①]因此，税收征管方面的缺陷也使得我国个人所得税的名义累进性和实际累进性相差很大，本书在实证分析中所得出的我国个人所得税累进性比国外高的结论中的累进性主要是指名义累进性，若考虑到实际累进性，将税收征管因素考虑在内，那么个税的累进性就会大打折扣，这可能也是除了平均税率偏低之外导致再分配效应不佳的重要原因。

---

① 《董明珠：别的企业说可以不交个税用票抵我们能吗？》凤凰网，http://finance. ifeng. com/a/20150617/13783399_0. shtml，2015 年 6 月 17 日。

6.4　结论

　　个人所得税在调节不同收入阶层居民收入分配中发挥了微弱的正向调节作用。我国个人所得税再分配效应主要受累进性和平均税率的影响，其中累进（退）性决定了再分配效应的方向。从国际比较来看，我国个人所得税的累进性较高，但平均税率过低，这是导致我国个人所得税再分配效应微弱的主要原因。个人所得税在调节四大区域居民收入分配中发挥了积极的正向调节作用，税收区域集中度、人均税负以及税前与税后收入份额的变化额均呈现出累进性的特征。个人所得税在缩小不同行业收入差距中起到了逆向调节作用，主要表现为对信息、计算机、金融等高收入行业调节不力。个人所得税在要素结构中发挥了一定的调节作用，在个人所得税的进一步深化改革中，如果政府更加倾向社会公平，则可以进一步提高资本要素的征税比例，降低劳动要素的征税比例；个人所得税在调节居民收入分配中没有充分发挥税收理论上的调节作用，主要与我国的税制结构、个人所得税的征收模式及税收征管水平等有关。

7 财产税调节居民收入分配
效应分析

财产税是国际上公认的调节居民收入分配比较理想的手段，十八届三中全会明确提出"逐步提高直接税比重"，财产税是其重要内容之一。那么目前我国的财产税对居民收入分配的影响如何？是否对收入差距起到了一定的调节作用？如果答案是肯定的，那么其调节效应到底有多大？今后该如何进一步深化改革？由于对财产税的界定缺乏共识，再加上数据的缺乏及计算的困难，学界的研究主要集中在具体税种的理论分析上，尤其是关于房产税的立法以及遗产与赠与税是否开征的讨论，而关于财产税收入分配效应的实证分析较少。鉴于此，本章首先认为财产税在我国税制中主要包括房产税、城镇土地使用税、车船税、契税、耕地占用税和土地增值税6个税种，其中前3个税种属于狭义的财产税（即严格意义上的财产税），加上契税、耕地占用税和土地增值税后属于广义的财产税，之后再进行具体的实证分析，以揭示财产税对居民收入分配的影响程度。

7.1 中国财产税的现状分析

7.1.1 财产税总体情况分析

财产税是以财产为课税对象，向财产所有者征收的一种税，属于对社会财富的存量课税。从严格意义上说，财产税有狭义和广义两种定义。狭义的财产税仅指对动产和不动产的保有课税，而广义的财产税还包括与财产交易和转让环节有关的税收。从实物形态上看，包括对动产（有形和无形资产）和不动产（主要指土地和土地上的改良物）的课税。财产税是在所得税对收入调节的基础上，对居民所拥有的财产进行的二次调节，能够有效地调节社会财产的分布状况。一般来说，财产的多寡反映了纳税人的贫富程度。在我国贫富差距日益拉大的现实背景下，强调财产税对居民收入分配的调节作用有利于缩小贫富差距，促进社会的和谐、公平。有关统计数据显示，财产分布的基尼系数远远大于收入分布的基尼系数，如郭琳、郑新业（2015）的研究测算显示，"2011 年，城镇居民财产性基尼系数是 0.532，而同期可支配收入的基尼系数仅为 0.308"。因此，对于税收的调节作用，仅仅强调个人所得税对收入流量的调节是远远不够的，缩小财产的不平等也是政府运用税收手段调节收入分配的重要内容。"收入分配循环具有内在的自我决定性和历史延续性，仅仅注重于分配流量及制度性因素的改革不可能形成新的收入分配循环，不变革存量分布的初始状态，出路难寻。"（刘尚希，1992）

1994 年税制改革后财产税在税收总收入中所占的比重（以下简称财产税占比）呈现出不断攀升的趋势。1994 年财产税占比仅为 2.97%，2000 年提高到 3.75%，2001 年后又呈现出持续上升的趋势，在 2013 年达到最高 11.51% 的占比（见表 7 - 1）。

表 7 - 1　1994～2013 年财产税基本情况

单位：亿元，%

年份	房产税	城镇土地使用税	契税	土地增值税	车船税	耕地占用税	财产税总额	财产税比重
1994	60.26	32.53	11.82	0	11.29	34.54	152.37	2.97
1995	81.67	33.65	18.26	0	13.4	31.2	181.52	3.01
1996	102.18	39.42	25.2	1.12	15.15	32.49	214.27	3.10
1997	123.93	44.05	32.34	2.53	17.21	33.35	252.55	3.07
1998	159.85	54.09	58.99	4.27	19.05	33.03	329.6	3.56
1999	183.36	59.06	95.96	6.81	20.86	35.32	399.08	3.74
2000	209.38	64.76	131.08	8.39	23.42	38.33	472.35	3.75
2001	228.42	66.15	157.08	10.33	24.61	57.34	524.92	3.43
2002	282.38	76.83	239.07	20.51	28.93	89.9	705.06	4.00

续表

年份	房产税	城镇土地使用税	契税	土地增值税	车船税	耕地占用税	财产税总额	财产税比重
2003	323.86	91.57	358.05	37.28	32.15	120.09	932.81	4.66
2004	366.32	106.23	540.1	75.04	35.76	141.85	1243.54	5.15
2005	435.96	137.34	735.14	140.31	38.9	171.12	1629.5	5.66
2006	514.85	176.81	867.67	231.47	49.97	185.04	2011.89	5.78
2007	575.46	385.49	1206.25	403.1	68.16	314.41	2823.5	6.19
2008	680.34	816.9	1307.53	537.43	144.21	633.07	3800.82	7.01
2009	803.66	920.98	1735.05	719.56	186.51	888.64	4998.83	8.40
2010	894.07	1004.01	2464.85	1278.29	241.62	1075.46	6771.48	9.25
2011	1102.39	1222.26	2765.73	2062.61	302	1620.71	8530.45	9.51
2012	1372.49	1541.72	2874.01	2719.06	393.02	1808.23	10521.01	10.46
2013	1581.5	1718.77	3844.02	3293.91	473.96	34.54	12720.39	11.51

注：根据《中国统计年鉴》、《中国税务年鉴》和《中国财政年鉴》相关数据整理而得。

　　从图 7-1 可以看出，财产税比重基本上呈现出上升的趋势，这和近年来房地产市场的繁荣有关，其中与房产交易有关的契税增长迅猛，这是导致财产税比重上升的主要因素之一。

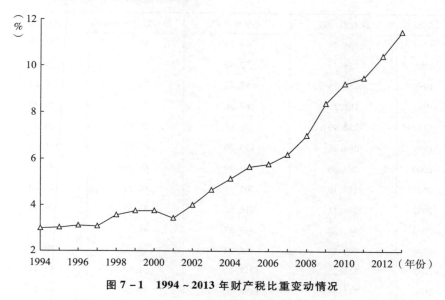

图 7-1　1994~2013 年财产税比重变动情况

7.1.2 财产税内部结构分析

为了研究的方便，根据财产税征收环节的不同，本章又将其划分为保有环节财产税和交易环节财产税。其中房产税、城镇土地使用税和车船税均是在纳税人持有财产期间定期并持续征收的，因此属于保有财产税；而契税、耕地占用税和土地增值税均是在房产、土地交易环节一次性征收的，因此将其归入交易财产税。

1994～2013 年我国保有环节的财产税比重和交易环节的财产税比重基本上呈现出此消彼长的趋势。保有财产税比重在 1994～1997 年处于上升阶段，之后基本上处于下降阶段，从 1997 年 73.33% 的最高点下降到 2007 年的 36.45%，2008 年、2012 年略有回升后下降到 2013 年的最低点 29.67%；交易环节的财产税比重则呈现出相反的变动趋势，1994～1997 年处于下降阶段，之后基本上处于上升阶段，从 1997 年的 26.67% 上升到 2007 年的 63.55%，2008 年、2012 年略有下降后继续上升到 2013 年的最高点 70.33%，具体如表 7-2 所示。

表 7-2 1994～2013 年我国财产税内部结构变动情况

单位：亿元，%

年份	保有财产税	交易财产税	保有财产税比重	交易财产税比重
1994	104.08	48.29	68.31	31.69
1995	128.72	52.80	70.91	29.09
1996	156.75	57.52	73.16	26.84
1997	185.19	67.36	73.33	26.67
1998	232.99	96.61	70.69	29.31
1999	263.28	135.80	65.97	34.03
2000	297.56	174.79	63.00	37.00
2001	319.18	205.74	60.81	39.19
2002	388.14	316.92	55.05	44.95
2003	447.58	485.23	47.98	52.02
2004	508.31	735.23	40.88	59.12
2005	612.20	1017.30	37.57	62.43
2006	741.63	1270.26	36.86	63.14

续表

年份	保有财产税	交易财产税	保有财产税比重	交易财产税比重
2007	1029.11	1794.39	36.45	63.55
2008	1641.45	2159.37	43.19	56.81
2009	1911.15	3087.68	38.23	61.77
2010	2139.70	4631.78	31.60	68.40
2011	2626.65	5903.80	30.79	69.21
2012	3307.23	7213.78	31.43	68.57
2013	3774.23	8946.16	29.67	70.33

注：根据《中国统计年鉴》、《中国税务年鉴》和《中国财政年鉴》相关数据整理而得。

从图 7 - 2 可以清楚地看出，保有财产税比重和交易财产税比重呈现出相反的变动趋势。交易财产税比重的快速上升与近年来房地产市场的飞速发展有关，随着房价的不断攀升，契税收入大幅增加，从 1994 年的 8% 上升到 2013 年的 30%，导致交易财产税快速增长。然而，随着房地产市场的繁荣，房产税收入在财产税中的比重不升反降，从 1994 年的 40% 下降到 2013 年的 12%，这主要与房产税自身的税制要素设计有关，也是近年来保有财产税呈现下降趋势的主要原因。

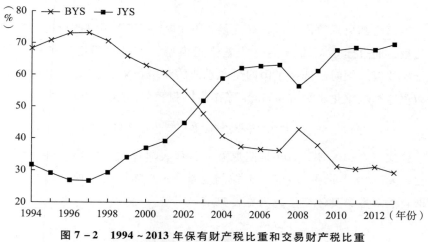

图 7 - 2　1994～2013 年保有财产税比重和交易财产税比重

注：BYS 是保有财产税比重，JYS 是交易财产税比重。

财产税是对居民存量财产征收的一种税，而存量财产同时又是资本收益的重要来源，再加上财产税的征收必须依靠财产所有者的流量收入来缴纳，因此财产税具有较好的调节收入分配的功能。通过以上分析可以看出，财产税自2002年以来随着经济的高速增长有了很大的提高，那么在贫富差距持续拉大的现实中，财产税是否对收入分配起到了应有的调节作用？其内部具体税种的调节效应如何？本书将在以下的内容中进行具体的实证分析。

7.2　财产税调节居民收入分配的实证分析

近年来，随着经济的繁荣、房地产市场的活跃以及居民财富的积累，我国财产税比重有了很大的提高，从1994年的2.97%提高到了2013年的11.51%。那么，财产税在我国的调节效应如何？是否起到了缩小贫富差距、促进收入公平分配的作用呢？本节拟通过建立误差修正模型进行回归分析。

7.2.1　模型构建和数据来源

7.2.1.1　模型构建

本章将基尼系数作为被解释变量，将1994～2013年财产税占比作为解释变量，通过建立 VEC 模型（误差修正模型）实证分析财产税的居民收入分配效应。同时，选择了国内生产总值的年增长率（$gdpz$）、对外开放度（$dwkfd$）和城镇化水平（$urban$）等作为控制变量，建立如下模型：

$$\ln gini_t = \theta_1 + \theta_2 \ln ct_t + \theta_3 \ln gdpz_t + \theta_4 \ln dwkfd_t + \theta_5 \ln urban_t + \varepsilon_t \qquad (7-1)$$

公式（7-1）中，$gini$ 是基尼系数，代表居民收入差距；ct 为财产税占比，$gdpz$、$urban$ 和 $dwkfd$ 均为控制变量，ε 为随机误差项。对上述变量均取自然对数，具体变量说明见表7-3。

表7-3　变量定义及说明

变量	符号	变量含义
基尼系数	$gini$	用来衡量一个国家或者经济体中收入分配的公平程度

变量	符号	变量含义
财产税占比	ct	财产税在税收总收入中的比重
国内生产总值年增长率	gdpz	一个国家国内生产总值的年增长速度
城镇化水平	urban	城镇人口在总人口中所占的比重
对外开放度	dwkfd	一个国家进出口在国内生产总值中所占的比重

7.2.1.2　数据来源

本章数据主要来源于《中国统计年鉴》、《中国城市（镇）生活与价格年鉴》及《中国税务年鉴》。其中基尼系数的数据来源于国家发改委的研究报告和国家统计局公布的数据，具体如表7-4所示。

表7-4　中国1994~2013年的基尼系数

年份	1994	1995	1996	1997	1998	1999	2000	2001	2002	2003
基尼系数	0.399	0.397	0.38	0.369	0.376	0.389	0.402	0.413	0.44	0.45
年份	2004	2005	2006	2007	2008	2009	2010	2011	2012	2013
基尼系数	0.451	0.452	0.453	0.455	0.457	0.490	0.481	0.477	0.474	0.473

注：1994~2008年数据来源于国家发改委的研究报告；2009~2013年数据来源于国家统计局公布的数据。

7.2.2　实证分析

7.2.2.1　数据的平稳性检验

由于本章使用的是时间序列数据，因此首先必须对变量进行平稳性检验，以避免变量之间的伪回归问题。本章采用 Eviews 6.0 单位根检验中的 ADF 方法分别对 lngini、lnct 以及控制变量 lngdpz、lnurban 和 lndwkfd 进行平稳性检验，具体检验结果见表7-5。

从表7-5单位根检验结果可以看出，各变量的时间序列数据在 level 上均存在单位根，即变量是非平稳时间序列，但是各变量经过一阶差分后均通过单位根检验，说明各变量具有相同的单整阶数，而且均是一阶单整时间序列，即 I（1）。因此，被解释变量 lngini 与解释变量之间可能存在协整关系，可以进一步进行协整检验。

表 7 - 5　各经济变量的 ADF 单位根检验结果

变量	检验类型	t 统计量	1% 临界值	5% 临界值	10% 临界值	P 值	DW 值	稳定性结论
ln$gini$	$(c,t,4)$	- 0. 56	- 3. 83	- 3. 03	- 2. 66	0. 86	1. 34	不稳定
lnct	$(c,t,4)$	- 0. 67	- 3. 86	- 3. 03	- 2. 66	0. 84	1. 48	不稳定
ln$gdpz$	$(c,t,4)$	- 3. 78	- 3. 89	- 3. 05	- 2. 67	0. 01	2. 49	不稳定
ln$urban$	$(c,t,4)$	- 2. 63	- 3. 86	- 3. 04	- 2. 66	0. 11	2. 68	不稳定
ln$dwkfd$	$(c,t,4)$	- 1. 09	- 3. 83	- 3. 03	- 2. 66	0. 70	1. 49	不稳定
Δln$gini$	$(c,t,4)$	- 2. 93 ***	- 3. 86	- 3. 04	- 2. 66	0. 06	1. 88	稳定
Δlnct	$(c,t,4)$	- 6. 91 *	- 4. 00	- 3. 10	- 2. 69	0. 0001	1. 49	稳定
Δln$gdpz$	$(c,t,4)$	- 2. 72 ***	- 3. 89	- 3. 05	- 2. 67	0. 09	1. 96	稳定
Δln$urban$	$(c,t,4)$	- 2. 91 ***	- 3. 89	- 3. 05	- 2. 67	0. 06	1. 33	稳定
Δln$dwkfd$	$(c,t,4)$	- 3. 37 **	- 3. 86	- 3. 04	- 2. 66	0. 03	2. 08	稳定

　　注：检验类型 (c,t,p) 的 c 表示常数项，t 表示总体趋势，p 表示滞后阶数；* 、** 和 *** 分别表示统计量在 10% 、5% 和 1% 的显著水平上显著；Δ 表示一阶差分。

7.2.2.2　协整检验

　　由平稳性检验可知，ln$gini$、lnct、ln$gdpz$、ln$dwkfd$ 和 ln$urban$ 均为一阶单整序列，故 ln$gini$ 与解释变量及控制变量之间可能存在协整关系。协整检验的方法有很多，本章采用 Johansen 方法进行协整检验。从表 7 - 6 可以看出，变量之间在 5% 的显著性水平下通过检验，即公式（7 - 1）中变量之间存在协整关系。

表 7 - 6　Johansen 协整（迹）检验结果

Hypothesized No. of CE（s）	Eigenvalue	Trace Statistic	0. 05 Critical Value	Prob.
None	0. 973728	121. 2218	69. 81889	0. 0000
At most 1	0. 757181	55. 71560	47. 85613	0. 0077
At most 2	0. 600481	30. 23768	29. 79707	0. 0445

Hypothesized No. of CE（s）	Eigenvalue	Trace Statistic	0. 05 Critical Value	Prob.
At most 3	0. 532506	13. 72279	15. 49471	0. 0909
At most 4	0. 002007	0. 036165	3. 841466	0. 8491

注：数据根据 Eviews 6. 0 软件检验得出。

利用 Eviews 6. 0，可以得到变量之间的协整方程：

$$\ln gini_t = -1.53 - 0.30\ln ct_t + 0.97\ln gdpz_t - 0.46\ln dwkfd_t + 1.72\ln urban_t$$

$$(0.02507) \quad (0.06101) \quad (0.04856) \quad (0.08559)$$

$$[11.8339] \quad [-15.8289] \quad [9.45480] \quad [-20.0523]$$

其中，小括号内为标准差，中括号内为 t 值。

从协整方程中括号内的 t 值可以看出，财产税的 t 值绝对值为 11.8339，远远大于 2[①]，这说明财产税作为解释变量对基尼系数有着显著的影响。财产税系数为 -0.30，表明在其他条件不变的情况下，财产税每增加一个单位，就会引起基尼系数下降 0.3，即财产税与基尼系数是负相关的关系，这表明我国的财产税对居民间的贫富差距起到了积极的调节作用。另外，控制变量中对外开放度对基尼系数的影响与财产税一样，均起到了积极的缩小贫富差距的作用，但是 gdpz 和 urban 对基尼系数的影响较为明显，且均为正的影响，这说明我国经济发展还处于较低的水平，而且在城镇化的过程中资源偏向城市，导致居民间的收入差距越来越大。

7.2.2.3 建立向量误差修正模型

协整方程虽然可以说明变量之间的长期关系和趋势，但是无法知道变量之间的短期关系，所以本章进一步建立 VEC 模型来说明变量之间的短期变动关系。使用 Eviews 6.0，得到 VEC 模型估计结果：

$$\Delta\ln gini_t = -0.23(\ln gini_{t-1} + 0.30\ln ct_{t-1} - 1.72\ln urban_{t-1} - 0.97\ln gdpz_{t-1}$$

$$+ 0.46\ln dwkfd_{t-1} - 1.53) + 0.99\Delta\ln gini_t - 0.01\Delta\ln ct_t + 0.61\Delta\ln urban_t$$

$$- 0.26\Delta\ln gdpz_t + 0.22\Delta\ln dwkfd_t - 0.03$$

---

① 一般情况下，只要变量的检验值大于 2，就说明对被解释变量有显著影响。

从 VEC 模型估计结果可以看出，误差修正模型的系数为 -0.23，调整方向符合误差修正机制，可以保持并自动调节变量之间的长期均衡关系。从短期参数估计结果来看，财产税系数为 -0.01，与长期均衡中的调整方向保持一致，这说明模型本身比较稳定。

从上述模型可以看出，财产税不管是在长期还是在短期均显著地影响着居民间的贫富差距，这也是政府在收入差距持续拉大的现实背景下多次提出使用税收手段进行再分配的原因。那么为什么我国财产税在居民收入差距中的调节效应极其微弱呢？本章将在后面的部分进行具体的说明和分析。

7.3 房产税调节居民收入分配效应的实证分析

随着经济的快速发展，城镇居民的财产规模有了很大的提高，从 1995 年的 12385 元上升到 2002 年的 46134 元，实际年均增长率高达 18.9%。而同期房产的年均增长率为 25.7%，比财产高出 6.8 个百分点。2002 年，城镇居民房产对总财产不平等分布的贡献率为 67.62%。[①] 因此，房产差距是引起财产差距的重要因素，而政府可以通过与之对应的房产税进行调节。关于房产税[②]，早在 2003 年 5 月其就以物业税的名称出现在我国政府的文件中，分 3 批在全国 10 个省区市和计划单列市的 32 个市、县、区进行模拟空转的试点工作。"十二五"规划也明确指出，"将研究推进房产税改革"作为"十二五"期间财税改革的重点内容之一。国务院《关于深化收入分配制度改革的若干意见》明确指出："完善房产保有、交易等环节税收制度，逐步扩大个人住房房产税改革试点范围，细化住房交易差别化税收政策，加强存量房交易税收征管。"[③] 十八届三中全会的《决定》也明确提出加快房产税立法并适时推进改革。2014 年国家住建委再次提出未来几

---

① 数据来源于李实的相关研究。

② 当时称为物业税，借鉴香港的叫法。

③ 《收入分配改革：完善房产保有交易等环节税收制度》，21 财经网，http://finance.21cn. com/newsdoc/zx/a/2013/0205/21/20357106. shtml，2013 年 2 月 5 日。

年要逐步建立覆盖全国的个人住房信息统一联网查询系统，这标志着政府在房产税改革方面已经有了实质性进展。在房产差距进一步拉大以及民众对房产税充满期望的大背景下，房产税能否有效发挥调节居民收入分配的作用？如果可以，其实际效应有多大？这些问题是我们在进一步推进房产税改革中应该明确的问题。然而，目前学者对此的研究较少，尤其是实证方面的研究成果更为稀少。鉴于此，本章根据目前房产税的有关规定以及重庆、上海的试点情况，在房产税的税负由居民承担的情况下，通过计算相应的指标，对房产税调节居民收入分配的效应进行实证分析。

7.3.1 研究方法及数据来源

7.3.1.1 研究方法

为了增强可比性，本章在实证分析房产税的收入再分配效应时，与个人所得税的研究方法一样，主要通过计算税前与税后收入基尼系数及 MT 指数，并通过对 MT 指数的分解来进行具体的研究和分析。

7.3.1.2 数据来源及计算

目前我国与房地产有关的税种有很多，但与居民收入分配密切相关的主要是不动产保有环节的房产税与城镇土地使用税。由于城镇土地使用税没有不同收入阶层城镇居民的数据，故本章实证分析部分仅以房产税为例进行说明。其中房产税的数据主要是根据《中国城市（镇）生活与价格年鉴》中两部分数据计算而得：一是根据 7 个收入组的购房和建房支出数据计算而得；二是根据 7 个收入组的出租房收入计算而得。本章所使用的数据主要来源于《中国城市（镇）生活与价格年鉴》、《中国统计年鉴》及《中国税务年鉴》。本研究的样本范围为 1995～2011 年。

7.3.2 实证分析

7.3.2.1 MT 指数的计算及分析

根据《中国城市（镇）生活与价格年鉴》和《中国统计年鉴》中城镇居民家庭收入 7 分组数据，本章使用万分法测算出房产税的税前与税后收入基尼系数、MT 指数以及调节效应，具体如表 7 - 7 所示。

表 7 - 7 1995 ~ 2011 年房产税税前与税后收入基尼系数及调节效应比较

年份	税前收入基尼系数 G_b	税后收入基尼系数 G_a	MT 指数	调节效应 α（%）
1995	0. 2038	0. 2038	0	0
1996	0. 2039	0. 2039	0	0
1997	0. 218	0. 2179	0. 0001	0. 05
1998	0. 2255	0. 2254	0. 0001	0. 04
1999	0. 2324	0. 2323	0. 0001	0. 04
2000	0. 2448	0. 2447	0. 0001	0. 04
2001	0. 2553	0. 2553	0	0
2002	0. 309	0. 3089	0. 0001	0. 03
2003	0. 3175	0. 3173	0. 0002	0. 06
2004	0. 3261	0. 3258	0. 0003	0. 09
2005	0. 3321	0. 3318	0. 0003	0. 09
2006	0. 3285	0. 3281	0. 0004	0. 12
2007	0. 3244	0. 3241	0. 0003	0. 09
2008	0. 3303	0. 33	0. 0003	0. 09
2009	0. 3235	0. 3231	0. 0004	0. 12
2010	0. 318	0. 3176	0. 0004	0. 13
2011	0. 3175	0. 3172	0. 0003	0. 09

注：根据《中国统计年鉴》《中国城市（镇）生活与价格年鉴》中的相关数据计算得到，其中 $MT = G_b - G_a$，是税前收入基尼系数与税后收入基尼系数的差额；调节效应 α =（税前收入基尼系数 - 税后收入基尼系数）/税前收入基尼系数。

从表 7 - 7 可以看出，我国房产税税前与税后收入基尼系数均呈现出不断提高的趋势，两者均在 2005 年达到最高点，分别为 0. 3321 和 0. 3318，这表明 1994 年税制改革后，中国城镇居民房产方面的差距不断扩大。

从 MT 指数来看，房产税呈现出微弱的调节效应且逐年增强。MT 指数除了在 1995 年、1996 年和 2001 年为 0 外，其他年份均大于 0，这说明房产税在再分配中发挥了正向的调节作用。其中 MT 指数在 2006 年、2009 年和 2010 年均达到最高值 0. 0004，对居民收入分配的调节效应最为显著，这可能与 2006 年、2009 年我国房价的快速上涨有关，房价高涨所带来的房产税收入提高，使得房产税的调节效应增强。但由于 MT 指数较小，大多为 0.0001~0.0004，因此其调节效应十分微弱，而且小于个人所得税的调节效应。1995~2011 年 MT 指数基本上呈现出上升的趋势，从 1995 年的 0 提高到 0.0003（2010 年达到最高值 0.0004），这表明房产税再分配效应增强。

从 α 的值来看，我国房产税的调节效应增强，从 1995 年的 0 上升到 2010 年 0.13% 的最高值。但与发达国家相比，中国房产税再分配效应仍然不佳，远低于国际水平。

实证分析结果显示，1995~2011 年房产税在缩小城镇居民收入差距中发挥了积极的调节作用，但其调节效应十分微弱。从图 7-3 可以看出，税前与税后收入基尼系数几乎完全重合在一起，MT 指数和横轴几乎重叠在一起，但是调节效应则呈现出逐年增强的趋势。因此，从整体上看，房产税对居民收入分配的调节力度虽然呈现逐年增强的趋势，但非常微弱。

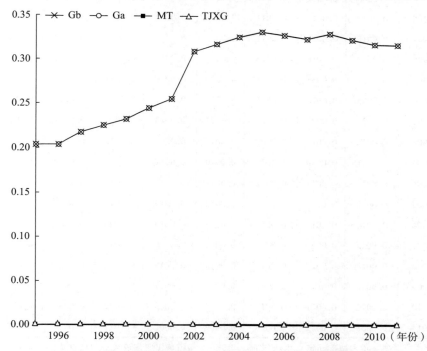

图 7-3　房产税税前与税后收入基尼系数、MT 指数及调节效应

注：Gb 表示税前收入基尼系数，Ga 表示税后收入基尼系数，MT 是税前与税后收入基尼系数的差额，TJXG 是指房产税的调节效应。

7.3.2.2 MT 指数的分解

根据公式 $MT = tK/(1-t)$，可以将房产税的收入分配效应分解为平均税率和 K 指数两个指标，即房产税调节效应主要取决于平均税率和累进性两个因素。与个人所得税 MT 指数的分解一样，本章接下来通过对 MT 指数的分解来探究房产税调节效应微弱的原因。

1. 平均税率

平均税率是影响房产税调节收入分配效应的重要因素之一，本章根据《中国城市（镇）生活与价格年鉴》中的有关数据，计算出 7 个收入小组的平均税率，如表 7 - 8 所示。

表 7 - 8　1995 ~ 2011 年我国城镇居民不同收入小组的平均税率

年份	最低收入	低收入	中等偏下	中等收入	中等偏上	高收入	最高收入	整体 t
1995	0.0008	0.0011	0.0008	0.0009	0.0009	0.0011	0.0010	0.0009
1996	0.0010	0.0011	0.0011	0.0010	0.0012	0.0013	0.0013	0.0012
1997	0.0015	0.0015	0.0015	0.0015	0.0014	0.0017	0.0020	0.0016
1998	0.0019	0.0018	0.0018	0.0019	0.0019	0.0021	0.0024	0.0020
1999	0.0021	0.0018	0.0018	0.0020	0.0019	0.0021	0.0026	0.0021
2000	0.0025	0.0020	0.0021	0.0021	0.0021	0.0022	0.0026	0.0022
2001	0.0023	0.0021	0.0022	0.0022	0.0023	0.0022	0.0024	0.0022
2002	0.0012	0.0010	0.0009	0.0011	0.0009	0.0012	0.0018	0.0012
2003	0.0011	0.0010	0.0009	0.0012	0.0012	0.0013	0.0023	0.0014
2004	0.0013	0.0011	0.0012	0.0011	0.0013	0.0017	0.0030	0.0017
2005	0.0010	0.0011	0.0012	0.0012	0.0014	0.0019	0.0029	0.0017
2006	0.0010	0.0010	0.0010	0.0011	0.0015	0.0022	0.0033	0.0018
2007	0.0012	0.0011	0.0011	0.0012	0.0016	0.0018	0.0030	0.0018
2008	0.0010	0.0010	0.0011	0.0013	0.0015	0.0020	0.0028	0.0017
2009	0.0010	0.0011	0.0012	0.0015	0.0017	0.0024	0.0037	0.0021
2010	0.0008	0.0011	0.0010	0.0014	0.0018	0.0022	0.0033	0.0020
2011	0.0008	0.0011	0.0008	0.0009	0.0009	0.0011	0.0010	0.0019

注：根据《中国城市（镇）生活与价格年鉴》中城镇居民家庭收入分组数据中的人均总收入与各个小组缴纳的房产税计算得出，t = 房产税数额/人均总收入。

平均税率可以从两个方面来影响房产税的收入分配效应：一方面，其本身的大小可以直接决定再分配效应的强弱，若 K 指数为正，那么平均税率与 MT 指数成正比，平均税率越高，其再分配效应就越大；另一方面，不同收入阶层之间平均税率的大小也可以作为判断税收累进性的指标。如果平均税率在 7 个收入小组中随着收入的提高而上升，则说明其具有累进性；反之，则说明其具有累退性。由表 7 - 8 可知，1995 ~ 2011 年，最低收入组、低收入组、中等偏下收入组、中等收入组、中等偏上收入组、高收入组及最高收入组平均税率的均值基本上由低到高排序，呈现出累进性特征，且累进性逐年提高（见图 7 - 4）。

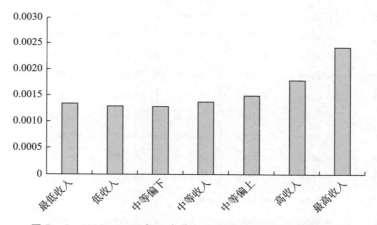

图 7 - 4   1995 ~ 2011 年 7 个收入小组房产税平均税率的均值

从整体平均税率来看，1995 ~ 2001 年呈现逐年增长的势头，2002 年略有下降后，基本上又呈现出增长的趋势。平均税率的年均增长率为0.17%，远低于发达国家的水平，主要原因在于房产税在税收总收入中的比重过低，严重影响了其收入调节功能的发挥，这也是我国房产税调节效应微弱的重要原因。

2. K 指数

K 指数是衡量税制累进性的一个重要指标。一般情况下，K 大于 0，说明税制是累进的，否则是累退的。从表 7 - 9 可以看出，1995 ~ 2011 年房产税的 K 指数均大于 0，这说明高收入者承担的房产税税负高于其收入占比，而低收入者承担的税负低于其收入占比，即房产税呈现出累进性的特征；从变化趋势来看，K 指数呈现出不规则的变动趋势（见图 7 - 5）；

从横向公平来看，H 均为 0。

表 7 – 9　房产税税收集中系数、K 指数及 H 值等指标

年份	C_t	G_b	K	MT	$tK/(1-t)$	H
1995	0.2292	0.2038	0.0254	0	0.0000	0
1996	0.2450	0.2039	0.0411	0	0.0000	0
1997	0.2561	0.218	0.0381	0.0001	0.0001	0
1998	0.2686	0.2255	0.0431	0.0001	0.0001	0
1999	0.2808	0.2324	0.0484	0.0001	0.0001	0
2000	0.2631	0.2448	0.0183	0.0001	0.0000	0
2001	0.2642	0.2553	0.0089	0	0.0000	0
2002	0.4010	0.309	0.0920	0.0001	0.0001	0
2003	0.4611	0.3175	0.1436	0.0002	0.0002	0
2004	0.4946	0.3261	0.1685	0.0003	0.0003	0
2005	0.4993	0.3321	0.1672	0.0003	0.0003	0
2006	0.5427	0.3285	0.2142	0.0004	0.0004	0
2007	0.5029	0.3244	0.1785	0.0003	0.0003	0
2008	0.5018	0.3303	0.1715	0.0003	0.0003	0
2009	0.5260	0.3235	0.2025	0.0004	0.0004	0
2010	0.5160	0.318	0.1980	0.0004	0.0004	0
2011	0.4852	0.3175	0.1677	0.0003	0.0003	0

注：根据《中国城市（镇）生活与价格年鉴》中的相关数据计算而得。

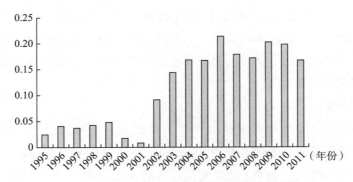

图 7 – 5　1995 ~ 2011 年房产税 K 指数变动趋势

从 K 指数的绝对值来看，房产税的累进性不仅低于国际上的水平，而

且大大低于我国个人所得税 K 指数的绝对值。从图 7 - 6 可以看出，个人所得税的 K 指数曲线一直处于房产税的 K 指数之上，其累进程度大大高于房产税的累进程度，这可能主要与目前我国个人所得税实行累进税率而房产税实行比例税率有关。

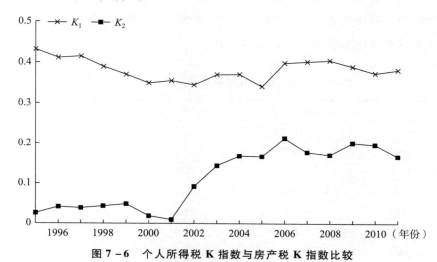

图 7 - 6　个人所得税 K 指数与房产税 K 指数比较

注：K_1 指个人所得税的 K 指数，K_2 指房产税的 K 指数。

7.4　契税调节居民收入分配效应分析

财产税主要包括房产税、城镇土地使用税、契税、土地增值税、车船税和耕地占用税 6 个税种。但目前这 6 个税种中，仅有契税和车船税与居民个人直接相关，其中契税主要是在房产购买过程中由购房者直接承担的税负，车船税中大部分也由购买车船的个人直接承担。契税作为财产税中的第一大税种，在财产税中的占比年均在 30% 左右，在调节居民收入分配中发挥了积极的作用。由于契税在整个税收收入中的比重较低，目前国内学界关于契税的研究较少，而针对其调节收入分配效应的研究更为稀少。鉴于此，本章对契税的居民收入分配效应进行专门的研究，并分析了影响其调节作用的制约因素，以期在当前我国房产税还没有全面推行以及遗产与赠与税缺位的税制下，充分发挥契税调节居民收入分配的积极作用。

7.4.1　契税基本情况分析

契税作为财产税的重要组成部分，近年来有了很大的提高。1994年，契税在财产税中的占比仅为8%，但到了2005年，其占比迅速提高到45%的最高水平，之后稍有下降，具体如表7－10所示。

表7－10　1994～2014年契税在财产税总收入中的比重

年份	契税（亿元）	财产税（亿元）	契税占比（%）
1994	11.82	152.37	8
1995	18.26	181.52	10
1996	25.2	214.27	12
1997	32.34	252.55	13
1998	58.99	329.6	18
1999	95.96	399.08	24
2000	131.08	472.35	28
2001	157.08	524.92	30
2002	239.07	705.06	34
2003	358.05	932.81	38
2004	540.1	1243.54	43
2005	735.14	1629.5	45
2006	867.67	2011.89	43
2007	1206.25	2823.5	43
2008	1307.53	3800.82	34
2009	1735.05	4998.83	35
2010	2464.85	6771.48	36
2011	2765.73	8530.45	32
2012	2874.01	10521.01	27
2013	3844.02	12720.39	30
2014	4000.7	14359.75	28

注：根据《中国统计年鉴》（1995～2015年）相关数据计算而得。

从图7－7可以看出，契税在财产税中的占比基本呈现倒U形的变动趋势。1994~2005 年呈现上升的趋势，从 1994 年的 8% 提高到 2005 年的 45%；2006 年之后稍有下降，如最低占比为 2012 年的 27%。契税的变动与房地产市场的发展密切相关。1992~1997 年，我国房地产市场处于非理性炒作与调整推进阶段，1992 年邓小平南方谈话后我国房地产市场快速发展，但很快在 1993 年出现了明显的房地产泡沫后开始进入调整阶段，之后房地产市场在经历一段低迷后慢慢复苏，因此，1994~1997 年，我国契税收入占比随着房地产市场的复苏有所增长，从 1994 年的 8% 上升到了 1997 年的 13%；1998~2003 年我国房地产市场进入相对稳定的发展阶段，所以其相应的契税收入随之提高，从 1998 年的 18% 提高到 2003 年的 38%，提高了 20 个百分点；2004 年和 2005 年，随着房地产价格持续上涨，契税收入占比达到 45% 的历史高点；但是随着 2005 年"国八条"等一系列政府宏观调控政策的出台，房价上涨和房产交易有所抑制，契税占比呈现出下降的态势，但是波动幅度较小。

图 7-7　1994~2014 年契税占比的变动趋势

7.4.2　契税调节居民收入分配的效应分析

1994~2002 年，房产税是财产税中的第一大税种，其比重年均在 40% 以上。而契税的占比在 1994 年仅为 8%，在财产税类中排名第四。但到了 2003 年，其占比为 38%，超过房产税 35% 的占比，跃居第一。之后契税一直在财产税中位居第一，成为财产税中的第一大税种。从本章第二节的回归分析中可以看出，财产税对于调节居民收入分配起到了正向的作用，而契税作为财产税中的第一大税种，对于财产税调节功能的发挥功不可没，其调节居民收入分配的作用主要体现在以下三个方面。

7.4.2.1 从征税目的来看，契税具有调节居民收入分配的作用

征收契税除了有增加财政收入的目的之外，还有一个重要的目的就是贯彻政府对房地产市场的宏观调控目标。契税由产权的承受人缴纳，实际上是直接对居民财产进行调节。近年来，国家对契税的减免政策做出了一些调整，如 2008 年《关于调整房地产交易环节税收政策的通知》规定，个人首次购买 90 平方米及以下普通住房的，契税税率统一下调到 1%；2010 年《财政部、国家税务总局、住房和城乡建设部关于调整房地产交易环节契税、个人所得税优惠政策的通知》指出，对于个人购买普通住房且该住房属于家庭唯一住房的，减半征收契税；对于个人购买 90 平方米以下的普通住房，且属于家庭唯一住房的，减按 1% 的税率征收契税。从契税优惠政策的调整来看，其目的是减轻低收入者的税收负担，对房地产市场进行必要的调控。

7.4.2.2 通过设置差别税率实现对居民收入分配的调节

契税是在房地产交易环节征收的，通过税率的设置对投机炒房、低收入者购买自住性住房可以起到一定的调节作用。调节作用主要体现在：第一，对于购买非普通住宅按照 3% ~ 5% 的法定税率征收，具体税率由各地具体确定；第二，对于普通住宅、经济适用房按法定税率减半征收；第三，对于个人首套房且在 90 平方米以下的普通住房统一按照 1% 的税率征收；第四，对于棚户区改造安置住房等保障性住房免税。

7.4.2.3 通过对其他财产税的补充来实现对居民收入分配的调节

在当前我国财产税体系不健全尤其是遗产与赠与税尚未开征的前提下，对于无偿转让和房地产买卖征收契税并不存在重复征税的问题。相反，契税的征收在一定程度上弥补了财产税调节的不足，对缩小财产差距也起到了一定的调节作用。目前居民间的房产差距是财产差距的重要表现之一，而我国针对居民住房免征房产税。国外在房产保有环节的税收在财产税中所占的比例为 75% 左右，如美国。我国虽然已经在上海、重庆两地进行试点，但要在全国推行可能还需要很长的时间。因此，在房产税还不能实施的情况下，在房地产交易环节专门征收契税，能够在一定程度上起到调节居民收入分配的作用。

7.4.3 影响契税调节收入分配效应发挥的因素分析

7.4.3.1 差别化税率过于简单

《中华人民共和国契税暂行条例》第三条规定，契税税率为3%~5%。契税的适用税率由省、自治区、直辖市人民政府在前款规定的幅度内按照本地区的实际情况确定。从房地产转让环节来看，契税对于购买住房的性质区分比较简单，仅区分是否为普通住房以及按照在普通住房中是否为家庭唯一住房制定契税优惠政策。

《中华人民共和国契税暂行条例》是在1997年颁布并实施的，距今已有20年。随着经济发展，住房已经从具有单纯的居住功能的商品发展为集居住、观光、保值等多功能于一体的特殊商品，商品房结构也日渐丰富，出现了相当一部分的奢侈性住房消费。而在目前的税制下，我国并没有对豪宅、别墅等奢侈性住房征收消费税，因此，契税应该在调整奢侈性住房交易时大有作为。

7.4.3.2 对继承土地、房屋权属不征收契税不公平

《国家税务总局关于继承土地、房屋权属有关契税问题的批复》（国税函〔2004〕1036号）规定："一、对于《中华人民共和国继承法》规定的法定继承人（包括配偶、子女、父母、兄弟姐妹、祖父母、外祖父母）继承土地、房屋权属，不征契税。二、按照《中华人民共和国继承法》规定，非法定继承人根据遗嘱承受死者生前的土地、房屋权属，属于赠与行为，应征收契税。"

在房屋成为居民遗产重要构成部分的背景下，在目前遗产与赠与税缺位的条件下，上述国家政策本来是为了减轻居民的税收负担，但是由于没有限制继承房屋的数量，而实际上导致政策在执行过程中对于富豪非常有利，对于普通人意义并不是很大。因此，应该加大契税的征收力度，具体来讲，建议对继承土地、房屋权属不征收契税的情形进行限制：对居民继承房屋两套之内（含两套），同时合计面积在150平方米之内（含150平方米）的免税；对超过的房屋和面积部分不仅不予免税，还实行超额累进税率。从短期来看，开征遗产税和赠与税的可能性不大，因此，完善契税

政策可以代替遗产税和赠与税发挥缩小财产差距的作用。再加上契税实行"先税后证"的征管方法，所以不会造成税款的流失。

7.5 财产税调节居民收入分配效应
微弱的原因分析

从以上分析可以看出，财产税在城镇居民收入分配中发挥了正向的调节作用；房产税同样发挥了微弱的正向调节作用，通过对 MT 指数的分解可以看出，房产税调节效应微弱的原因在于较低的平均税率和较低的累进程度；契税在理论上具有较强的调节效应。但从总体上看，财产税的调节效应极其微弱。那么是什么原因制约了财产税调节功能的发挥？本章主要从财产税税制方面进行说明。

7.5.1 财产税比重较低，内部结构不稳定

我国财产税尽管近年来持续上升，但是增长得比较缓慢，在税收总收入中所占的比重依然偏低。从国际经验来看，我国财产税比重远远低于英美发达国家的水平，财产税比重明显偏低，大大影响了财产税调节居民收入分配作用的发挥。从表 7 - 11 可以看出，1994 年我国财产税比重为3.0%，剔除契税、耕地占用税和土地增值税后比例更低，仅为 2%。而同时期美国的财产税比重是我们的 5 倍多，即使比重不是很高的法国其财产税比重也是我国的 3 倍多。虽然近年来我国的财产税比重一直呈现上升趋势，而发达国家的比重略有下降，但发达国家财产税比重还是远远高于我国的水平，如 2011 年英国比我国高 2.1 个百分点，美国比我国高出 2.8 个百分点。若按严格意义上的财产税来比较的话，我国财产税的比重更低，如 2013 年最高占比仅为 3.4%，远远低于发达国家 10% 左右的占比。

表 7 - 11 1994 ~ 2013 年 OECD 部分成员国财产税比重变动情况

单位：%

年份	英国	美国	法国	日本	加拿大	澳大利亚	中国 1	中国 2
1994	10.4	11.6	6.7	12	11	9.3	3	2

132

续表

年份	英国	美国	法国	日本	加拿大	澳大利亚	中国1	中国2
1995	10	11.1	6.7	12.2	10.7	8.8	3	2.1
1996	10.3	10.9	6.7	11.8	10.5	9	3.1	2.3
1997	10.5	10.8	7.1	11.2	10.3	9.2	3.1	2.2
1998	10.5	10.5	7.1	11	10.4	9	3.6	2.5
1999	10.9	10.5	7.1	11.3	10.1	9.2	3.7	2.5
2000	11.6	10.1	6.9	10.5	9.5	8.8	3.8	2.4
2001	11.6	10.6	6.8	10.5	10.7	8.8	3.4	2.1
2002	12	11.9	7	10.8	10.8	9	4	2.2
2003	11.9	12.1	7.2	10.3	10.8	9.5	4.7	2.2
2004	12	11.9	7.5	10	10.8	8.7	5.2	2.1
2005	12	11.4	7.7	9.7	10.7	8.6	5.7	2.1
2006	12.4	11.2	7.8	9.1	10.6	9.1	5.8	2.1
2007	12.6	11.4	7.9	9	10.6	8.9	6.2	2.3
2008	11.7	12.2	7.6	9.4	10.9	8.2	7	3
2009	12.2	13.9	8	10.1	11.3	9.5	8.4	3.2
2010	12.1	13	8.5	9.7	11.5	9.3	9.3	2.9
2011	11.6	12.3	8.4	9.7	10.6	8.6	9.5	2.9
2012	11.9	11.8	8.5	9.1	10.6	8.6	10.5	3.3
2013	12.3	11.1	8.5	—	10.5	—	11.5	3.4

数据来源：OECD 网站。

注：中国1是指广义的财产税比重，中国2是不包括契税、耕地占用税和土地增值税在内的狭义财产税比重。由于契税、耕地占用税和土地增值税是在交易环节征收的，从严格意义上讲不能算作财产税，所以有人认为不属于财产税。

从图7-8可以看出，发达国家财产税比重呈现出比较稳定的变动态势，其中英国、法国呈现出明显的上升趋势，日本、加拿大则呈现出略有下降的趋势，但基本上都保持在固定的变化幅度内，如英国基本保持在11%的水平上。而中国的财产税比重（中国2）严重偏低，远低于英美等国家的财产税比重。虽然中国的财产税比重（中国1）在2008年后超过了法国的财产税比重，但其内部结构的不合理也大大制约了其调节功能的发挥。从图7-2可以看出，我国保有财产税1994年以来在财产税总额中的比重急速下降，而交易财产税的比重则呈现上升的趋势，如2013年保有财产税的比重仅为29.67%，而交易财产税的比重高达70.33%，保有财产税的比重远低于交易财产税的比重，这也是我国财产税调节效应微弱的重要原因。主要原因在于真正发挥调节作用的是对保有财产的征税，而我国保有财产税的比重不仅偏低，更重要的是保有环节的房产税、城镇土地使用税和土地增值税均是直接针对企业征收的，由于税负转嫁的不确定性，其对居民收入分配的影响可想而知。

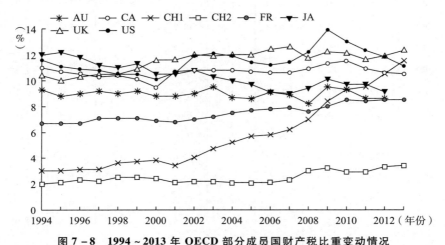

图7-8 1994~2013年OECD部分成员国财产税比重变动情况

注：本图根据表7-11使用Eviews画出，其中AU指澳大利亚，CA指加拿大，CH1和CH2指中国两种不同指标的值，FR指法国，JA指日本，UK指英国，US指美国。

从国际上来看，我国财产税比重（中国1）相对来说变化幅度较大，这与近年来房地产市场的迅速发展有关。随着房地产行业的起伏，财产税也出现相应的变动，如2001年其比重仅为3.43%，2013年迅速上升到11.51%。对房地产市场的过度依赖、内部结构不合理、处于财产转让环节的税种过多，这与美、日、英等发达国家财产税"重保轻流"的税制正好相反[1]，最终导致其在收入分配中没有有效地发挥其应有的调节作用。

---

① 英、美、日等发达国家财产税的调节效果较好，其财产税税制的一大特征就是"重保轻流"，即在房地产保有环节征收的财产税占比非常高，而在房地产流转环节设置的税种少而简单，在整个财产税中占比也较低。

7.5.2　现有财产税在税制设计上先天不足

从上述分析可以看出，目前我国财产税中的 6 个税种都是比较小的税种，在税制的改革过程中没有引起足够的重视，其税制设计严重滞后于经济的发展，这也是财产税在调节居民收入分配中效应微弱的重要原因。

目前我国的贫富差距更多地体现在财产差距上，其中作为财产税重要内容的房产税的税基较小，主要是对经营性房产、个人营业性住房和租房征收，而对居民个人直接征收的很少。城镇土地使用税的纳税人主要是企业和单位，与房产税一样基本上不直接涉及居民个人，再加上其按照占用土地面积从量课税的计税方法的缺陷，与物价之间缺乏联动调整机制，这将导致城镇土地使用税的增长缓慢，其对居民收入分配的调节作用非常有限。土地增值税是在 1994 年税制改革中开征的一个税种，其目的是调节土地增值收益，规范房地产市场交易秩序，虽然其税率采取的是30%～60%的四级超额累进税率，但由于在实际的征收过程中面临较大的困难，大多采取的是定额征收，因此土地增值税在税收总收入中的比重较低，其调节效果非常有限。契税只是针对房产买卖过程征收的税，属于在财产交易环节征收的税，并不属于真正意义上的财产税，虽然近年来随着房地产市场的发展有了很大的提高，但其调节作用仍然极其有限。

我国现行房产税主要是依据国务院在 1986 年 9 月颁布并实施的《中华人民共和国房产税暂行条例》以及 1988 年 9 月颁布的《中华人民共和国城镇土地使用税暂行条例》，对房屋和土地分开征收。当前我国房地产保有环节的房产税和城镇土地使用税主要存在两个问题。第一，征税范围过窄，房产税和城镇土地使用税均对城市、县城、建制镇和工矿区内的经营性房地产征收，对居民自住房和农村房地产免税，这就使得征税范围非常狭窄。第二，税率设置滞后，税率偏低，实际征收率更低。如根据武汉市地方税务局课题组（2015）的研究，武汉近年来房产税的征收率仅为 0.15%，远低于房产税名义税率 1.2%的比重。房产税是按照房产原值征收的，而城镇土地使用税是按照土地面积征收的，这就使得房产税收入并不能随着房地产市场的发展而相应增加。近年来房地产市场飞速发展，房价持续上涨，而与此相对应的房产税和城镇土地使用税由于自身税制要素的设计问题不能有效地发挥其调节作用。在财产差距中，居民的房产差距表现得尤为突出。1995 年，房产价值在城镇居民财产总值中所占的比重高达 43.7%，房产基尼系数比财产基尼系数高出 0.031 个百分点[①]；2002 年房产价值在城镇居民财产总值中所占的比重高达 64.4%，拥有房产的多少已经成为当前财产差距的重要表现，而现行房产税对住宅免税的做法是房产税在居民收入分配中调节不力的重要原因。

7.5.3 遗产与赠与税等重要财产税种缺失

税收具有调节收入分配的功能，税种是税收职能发挥的重要工具，如果相应的税种不完善或者缺失，那么税收的再分配职能也就无从谈起。在 1994 年税制改革中遗产税是拟定开征的税种之一，属于地方税。从 1993 年至 2002 年的十年，中央出台了不少有关遗产税立法的文件，但遗憾的是，遗产税立法和开征仅仅停留在有关部门的文件中。2003 年以来，中国的贫富差距在明显扩大，即使按照官方的保守计算，基尼系数在 2008 年达到峰值 0.491，此后小幅回落，但是一直在 0.47 左右徘徊。如果考虑到官方统计无法涵盖被统计居民的黑色收入、灰色收入、隐性福利等实际收入和利益，将 2012 年基尼系数为 0.61 的民间调查结果打八折或九折还是比较可信的。或许基于贫富差距不容乐观的判断，中央有关文件将遗产税沉寂 10 年后，首次在《国务院批转发展改革委等部门关于深化收入分配制度改革若干意见的通知》（国发〔2013〕6 号）中有所体现，只是用语略显苍白。"研究在适当时期开征遗产税问题"的表述不仅比党的十五大报告"开征遗产税等新税种"的表述苍白，而且比 1993 年《中共中央关于建立社会主义市场经济体制若干问题的决定》"适时开征遗产税和赠与税"的表述更为苍白。遗产税与赠与税等税种的长期缺位，大大制约了财产税调节功能的发挥，也是财产税在缩小贫富差距中效应微弱的重要原因之一。

7.5.4 税收征管上存在软肋

与目前我国流转税为主体的税制结构相配套的税收征管体系基本上只适合征收流转税，而不适合征收财产税和所得税。正如高培勇（2015）所

---

① 数据来源于李实、魏众和古斯塔夫森于 2000 年 3 月在《经济研究》上发表的文章。

说："目前我国税收征管模式就是'间接 + 截流'模式，其中'截流'是指我国的征管模式只能征收以现金流为前提的税，而不能征收存量财富环节的税。"因此税收征管的软肋也在一定程度上影响了财产税再分配效应的发挥。

7.6　结论

本章以城镇居民为研究对象，通过建立误差修正模型实证分析了我国财产税对城镇居民的收入再分配效应。同时本章针对具体税种中的房产税和契税，选用万分法，通过税前与税后收入基尼系数的变化，测算了 MT指数、K 指数并进行分解。研究结果表明：第一，财产税不管是在长期还是在短期均显著地影响基尼系数，而且起到了正向的调节作用；第二，房产税在调节居民收入分配中发挥了正向的调节作用，但是效应比较微弱，其调节效应大大低于个人所得税，主要原因在于过低的累进性（主要是与个人所得税相比）与过低的平均税率；第三，契税在理论上具有调节收入分配的重要作用；第四，平均税率和累进性过低主要和我国的税制结构、财产税的现状及政府的征管水平有关。

8 流转税调节居民收入
分配效应分析

　　我国以流转税为主体的税制结构决定了流转税在整个税制中具有决定性作用。因此，为增强税收的居民收入分配效应，仅仅依靠提高直接税的比重是远远不够的。直接税主要是在再分配环节发挥作用，其作用主要体现在缩小微观主体即居民之间的收入和财产分配差距，而且重在调节高收入群体的收入和财产。而流转税的本质特征是对最终消费课税，这就决定了在边际消费倾向和恩格尔系数不同的消费者之间，流转税将会产生收入分配效应，其作用重在减轻居民基本生活消费的税收负担，缓解税负对低收入者的影响。因此，本书认为在研究税收调节居民收入分配效应的过程中，除了注重直接税的改革和完善外，还必须高度关注流转税的收入调节效应。再加上目前在直接税比重提高的条件约束下，研究流转税的收入分配效应，尤其是完善流转税税制以消除其累退性在我国更具现实意义。

　　目前流转税的累退性在学界已经达成共识，这是由税收的基本理论决定的。但是，关于其累退性到底有多大，存在较大的分歧，而且对于流转税具体税种的调节作用也看法不一，如流转税具有累退性，但作为流转税重要组成部分且在理论上具有调节收入分配作用的消费税到底发挥了什么作用？是累进的还是累退的？增值税具有累退性，那么累退的程度如何？营业税在收入分配中是累进的还是累退的？这些问题之所以在理论界没有取得一致的看法，除了研究方法的差异及使用数据的不同外，还有一个重要的原因就是很多学者是基于特定年份的数据进行的实证分析，如岳希明、张斌和徐静使用的是 2007 年的相关数据；刘怡、聂海峰使用的是 2002 年的数据，白景明、何平使用的是 2007～2011 年的数据。再加上计算的麻烦以及数据的缺乏，国内学者的研究较少，而且该方面的较为系统的实证研究更为缺乏。鉴于此，本章以城镇居民为研究对象，对流转税的收入分配效应进行系统的分析和研究。

8.1　中国流转税税制的变化情况

流转税作为我国的主体税种，不仅在筹集财政收入中占主体地位，而且在居民收入分配中发挥着不可忽视的重要作用。2014 年我国税收总收入中增值税（仅指国内）所占的比重为 25.89%，营业税为 14.92%，消费税为 7.47%，三者之和为 48.28%，在流转税中占比超过 90%。因此本章在研究流转税的收入分配效应时以这三大税种为代表进行具体的分析。

从图 8-1 可以看出，流转税在税收总收入中的比重呈现下降趋势，从 1994 年的接近 70% 下降到 2014 年的 50% 左右，但在税制结构中仍然处于

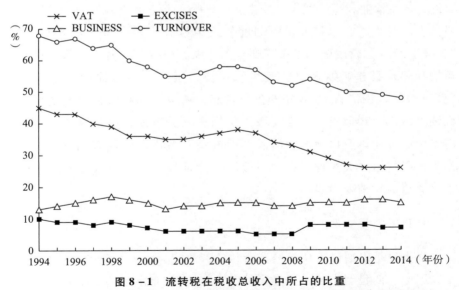

图 8-1　流转税在税收总收入中所占的比重

注：根据《中国统计年鉴》相关数据计算而得，其中 VAT 是指增值税在税收总收入中的比重，EXCISES 是指消费税的比重，BUSINESS 是指营业税的比重，TURN-OVER 是指流转税的比重。

主体地位。分税种来看，1994~2014 年增值税占比基本呈现下降趋势，而消费税和营业税的占比较为稳定。

8.1.1 增值税

增值税是以商品生产流通和劳务服务在流转过程中的增值额为征税对象的一种流转税。由于其不存在重复征税的问题，所以被国际社会公认为是一种透明度比较高的"中性"税。目前世界各国普遍实行增值税制度，我国增值税是在 1979 年开始征收的，最初仅对部分产品实行试点；1982 年，《中华人民共和国增值税暂行办法》颁布；1984 年在第二步"利改税"和工商税制改革后基本上形成了我国工商税制的基本框架，建立了以增值税、产品税和营业税为核心的税制，制定并通过了《中华人民共和国增值税暂行条例（草案）》，自 1984 年 10 月起实施；1993 年《中华人民共和国增值税暂行条例》颁布，自 1994 年 1 月 1 日起实施；新修订的《中华人民共和国增值税暂行条例》自 2009 年 1 月 1 日起在全国范围内实施；2011 年颁布"营改增"改革试点方案，即决定从 2012 年 1 月 1 日起，在上海交通运输业和部分现代服务业（"1+6"行业）开展营业税改征增值税试点。至此，货物劳务税收制度的改革拉开序幕。2013 年 8 月 1 日，"1+6"行业"营改增"已推广到全国范围。2014 年 1 月 1 日起，将铁路运输和邮政服务业纳入"营改增"范围，至此交通运输业已全部纳入"营改增"范围。自 2014 年 6 月 1 日起，将电信业纳入营业税改征增值税试点范围。2015 年，"营改增"扩围进入关键期，将建筑业、金融和消费性服务业以及房地产业纳入"营改增"范围面临巨大困难。增值税作为我国的第一大税种，在"营改增"全面完成后在税收总收入中的比重将会更高，预计为 40% 左右。

8.1.2 营业税

营业税是以纳税人从事经营活动的营业额为征税对象的一种流转税，是我国原工商税制中的一个老税种，早在 1950 年出台的《工商业税暂行条例》中就有营业税税种；1958~1984 年，营业税包含在工商统一税及之后的工商税中，后来才开始独立征收；1993 年《中华人民共和国营业税暂行条例》颁布，规定从 1994 年 1 月 1 日起实施；1994 年税制改革时将原来征收营业税的部分行业，包括商品批发、零售和公共事业中的水、电、热、气的销售等，改为征收增值税，其他未改征增值税的继续征收营业税。其征收范围主要包括提供劳务、转让无形资产和销售不动产三种经营行为；之后有过多次修订，但是在"营改增"完成后，营业税在我国的税制中将成为历史。

8.1.3　消费税

消费税是在对货物普遍征收增值税的基础上，选择少数消费品再次征收的一种流转税。我国消费税是 1994 年税制改革中设置的一个新税种。1993 年颁布《中华人民共和国消费税暂行条例》，自 1994 年 1 月 1 日起实施。消费税仅在应税消费品生产、委托加工和进口环节缴纳，税款最终由消费者承担。之后我国多次对消费税制度进行了调整和完善。自 2006 年 4 月 1 日起对消费税的征税范围和税率进行了调整，这次调整的重点之一就是突出了合理引导消费和间接调节收入分配，例如对游艇、高尔夫球及球具、高档手表等高档消费品征收消费税以及停止对已具有大众消费特征的护肤护发品征收消费税等。自 2008 年 9 月 1 日起，对汽车消费税进行调整。自 2009 年 1 月 1 日起，调整了成品油的税率，完成了燃油税的改革。自 2014 年 11 月 29 日起，将汽油、石脑油、溶剂油和润滑油的消费税单位税额在现行单位税额的基础上提高 0.12 元/升，将柴油、航空煤油和燃料油的消费税单位税额在现行单位税额的基础上提高 0.14 元/升。自 2014 年 12 月 13 日起，将汽油、石脑油、溶剂油和润滑油的消费税单位税额由 1.12 元/升提高到 1.4 元/升，将柴油、航空煤油和燃料油的消费税单位税额由 0.94 元/升提高到 1.1 元/升。自 2015 年 1 月 13 日起，将汽油、石脑油、溶剂油和润滑油的消费税单位税额由 1.4 元/升提高到 1.52 元/升，将柴油、航空煤油和燃料油的消费税单位税额由 1.1 元/升提高到 1.2 元/升。自 2015 年 2 月 1 日起，将电池、涂料列入消费税征税范围，在生产、委托加工和进口环节征收，适用税率均为 4%。自 2015 年 5 月 10 日起，将卷烟批发环节从价税税率由 5% 提高至 11%，并按 0.005 元/支加征从量税。

8.2 流转税收入分配效应分析

8.2.1 研究方法及数据来源

8.2.1.1 研究方法

1. 税前、税后收入的确定

正如在个人所得税的实证分析中所说的,税前收入与税后收入基本概念的确定是非常重要的,本章在实证分析增值税、消费税及营业税的收入再分配效应时以《中国城市(镇)生活与价格年鉴》中城镇居民家庭收入分组数据中的人均总收入为税前收入,将税前收入与增值税、消费税及营业税各自的差额作为其税后收入,采用万分法计算出增值税、消费税及营业税各自的税前和税后收入基尼系数,从而实证分析三种税的收入分配效应。另外,在综合计算流转税的收入分配效应时,同样将城镇居民家庭收入分组数据中的人均总收入作为税前收入,将其与增值税、营业税、消费税和城建税四者的差额作为税后收入进行具体的实证分析。

2. 流转税的计算

本章根据城镇居民 7 分组数据中的消费支出的数额乘以其对应的法定税率来计算各个流转税的数额。由于增值税、消费税、营业税及城建税在流转税中占比为 90% 以上,故为了计算的方便,本章在测度流转税的收入分配效应时不考虑其他的税种,而且这样做不会影响最终的结论。

3. 考虑农贸市场后增值税的计算方法

本章将农贸市场考虑在内后,需要将增值税的衡量指标进行相应的修正。因为农贸市场主要是销售蔬菜、瓜果、水产品、禽蛋以及粮油等各类农产品的固定场所,目前在城市存在大量的农贸市场,只需交纳摊位费就可以经营买卖。因此,农贸市场上的食品基本上是不含增值税的。笔者通过抽样对农贸市场进行了实地调查,发现农贸市场上的消费者在各个收入阶层均存在,只是所占的比例不同而已,具体比例如表 8 - 1 所示。

表 8 - 1　城镇居民农贸市场各个小组的消费比例

组别	最低收入	低收入	中等偏下	中等收入	中等偏上	高收入	最高收入
消费占比	0.50	0.50	0.45	0.40	0.40	0.35	0.25

注：根据调查表统计、计算得出。

因此，在对增值税的各项指标进行修正时，本章根据《中国城市（镇）生活与价格年鉴》中各收入小组的原始数据，并结合农贸市场的消费比例进行相应的扣除后，按照和修正前一样的方法来计算增值税的各项衡量指标。

4. 税负转嫁

由于本章主要研究的是流转税对城镇居民税收负担的分配问题，故假定税负全部转嫁给消费者。

5. 需要说明的问题

本章在实证分析流转税及各主要税种的收入分配效应时，由于没有现成的统计数据，所以根据税法中规定的税率对其进行了计算。这样计算出来的 7 个收入小组所承担的流转税额可能不太精确，这是因为在现实中存在很多实际因素，但我们在计算中无法将之全部考虑在内。因此若将更多的实际因素考虑在内，流转税及各主要税种的收入分配效应将会大大减弱。

8.2.1.2　数据来源

本章以城镇居民为研究对象，按收入等级将城镇居民家庭分为 7 个小组，即最低收入户（10%）、低收入户（10%）、中等偏下户（20%）、中等收入户（20%）、中等偏上户（20%）、高收入户（10%）和最高收入户（10%）。数据主要来源于《中国统计年鉴》和《中国城市（镇）生活与价格年鉴》中的相关数据，其样本时间范围为 1995～2011 年。

8.2.2　增值税的收入分配效应

近年来，随着我国经济的高速增长，居民间的收入差距亦逐步拉大。如何有效地缩小居民收入差距已经成了当前我国社会各界普遍关注的焦点和难点。税收作为政府宏观调控的重要工具和手段之一，在调节收入分配中发挥了重要作用。但是目前国内关注较多的是所得税尤其是个人所得税对收入分配的调节作用，而对增值税的研究更多地集中在筹集财政收入以及效率等方面。增值税是我国的第一大税种，不仅在筹集财政收入中发挥着重要作用，在调节收入分配中的作用也不容忽视。然而目前政府、学界对增值税调节收入分配的研究偏少，实证方面的研究更为稀少。而且已有的实证分析主要是根据现行税法的有关规定计算增值税在理论上的居民收入分配效应，而没有考虑到增值税偷逃税、税收优惠以及农贸市场①等实际操作中的因素。鉴于此，本章对增值税的收入分配效应进行实证分析，并将农贸市场考虑在内，对有关指标进行修正，以期为将来增值税的全面改革提供有益的借鉴和启示。

8.2.2.1 增值税调节收入分配的理论分析

增值税作为我国的第一大税种，不仅在筹集财政收入中发挥着举足轻重的作用，而且在调节收入分配中发挥着不可忽视的作用。由于不同收入阶层消费者的消费习惯和偏好不同，其消费的商品具有很大的差异，而不同类型的商品包含的增值税税负也存在很大的差异，这就使得增值税具有调节收入分配的功能，其主要间接作用于收入流量来实现对收入分配的调节。增值税是比例税率，在边际消费倾向递减的前提下，低收入者的税收负担明显地高于高收入者，使得增值税在理论上对收入分配的调节是逆向的。但是可以通过增值税税制的设计来抵消这种累退性，我国 1994 年在增值税设计中就考虑到了其收入分配的调节作用，具体措施为：第一，针对生活必需品实行 13% 的低税率，如粮食、食用油，自来水、暖气、冷气、热气、煤气、石油液化体、天然气、沼气、居民用煤炭制品，图书、报纸、杂志，饲料、化肥、农药、农机、农膜，农产品等生活必需品和农业生产资料，以减轻增值税的逆向调节作用；第二，规定仅适用于个人的增值税的起征点，以减轻低收入者的税收负担；第三，免税，对农民自产自销的农产品以及残疾人等弱势群体免税。因此，从增值税的具体税制设计来看，增值税具有一定的调节居民收入分配的作用。那么，实际中我国增

---

① 目前我国城镇中存在大量的农贸市场，其主要销售城镇居民的基本生活必需品，如粮油、蔬菜等，经营者只需要交纳一定的摊位费。

值税调节收入分配的效应到底如何？洪兴建、罗刚飞（2015）通过对 MT 指数的分解发现："增值税在调节居民收入分配中呈现出不均等效应，而且其不均等效应在逐步减弱，其中平均税率和消费支出差异的分配效应是其决定因素。"因此，本章在实证分析增值税的收入分配效应时，主要从平均税率和消费品的具体税目上来寻求我国增值税逆向调节的深层次原因。

在实际生活中存在大量的免征增值税的特例，如城市中存在大量的农贸市场等。农贸市场中消费的主体是中低收入者，而农贸市场的经营者仅仅交纳一定的摊位费即可，其中主要经营的商品是城镇居民的基本生活用品。如果将农贸市场考虑在内，则增值税调节居民收入分配的效应会发生什么样的变化？目前国内对此的研究比较缺乏，鉴于此，本章对城镇居民农贸市场进行了大量的问卷调查，并将相关指标进行修正，以进行比较分析。

8.2.2.2 增值税收入分配效应的实证分析

1. 税前、税后收入基尼系数的比较

根据《中国统计年鉴》和《中国城市（镇）生活与价格年鉴》中城镇居民 7 分组收入数据，使用万分法测算出 1995～2011 年[①]增值税的税前、税后收入基尼系数及调节效应（见表 8 - 2）。

表 8 - 2 1995～2011 年城镇居民增值税税前、税后收入
基尼系数及调节效应

年份	G_b	G_a	修正 G_a	MT 指数	修正 MT 指数	调节效应 α	修正 α
1995	0.2038	0.2082	0.2041	-0.0043	-0.0003	-0.0212	-0.0015
1996	0.2039	0.2097	0.2046	-0.0058	-0.0007	-0.0287	-0.0034
1997	0.218	0.2224	0.2187	-0.0045	-0.0008	-0.0204	-0.0035
1998	0.2255	0.2302	0.2263	-0.0047	-0.0036	-0.0208	-0.0036
1999	0.2324	0.2372	0.2337	-0.0048	-0.0014	-0.0207	-0.0058

① 由于 2012 年后我国统计年鉴中的统计方法发生了变化，故本章在计算流转税类及三大税种的相关指标时，只能根据 1996～2012 年《中国统计年鉴》中的相关数据进行计算。

145

年份	G_b	G_a	修正 G_a	MT 指数	修正 MT 指数	调节效应 α	修正 α
2000	0.2448	0.2498	0.2464	-0.0051	-0.0017	-0.0206	-0.0067
2001	0.2553	0.2603	0.2573	-0.0051	-0.0021	-0.0198	-0.008
2002	0.309	0.3153	0.311	-0.0063	-0.002	-0.0204	-0.0065
2003	0.3175	0.3242	0.3197	-0.0067	-0.0022	-0.0212	-0.0071
2004	0.3261	0.3331	0.3284	-0.007	-0.0023	-0.0213	-0.0071
2005	0.3321	0.3371	0.3341	-0.005	-0.002	-0.0152	-0.0061
2006	0.3285	0.3331	0.3298	-0.0046	-0.0014	-0.014	-0.0041
2007	0.3244	0.3293	0.3266	-0.0049	-0.0023	-0.0152	-0.007
2008	0.3303	0.3344	0.3317	-0.0041	-0.0014	-0.0124	-0.0042
2009	0.3235	0.3278	0.3252	-0.0043	-0.0018	-0.0133	-0.0055
2010	0.318	0.3218	0.3194	-0.0039	-0.0015	-0.0122	-0.0046
2011	0.3175	0.323	0.32	-0.0055	-0.0025	-0.0174	-0.0078

注：根据《中国统计年鉴》、《中国城市（镇）生活与价格年鉴》及农贸市场调研的相关数据计算得出。其中，$MT = G_b - G_a$，是税前收入基尼系数与税后收入基尼系数的差额；调节效应 α = （税前收入基尼系数 – 税后收入基尼系数）/税前收入基尼系数。

　　从表 8 – 2 可以看出，增值税的基尼系数，无论是税前收入基尼系数，还是税后收入基尼系数，基本上都呈现出上升的趋势，这说明我国城镇居民收入差距进一步拉大；修正后的税后收入基尼系数，基本上也呈现出上升的趋势，但其值明显低于修正前的税后收入基尼系数，这表明考虑农贸市场这一实际情况后，城镇居民间的收入差距会明显缩小。这也符合农贸市场上中低收入者是消费主体的现实。

　　从 MT 指数来看，增值税对城镇居民收入差距起逆向调节作用，且呈现出逐年减弱的趋势。1995～2011 年 MT 指数（包括修正后的 MT 指数）均小于 0，这说明增值税不利于收入的公平分配，不仅没有缩小居民间的收入差距，反而进一步加大了居民间的收入差距；1995～2011 年 MT 指数的绝对值基本上呈现出上升—下降的趋势，从 1995 年的 0.0043 上升到 2004 年的 0.007，之后又开始处于下降的趋势，2010 年下降至最低点 0.0039，这说明增值税税前和税后收入基尼系数的差额不断缩小，其逆向调节效应逐渐减弱；虽然其数值不是很大，但其绝对值已经远远大于个人所得税的 MT 指数（个人所得税的 MT 指数 2010 年最高，仅为 0.0029）；修正后的 MT 指数远小于修正前的数值，这说明如果将农贸市场考虑在内，增值税的逆向调节效应将大大减弱。从图 8 - 2 可以看出，修正后的 MT 曲线明显处于修正前 MT 曲线的上方，更加靠近 0。

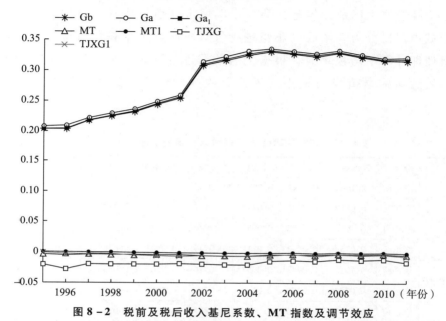

图 8 - 2　税前及税后收入基尼系数、MT 指数及调节效应

注：Gb 表示增值税的税前收入基尼系数，Ga、Ga₁ 分别表示修正前、后的税后收入基尼系数，MT、MT1 分别表示修正前、后的税前与税后收入基尼系数的差额，TJXG、TJXG1 分别表示修正前、后的调节效应。

从调节效应来看，增值税对居民收入分配的调节是逆向的，而且其绝对值基本呈现出逐渐减弱的趋势。其逆向调节效应的值在 1996 年最大，为 2.87%。边际消费倾向递减使得中低收入群体的税负高于高收入群体，如 2010 年最低收入组和最高收入组人均消费支出占总收入的比重分别为 81.62% 和 56.28%，前者比后者高出 25.34 个百分点，从而导致增值税表现为逆向调节效应；修正后的调节效应更小，如 1996 年仅为 - 0.34%，不足修正前的 1/8。

从图 8 - 2 可以看出，增值税的 TJXG 曲线处于 0 的下方，逆向调节效应非常显著，且有不断向 0 靠近的趋势；修正后的 TJXG1 曲线虽然也位于 0 的下方，但是位于 TJXG 曲线的上方，这表明在考虑农贸市场后，增值税的逆向调节效应将大打折扣。因此，增值税在缩小城镇居民收入差距中起到了明显的逆向调节作用，且呈现逐年减弱的趋势。

2. 增值税的累退性分析

（1）从增值税整体的平均税率来看

由于《中国统计年鉴》及《中国城市（镇）生活与价格年鉴》均把城镇居民分为 7 个收入小组进行统计，所以本章在分析增值税的累退性即计算平均税率时，根据 7 组数据进行计算。平均税率是指每个小组缴纳的增值税与该小组税前总收入的比值，具体计算结果如表 8 - 3 所示。

表 8 - 3　1995 ~ 2011 年不同收入小组的增值税平均税率

年份		最低收入	低收入	中等偏下	中等收入	中等偏上	高收入	最高收入	整体 t
1995	修正前	0.1064	0.1022	0.0977	0.0945	0.0907	0.0862	0.0806	0.0920
	修正后	0.0752	0.0732	0.0743	0.0757	0.0739	0.0731	0.0729	0.0740
1996	修正前	0.1056	0.0982	0.0959	0.0946	0.0799	0.0841	0.0766	0.0880
	修正后	0.0753	0.0693	0.0718	0.0749	0.0703	0.0705	0.0693	0.0715
1997	修正前	0.1052	0.0983	0.0943	0.0916	0.0869	0.0833	0.0765	0.0885
	修正后	0.0752	0.0703	0.0708	0.0726	0.0700	0.0699	0.0680	0.0706
1998	修正前	0.1037	0.0980	0.0918	0.0881	0.0839	0.0814	0.0732	0.0857
	修正后	0.0713	0.0727	0.0716	0.0722	0.0700	0.0705	0.0672	0.0705
1999	修正前	0.1035	0.0962	0.0904	0.0861	0.0826	0.0790	0.0711	0.0839
	修正后	0.0765	0.0724	0.0714	0.0716	0.0700	0.0693	0.0656	0.0701
2000	修正前	0.1029	0.0967	0.0921	0.0872	0.0837	0.0799	0.0698	0.0844
	修正后	0.0775	0.0746	0.0742	0.0736	0.0719	0.0710	0.0657	0.0718
2001	修正前	0.1014	0.0943	0.0850	0.0845	0.0778	0.0745	0.0669	0.0797
	修正后	0.0767	0.0729	0.0701	0.0716	0.0668	0.0664	0.0624	0.0681
2002	修正前	0.1025	0.0915	0.0848	0.0785	0.0738	0.0686	0.0578	0.0738
	修正后	0.0627	0.0586	0.0581	0.0570	0.0550	0.0533	0.0483	0.0545
2003	修正前	0.1020	0.0911	0.0846	0.0777	0.0720	0.0667	0.0554	0.0722
	修正后	0.0622	0.0582	0.0579	0.0566	0.0539	0.0522	0.0469	0.0536
2004	修正前	0.1028	0.0903	0.0825	0.0752	0.0689	0.0625	0.0539	0.0721
	修正后	0.0618	0.0573	0.0562	0.0549	0.0515	0.0491	0.0461	0.0517

续表

年份		最低收入	低收入	中等偏下	中等收入	中等偏上	高收入	最高收入	整体 t
2005	修正前	0.0969	0.0884	0.0838	0.0798	0.0742	0.0688	0.0626	0.0743
	修正后	0.0619	0.0564	0.0553	0.0543	0.0508	0.0487	0.0472	0.0514
2006	修正前	0.0822	0.0733	0.0683	0.064	0.0585	0.0541	0.0499	0.0596
	修正后	0.0605	0.0552	0.0478	0.0533	0.0495	0.0474	0.0466	0.0496
2007	修正前	0.0831	0.0761	0.0691	0.0641	0.0585	0.0559	0.0488	0.0599
	修正后	0.0610	0.0578	0.0550	0.0533	0.0493	0.0493	0.0455	0.0507
2008	修正前	0.0747	0.0674	0.0623	0.0583	0.0536	0.0514	0.0449	0.0648
	修正后	0.0522	0.0485	0.0479	0.0472	0.0444	0.0447	0.0416	0.0452
2009	修正前	0.0904	0.081	0.0745	0.0692	0.0648	0.0601	0.0519	0.0645
	修正后	0.0585	0.0541	0.0529	0.0515	0.0497	0.0487	0.0448	0.0497
2010	修正前	0.0778	0.0682	0.0643	0.0615	0.0576	0.0543	0.0485	0.0579
	修正后	0.0578	0.0518	0.0515	0.0516	0.0491	0.0481	0.0454	0.0493
2011	修正前	0.0908	0.0786	0.0731	0.0683	0.0632	0.059	0.0501	0.0637
	修正后	0.0659	0.0584	0.0570	0.0561	0.0528	0.0514	0.0464	0.0531

注：根据《中国城市（镇）生活与价格年鉴》、《中国统计年鉴》以及农贸市场调研的相关数据计算而得。

一般来说，若平均税率随着收入的提高而上升，则说明增值税具有较强的再分配效应（累进性）；反之，若平均税率随着收入的提高而下降，则说明增值税具有累退性，因而增值税具有收入再分配的负效应。由表 8 - 3 可知，1995 ~ 2011 年，修正前 7 个收入小组的平均税率（最低收入组到最高收入组）基本上是由高到低排序的，我国增值税表现出明显的累退性，且累退性逐年减弱，即在按照收入水平划分的 7 个收入小组中，随着收入等级的提高，增值税平均税率呈现出逐渐降低的趋势。1995 年，最低收入组的平均税率是 10.64%，最高收入组的仅为 8.06%，前者比后者高出 2.58 个百分点，而且其差距有进一步拉大的趋势。2000 年，最低收入组的平均税率为 10.29%，但最高收入组的仅为 6.98%，比最低收入组低了 3.31 个百分点。2011 年，从最低收入组到最高收入组，其平均税率依次为 9.08%、7.86%、7.31%、6.83%、6.32%、5.9% 和 5.01%。修正后，7 个收入组的平均税率均有所下降，而且最低收入组和低收入组的下降幅度较大，但仍然呈现出累退的特征，只是累退的程度有所下降。因此，增值税平均税率随着收入的增加而减少，增值税呈现出累退性特征。

在考虑农贸市场后发现，增值税整体平均税率在修正后大大降低。从图8-3可以看出，修正后的平均税率曲线T1处于T曲线的下方，这说明如果把农贸市场考虑在内，增值税的平均税率会大大下降，从而在一定程度上削弱其累退性。从7个收入小组的平均税率来看，修正后各小组的平均税率均有所下降，而且中低收入组下降的幅度最大，但变动趋势和修正前基本一致。

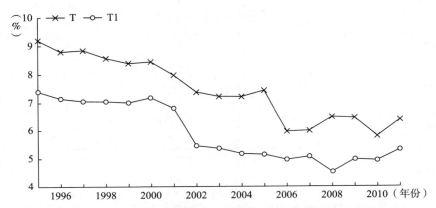

图8-3　1995~2011年增值税整体平均税率与修正后整体平均税率比较

注：根据表8-3数据使用 Eviews 6.0 画出，其中 T 是指增值税修正前整体平均税率，T1 指修正后的整体平均税率。

（2）在13%和17%税率下7个收入小组的平均税率

出于政治、经济等多重考虑，世界上很多国家（包括中国）在增值税税制设计中对生活必需品实行低税率或零税率，对非生活必需品或奢侈品实行高税率，其主要目的在于缩小贫富差距、促进社会公平，并通过增值税达到收入再分配的目标。1994年我国税制改革将增值税的税率分为17%的标准税率和13%的低税率，以期通过低税率的设计来减轻中低收入阶层的税收负担，"曾经设想只设一档税率，但考虑到收入分配等原因，就在17%基本税率之外又设了13%一档"（楼继伟，2013）。那么我国增值税低税率的设计有没有发挥应有的作用？其具体的调节效应如表8-4所示。

表 8 - 4   1995 ~ 2011 年 13% 税率下 7 个收入小组的增值税平均税率

年份		最低收入	低收入	中等偏下	中等收入	中等偏上	高收入	最高收入
1995	修正前	0.0643	0.0587	0.0519	0.0465	0.0413	0.0364	0.0294
	修正后	0.0383	0.0349	0.0329	0.0315	0.0280	0.0261	0.0234
1996	修正前	0.0631	0.0556	0.0503	0.0455	0.0319	0.0349	0.0282
	修正后	0.0383	0.0349	0.0329	0.0315	0.0280	0.0261	0.0234
1997	修正前	0.0637	0.0553	0.0494	0.0439	0.0385	0.0338	0.0271
	修正后	0.0359	0.0369	0.0396	0.0433	0.0443	0.0462	0.0471
1998	修正前	0.0626	0.0541	0.0480	0.0423	0.0369	0.0326	0.0255
	修正后	0.0330	0.0341	0.0322	0.0300	0.0262	0.0243	0.0209
1999	修正前	0.0607	0.0525	0.0466	0.0400	0.0351	0.0302	0.0238
	修正后	0.0391	0.0339	0.0318	0.0288	0.0255	0.0229	0.0197
2000	修正前	0.0584	0.0506	0.0444	0.0383	0.0334	0.0288	0.0192
	修正后	0.0383	0.0336	0.0308	0.0280	0.0247	0.0223	0.0165
2001	修正前	0.0587	0.0501	0.0393	0.0380	0.0324	0.0279	0.0214
	修正后	0.0391	0.0335	0.0285	0.0283	0.0243	0.0220	0.0182
2002	修正前	0.0652	0.0530	0.0451	0.0386	0.0334	0.0292	0.0216
	修正后	0.0303	0.0245	0.0222	0.0202	0.0174	0.0162	0.0133
2003	修正前	0.0660	0.0533	0.0455	0.0382	0.0326	0.0278	0.0196
	修正后	0.0309	0.0248	0.0226	0.0201	0.0172	0.0154	0.0121
2004	修正前	0.0681	0.0544	0.0458	0.0375	0.0321	0.0265	0.0180
	修正后	0.0316	0.0252	0.0227	0.0198	0.0169	0.0147	0.0111
2005	修正前	0.0503	0.0399	0.0335	0.0280	0.0233	0.0192	0.0130
	修正后	0.0310	0.0245	0.0219	0.0194	0.0161	0.0141	0.0106
2006	修正前	0.0469	0.0373	0.0314	0.0262	0.0217	0.0181	0.0122
	修正后	0.0291	0.0231	0.0141	0.0183	0.0151	0.0133	0.0099
2007	修正前	0.0461	0.0376	0.0317	0.0266	0.0223	0.0182	0.0124
	修正后	0.0285	0.0232	0.0208	0.0184	0.0154	0.0133	0.0100
2008	修正前	0.0387	0.0318	0.0265	0.0224	0.0184	0.0153	0.0102
	修正后	0.0204	0.0166	0.0151	0.0138	0.0114	0.0102	0.0078
2009	修正前	0.0488	0.0404	0.0333	0.0281	0.0233	0.0188	0.0126
	修正后	0.0263	0.0219	0.0193	0.0173	0.0145	0.0125	0.0094

年份		最低收入	低收入	中等偏下	中等收入	中等偏上	高收入	最高收入
2010	修正前	0.0417	0.0336	0.0285	0.0243	0.0205	0.0168	0.0115
	修正后	0.0256	0.0205	0.0186	0.0167	0.0141	0.0122	0.0093
2011	修正前	0.0542	0.0429	0.0371	0.0316	0.0264	0.0217	0.0146
	修正后	0.0329	0.0259	0.0238	0.0216	0.0180	0.0156	0.0117

注：根据《中国城市（镇）生活与价格年鉴》、《中国统计年鉴》以及农贸市场调研的相关数据计算而得。

①在13%税率下增值税的平均税率呈现累退性特征

从表8-4可以看出，在修正前13%税率下，随着收入等级的提高，增值税的平均税率逐渐降低，呈现出明显的累退性特征。如1995年7个收入小组的平均税率依次为6.43%、5.87%、5.19%、4.65%、4.13%、3.64%和2.94%，收入越高，平均税率就越低，最低收入组承担的增值税税负是最高收入组的2.19倍，比最高收入组承担的税负高出3.49个百分点。2011年其差距进一步拉大，最低收入组承担的税负是最高收入组的3.71倍，前者比后者高出3.96个百分点。低收入组的税负远远高于高收入组，呈现出明显的累退性，具体如图8-4所示。

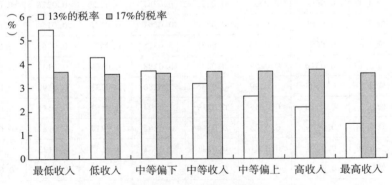

图8-4　2011年13%和17%税率的增值税税负对比（修正前）

在考虑农贸市场后，修正后7个收入小组平均税率的变动趋势和修正前一样，基本上呈现出累退特征，只是累退程度减弱。尤其是中低收入者的平均税率与修正前相比大大减少，如2011年最低收入组的平均税率下降了2.13个百分点，而最高收入组仅下降了0.29个百分点。

②17%税率下增值税的平均税率呈现出比例税的特征

从表 8 – 5 可以看出，在修正前 17% 税率下，增值税的平均税率基本上呈现出比例税的特征，如 2011 年各个收入小组承担的增值税税负在其总收入中所占的比重为分别为 3.67%、3.58%、3.59%、3.68%、3.68%、3.73% 和 3.56%，最低收入组的平均税率比最高收入组仅高出 0.11 个百分点。整体上来看，17% 税率下增值税的平均税率在不同收入小组之间的差别很小，基本上呈现比例税的特征。

表 8 – 5　1995 ~ 2011 年 17% 税率下 7 个收入小组的增值税平均税率

年份		最低收入	低收入	中等偏下	中等收入	中等偏上	高收入	最高收入
1995	修正前	0.0422	0.0435	0.0458	0.0480	0.0494	0.0498	0.0512
	修正后	0.0369	0.0383	0.0413	0.0442	0.0459	0.0470	0.0495
1996	修正前	0.0425	0.0426	0.0456	0.0492	0.0480	0.0492	0.0485
	修正后	0.0369	0.0383	0.0413	0.0442	0.0459	0.0470	0.0495
1997	修正前	0.0415	0.0430	0.0449	0.0477	0.0484	0.0496	0.0494
	修正后	0.0359	0.0369	0.0396	0.0433	0.0443	0.0462	0.0471
1998	修正前	0.0411	0.0439	0.0438	0.0458	0.0471	0.0488	0.0478
	修正后	0.0384	0.0385	0.0394	0.0422	0.0439	0.0462	0.0463
1999	修正前	0.0428	0.0436	0.0438	0.0461	0.0475	0.0488	0.0474
	修正后	0.0374	0.0385	0.0396	0.0428	0.0445	0.0464	0.0459
2000	修正前	0.0445	0.0461	0.0476	0.0490	0.0503	0.0510	0.0506
	修正后	0.0391	0.0410	0.0434	0.0456	0.0472	0.0487	0.0492
2001	修正前	0.0428	0.0442	0.0456	0.0465	0.0454	0.0466	0.0455
	修正后	0.0376	0.0394	0.0416	0.0433	0.0425	0.0444	0.0442
2002	修正前	0.0373	0.0386	0.0397	0.0398	0.0404	0.0394	0.0362
	修正后	0.0324	0.0340	0.0359	0.0368	0.0375	0.0371	0.0350
2003	修正前	0.0360	0.0378	0.0391	0.0395	0.0394	0.0389	0.0359
	修正后	0.0314	0.0333	0.0353	0.0365	0.0367	0.0367	0.0348
2004	修正前	0.0347	0.0359	0.0367	0.0376	0.0369	0.0360	0.0359
	修正后	0.0302	0.0321	0.0336	0.0351	0.0347	0.0343	0.0350
2005	修正前	0.0465	0.0485	0.0502	0.0518	0.0510	0.0496	0.0496
	修正后	0.0310	0.0319	0.0334	0.0349	0.0347	0.0346	0.0366

续表

年份		最低收入	低收入	中等偏下	中等收入	中等偏上	高收入	最高收入
2006	修正前	0.0354	0.0361	0.0369	0.0378	0.0368	0.0360	0.0377
	修正后	0.0313	0.0321	0.0337	0.0350	0.0344	0.0341	0.0367
2007	修正前	0.0370	0.0386	0.0375	0.0375	0.0362	0.0377	0.0364
	修正后	0.0326	0.0345	0.0342	0.0349	0.0339	0.0360	0.0355
2008	修正前	0.0360	0.0357	0.0358	0.0359	0.0352	0.0362	0.0347
	修正后	0.0318	0.0319	0.0327	0.0334	0.0330	0.0345	0.0338
2009	修正前	0.0416	0.0407	0.0412	0.0410	0.0416	0.0413	0.0393
	修正后	0.0322	0.0322	0.0336	0.0342	0.0353	0.0362	0.0354
2010	修正前	0.0361	0.0346	0.0358	0.0372	0.0372	0.0375	0.0369
	修正后	0.0322	0.0312	0.0329	0.0349	0.0351	0.0359	0.0361
2011	修正前	0.0367	0.0358	0.0359	0.0368	0.0368	0.0373	0.0356
	修正后	0.0330	0.0325	0.0332	0.0345	0.0348	0.0358	0.0347

注：根据《中国城市（镇）生活与价格年鉴》、《中国统计年鉴》以及农贸市场调研的相关数据计算而得。

修正后17%平均税率的变动趋势和修正前基本保持一致，呈现出平稳的变动趋势，但是各收入小组的平均税率均出现下降的趋势。和13%的税率相比，其下降程度较小，如2011年最低收入组平均税率下降了0.37个百分点，远低于13%税率下降2.13个百分点的水平。

从时间序列来看，7个收入小组的平均税率均呈现出下降的趋势（见图8-4）。从表8-4和表8-5可以看出，1995年最低收入组13%和17%税率下的平均税率分别为6.43%和4.22%，而2011年则分别下降到5.42%和3.67%，而最高收入组的税负分别由1995年的2.94%和5.12%下降到2011年的1.46%和3.56%。低收入组平均税率下降的幅度高于高收入组，且13%低税率下降的幅度更大。如以1995年和2011年为例进行比较，13%低税率下最低收入组和最高收入组的平均税率分别下降15.71%和50.34%，而17%标准税率下则分别下降13.03%和30.47%。

3. K指数分析

从表8-6可以看出，1995~2011年增值税修正前的K指数均小于0，说明1994年税制改革后我国的增值税是累退的。K指数的绝对值基本上和间接税一样也呈现出先升后降的特征，1995~2004年累退性呈现出上升的趋势，其中 2004 年处于最高水平，其值为 0.0931；2005 年之后基本上又呈现出下降的趋势，这说明虽然增值税是累退的，但是其累退性在逐年下降；从横向公平来看，所有年份的 H 值均为 0，这证明了 Kakwani 简化公式的精确性，从而我们在分析增值税税负公平问题时只考虑纵向公平问题。

表 8-6　增值税税收集中系数、K 指数及 H 值等指标

年份	C_t	G_b	K	K1	MT	t	$tK/(1-t)$	H
1995	0.1611	0.2038	-0.0427	-0.0039	-0.0043	0.0920	-0.0043	0
1996	0.1508	0.2039	-0.0531	-0.0087	-0.0058	0.0880	-0.0051	0
1997	0.1721	0.218	-0.0459	-0.0102	-0.0045	0.0885	-0.0045	0
1998	0.1755	0.2255	-0.05	-0.0106	-0.0047	0.0857	-0.0047	0
1999	0.1798	0.2324	-0.0526	-0.0180	-0.0048	0.0839	-0.0048	0
2000	0.19	0.2448	-0.0548	-0.0214	-0.0051	0.0844	-0.0051	0
2001	0.1969	0.2553	-0.0584	-0.0281	-0.0051	0.0797	-0.0051	0
2002	0.2299	0.309	-0.0791	-0.0349	-0.0063	0.0738	-0.0063	0
2003	0.2312	0.3175	-0.0863	-0.0396	-0.0067	0.0722	-0.0067	0
2004	0.233	0.3261	-0.0931	-0.0424	-0.007	0.0695	-0.0070	0
2005	0.2693	0.3321	-0.0628	-0.0374	-0.0003	0.0743	-0.0050	0
2006	0.256	0.3285	-0.0725	-0.0260	-0.0046	0.0596	-0.0046	0
2007	0.2469	0.3244	-0.0775	-0.0423	-0.0049	0.0599	-0.0049	0
2008	0.2594	0.3303	-0.0709	-0.0295	-0.0041	0.0648	-0.0049	0
2009	0.2535	0.3235	-0.07	-0.0340	-0.0043	0.0645	-0.0048	0
2010	0.2551	0.318	-0.0629	-0.0285	-0.0039	0.0579	-0.0039	0
2011	0.2361	0.3175	-0.0814	-0.0445	-0.0055	0.0637	-0.0055	0

注：根据《中国城市（镇）生活与价格年鉴》、《中国统计年鉴》以及农贸市场调研的相关数据计算而得，其中 K1 是指修正后的 K 指数。

1995~2011 年增值税修正后的 K 指数也小于 0，这说明即使我们把农贸市场等税收优惠考虑在内，增值税在收入分配调节中也是累退的。只是在考虑这些实际因素后，增值税的累退程度会大大下降，如 2011 年修正后的 K 指数下降了 45.33%。如果再考虑平均税率的因素，则考虑农贸市场后的增值税累退程度将下降得更多。

通过以上分析我们可以看出，增值税在收入分配中逆向调节主要是由13%低税率的累退性引起的。而我国增值税主要对部分生活必需品和农业初级产品实行13%的低税率。那么为什么13%低税率的生活必需品和农业初级产品的平均税率会呈现出累退性的特征？这主要和适用低税率消费品的需求收入弹性有关。具体来说主要是由于食品、居住、衣着消费等在低收入家庭中所占的比重远远大于高收入家庭，因此对这些商品征税必然会导致低收入家庭税负高于高收入家庭。

将农贸市场考虑在内后结果也是如此，只是会使增值税的累退程度下降，但不会改变增值税累退性的特征。国外在研究增值税收入分配效应时，已经针对增值税偷逃税行为、税收优惠等实际问题进行了大量的实证分析。而国内对此的研究仅仅停留在理论层面，忽视了实践中的很多实际情况，其中在城镇存在的大量的农贸市场就是一个特例。本书在调查研究时，由于数据的缺乏，只能根据样本数据进行分析。有限的样本可能不能代表我国城镇农贸市场的全部，所以其精确性还需要进一步调研。

8.2.3 营业税的收入分配效应

营业税作为我国的第二大流转税，主要是对在我国境内提供应税劳务、转让无形资产或销售不动产的单位和个人，按照其营业额征收的一种税。其基准税率为3%和5%，娱乐业实行5%～20%的浮动税率。2011年11月17日，财政部、国家税务总局正式公布"营改增"试点方案。2015年5月，"营改增"的最后三个行业房地产、金融保险、生活服务业的"营改增"方案推出。其中，房地产的增值税税率暂定为11%，金融保险、生活服务业为6%。这意味着，在不久的将来，中国或将全面告别营业税。鉴于此，本书对营业税的收入分配效应进行简要的分析。营业税对劳务普遍征收的特点，没有更多地体现其对收入分配的调节作用。那么实践中我国的营业税在居民收入分配中到底发挥了什么作用？本书将在以下的分析中对该问题进行具体的研究和说明。

8.2.3.1 营业税调节居民收入分配的理论分析

从理论上讲，营业税和增值税一样，在调节居民收入分配中起逆向调节作用，但是也完全可以通过营业税税制的设计来抵消其累退性。1994年在营业税的要素设计中也有针对居民收入进行调节的具体措施：第一，对娱乐业实行 5% ~20% 的浮动税率，能够加大对高档娱乐场所的课税，起到缩小居民收入差距的作用；第二，对于一些有关日常生活的基本服务业免税，例如托儿所、幼儿园、养老院、纪念馆、博物馆等；第三，对弱势群体如残疾人的应税行为免税；第四，对仅限于个人起征点的规定，也能够在一定程度上起到缩小居民收入差距的作用。因此，从具体税制设计来看，营业税也具有一定的调节居民收入分配的作用。那么，实际中我国营业税调节收入分配的效应到底如何？本章将在以下的实证分析中进行具体的研究。

8.2.3.2 营业税调节居民收入分配的实证分析

1. 税前、税后收入基尼系数的测算

和研究增值税的收入分配效应一样，根据《中国统计年鉴》和《中国城市（镇）生活与价格年鉴》中城镇居民 7 分组收入数据，使用万分法测算出 1995 ~2011 年营业税的税前和税后收入基尼系数及调节效应（见表 8 - 7）。

表 8 - 7　1995 ~2011 年营业税税前和税后收入基尼系数及调节效应

年份	税前收入基尼系数 G_b	税后收入基尼系数 G_a	绝对差额 RE（MT 指数）	调节效应 α（%）
1995	0.2038	0.2036	0.0003	0.13
1996	0.2039	0.2037	0.0002	0.09
1997	0.2180	0.2177	0.0003	0.13
1998	0.2255	0.2253	0.0002	0.09
1999	0.2324	0.2321	0.0002	0.09
2000	0.2448	0.2446	0.0002	0.07
2001	0.2553	0.2552	0.0001	0.02
2002	0.3090	0.3082	0.0008	0.25
2003	0.3175	0.3167	0.0007	0.23
2004	0.3261	0.3253	0.0008	0.25
2005	0.3321	0.3313	0.0008	0.23
2006	0.3285	0.3278	0.0007	0.23

年份	税前收入基尼系数 G_b	税后收入基尼系数 G_a	绝对差额 RE（MT 指数）	调节效应 α（％）
2007	0.3244	0.3237	0.0007	0.23
2008	0.3303	0.3300	0.0003	0.23
2009	0.3235	0.3227	0.0008	0.23
2010	0.3180	0.3172	0.0008	0.24
2011	0.3175	0.3167	0.0008	0.25

注：根据《中国统计年鉴》、《中国城市（镇）生活与价格年鉴》中的相关数据计算得到。其中，$RE = G_b - G_a$，是税前收入基尼系数与税后收入基尼系数的绝对差额，即 MT 指数；调节效应 α =（税前收入基尼系数 – 税后收入基尼系数）/税前收入基尼系数。

从表 8 - 7 可以看出，营业税的基尼系数，无论是税前收入基尼系数，还是税后收入基尼系数，基本上都呈现出先升后降的趋势，其中税后收入基尼系数在 2005 年达到 0.3313 的最高值，之后有所下降，这说明我国城镇居民收入差距进一步拉大，但在 2005 年之后有所减缓。

从 MT 指数来看，营业税对城镇居民收入分配起到了正向调节作用，且调节效应呈现出逐年增强的趋势。1995 ~ 2011 年 MT 指数均大于 0，说明营业税发挥了正向的调节作用。从 MT 指数的具体数值来看，2002 年首次达到最高水平，为 0.0008，之后稍加调整后又多次达到 0.0008 的最高水平。

从调节效应来看，营业税对居民收入分配的调节基本呈现出增强的趋势，2001 年其调节效应仅为 0.02%，之后 2002 年、2004 年和 2011 年其调节效果最高达 0.25%，但是调节效应非常微弱。从图 8 - 5 可以看出，TJXG 曲线几乎和横轴重合。因此经验分析结果表明，1994 年分税制改革以来，营业税在缩小城镇居民收入差距中发挥了积极的正向调节作用，且呈现出逐年增强的趋势，但是调节效应十分微弱。

2. 营业税平均税率的测算

由于《中国统计年鉴》及《中国城市（镇）生活与价格年鉴》把城镇居民分为 7 个收入小组进行统计，所以本书在计算平均税率时，根据 7 分组数据进行计算。平均税率是指每个小组缴纳的营业税与该小组税前总收入的比值，具体计算结果如表 8 - 8 所示。

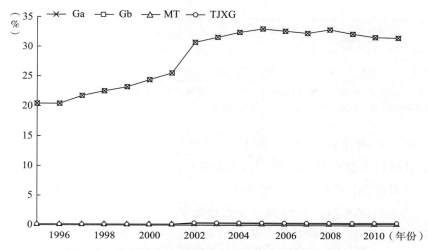

图 8 – 5　税前及税后收入基尼系数、MT 指数及调节效应

注：Ga 表示营业税的税后收入基尼系数，Gb 表示税前收入基尼系数，MT 是税前、税后收入基尼系数的差额，TJXG 是指营业税的调节效应。

表 8 – 8　1995 ~ 2011 年不同收入组的营业税平均税率

年份	最低收入	低收入	中等偏下	中等收入	中等偏上	高收入	最高收入	整体 t
1995	0.0057	0.0057	0.0063	0.0066	0.0069	0.0068	0.0074	0.0067
1996	0.0059	0.0062	0.0066	0.0069	0.0072	0.0072	0.0071	0.0069
1997	0.0066	0.0067	0.0070	0.0073	0.0077	0.0079	0.0083	0.0075
1998	0.0070	0.0071	0.0074	0.0076	0.0079	0.0083	0.0082	0.0078
1999	0.0074	0.0077	0.0076	0.0078	0.0081	0.0085	0.0086	0.0080
2000	0.0077	0.0079	0.0079	0.0082	0.0088	0.0089	0.0085	0.0084
2001	0.0079	0.0082	0.0082	0.0083	0.0085	0.0086	0.0082	0.0083
2002	0.0070	0.0070	0.0077	0.0087	0.0090	0.0102	0.0118	0.0094
2003	0.0061	0.0064	0.0068	0.0075	0.0083	0.0090	0.0107	0.0084
2004	0.0068	0.0073	0.0078	0.0085	0.0094	0.0106	0.0121	0.0097
2005	0.0071	0.0072	0.0081	0.0088	0.0096	0.0103	0.0119	0.0097
2006	0.0062	0.0063	0.0072	0.0079	0.0086	0.0093	0.0107	0.0087
2007	0.0069	0.0074	0.0080	0.0087	0.0095	0.0103	0.0116	0.0096
2008	0.0102	0.0107	0.0114	0.0128	0.0141	0.0160	0.0179	0.0094
2009	0.0059	0.0061	0.0068	0.0076	0.0089	0.0097	0.0106	0.0096

续表

年份	最低收入	低收入	中等偏下	中等收入	中等偏上	高收入	最高收入	整体 t
2010	0.0083	0.0082	0.0093	0.0101	0.0108	0.0120	0.0126	0.0108
2011	0.0076	0.0076	0.0080	0.0089	0.0101	0.0113	0.0116	0.0099

注：根据《中国城市（镇）生活与价格年鉴》中城镇居民家庭收入分组数据中的人均总收入与各个小组缴纳的营业税计算得出，t = 营业税数额/人均总收入。

由表 8 - 8 可知，1995 ~ 2011 年，7 个收入小组的平均税率（最低收入组到最高收入组）基本上是由低到高排序的，营业税表现出明显的累进性，且累进性逐年提高，1995 年最高收入组的税负是最低收入组的 1.30 倍，到 2011 年提高到 1.53 倍，但远远低于个人所得税的累进性；整体平均税率也呈现出上升的趋势，从 1995 年的 0.67% 上升到 2011 年 0.99% 的最高水平，这说明我国营业税的再分配效应日益增强；从各个小组的具体情况来看，营业税虽然呈现累进性特征，但是累进程度偏低，如 2000 年 7 个收入小组的平均税率依次为（从低到高）0.77%、0.79%、0.79%、0.82%、0.88%、0.89% 和 0.85%，呈现微弱的累进性。从图 8 - 6 可以明显地看出，营业税（2011 年）在不同收入阶层之间的分布呈现微弱的累进性。

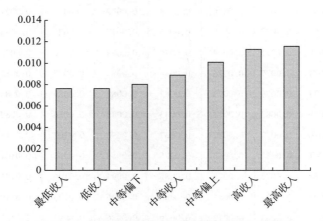

图 8 - 6　2011 年不同收入小组的营业税平均税率

3. 营业税 K 指数的测算

从表 8 - 9 可以看出，1995 ~ 2011 年 K 指数均大于 0，说明 1994 年税制改革后我国营业税呈现出累进性的特征，而且基本上呈现逐年上升的趋势；从 K 指数的数值来看，2008 年处于最高水平，其值为 0.0892；从横向公平来看，H 值在所有年份均是 0，因此我们在分析营业税公平问题时只考虑纵向公平问题。

表 8 - 9 营业税税收集中系数、K 指数及 H 值等指标

年份	C_t	G_b	K	MT	t	$tK/(1-t)$	H
1995	0.2428	0.2038	0.0390	0.0003	0.0067	0.0003	0
1996	0.2314	0.2039	0.0275	0.0002	0.0069	0.0002	0
1997	0.2556	0.2180	0.0376	0.0003	0.0075	0.0003	0
1998	0.2524	0.2255	0.0269	0.0002	0.0078	0.0002	0
1999	0.2589	0.2324	0.0265	0.0002	0.0080	0.0002	0
2000	0.2658	0.2448	0.0210	0.0002	0.0084	0.0002	0
2001	0.2628	0.2553	0.0075	0.0001	0.0083	0.0001	0
2002	0.3916	0.3090	0.0826	0.0008	0.0094	0.0008	0
2003	0.4046	0.3175	0.0871	0.0007	0.0084	0.0007	0
2004	0.4132	0.3261	0.0871	0.0008	0.0097	0.0008	0
2005	0.4102	0.3321	0.0781	0.0008	0.0097	0.0008	0
2006	0.4101	0.3285	0.0816	0.0007	0.0087	0.0007	0
2007	0.4005	0.3244	0.0761	0.0007	0.0096	0.0007	0
2008	0.4195	0.3303	0.0892	0.0008	0.0094	0.0008	0
2009	0.4093	0.3235	0.0858	0.0008	0.0096	0.0008	0
2010	0.3846	0.3180	0.0666	0.0008	0.0108	0.0007	0
2011	0.3934	0.3175	0.0759	0.0008	0.0099	0.0008	0

注：根据《中国城市（镇）生活与价格年鉴》相关数据计算而得。

8.2.4 消费税的收入分配效应

党的十七大和十八大报告均强调再分配要更加注重社会公平问题。收入分配问题涉及每一个人的切身利益，已经成为全社会关注的热点和难点。消费税作为调节收入分配的重要税种之一，是在增值税普遍征收的基础上选取部分商品并按照其销售数量或销售额进行再次征税，较好地弥补了增值税的累退性，在缩小居民间的收入差距、促进社会公平方面发挥了越来越重要的作用。十八届三中全会明确提出，调整消费税征收范围、环

节、税率，把高耗能、高污染产品及部分高档消费品纳入征税范围。随着消费税改革的进一步深入，消费税将在调节居民收入分配、促进社会公平方面发挥更大的作用。但是目前由于我国消费税改革严重滞后于经济改革，其自身在征税范围、税率等方面存在的缺陷严重地制约了消费税调节收入分配功能的发挥。本章先从理论上阐述消费税在调节收入分配方面的作用，然后使用我国消费税的实际数据进行实证分析，从而测算出我国消费税的实际调节效应。

8.2.4.1　消费税调节居民收入分配的理论分析

税收主要通过对实际可支配收入、消费和财产存量收益的影响来发挥调节居民收入分配的作用，而消费税的收入调节主要针对的是居民的实际消费水平。我国现行的消费税是在 1994 年税制改革的基础上设立的一个税种，是在增值税普遍课征的基础上选择部分商品再次征税，政策性较强。其中，在考虑征税范围时，除了对由于流转税格局的调整而税负下降得比较多的产品征收消费税外，主要选择对一些高档和奢侈的消费品征税。之后在 2006 年对消费税的税目、税率等进行大的调整，这是 1994 年税制改革后消费税最大规模的一次调整，而且更重要的是此次改革也是以收入分配为重点进行的。[①] 因此，从理论上说，消费税具有调节收入再分配的功能。其调控机制是通过征收消费税，从而改变商品之间的相对价格，进而影响不同收入阶层的税收份额，最终达到缩小收入差距、促进分配公平的目的。"消费税对收入分配的调节，主要是通过对不同商品差别税率来实现的。在消费者所消费的商品中，有一些商品主要是由高收入者消费的，有一些主要是由所有消费者共同消费的。根据商品需求的收入弹性，选择弹性大于 1 的商品，单独征收不同税率的消费税，可以在消费支出环节发挥缩小收入差距的作用。"（马国强，2014）消费税的收入再分配功能主要通过税率和征税范围等税制要素的设计来实现。

第一，从消费税的征收范围来看，在消费税税制设计中通过对低收入者不消费或不经常消费的商品和劳务（非生活必需品，大多是高能耗和奢侈消

---

① 将游艇、高尔夫球及球具和高档手表纳入消费税的征税范围，同时将护肤护发品剔除，这在很大程度上起到收入调节的作用。

费品），根据其消费额和消费量征收消费税，最终发挥调节收入分配的功能。

第二，从消费税的征收对象来看，纳税人主要是高收入者或高消费者，而低收入者通常不纳税或缴纳少量的消费税，这也将有利于缩小贫富差距，促进社会收入分配公平。

第三，从消费税的税率来看，对高收入者的奢侈消费行为实行高税率，而对生活必需品实行低税率或免税。

因此，从理论上讲，消费税不仅可以承担收入再分配的功能，而且可以弥补个人所得税对高收入者的灰色收入等调控缺位的缺陷。那么我国的消费税在实际中是否发挥了理论上的再分配功能，本章将在下面的实证分析中进行专门的研究。

8.2.4.2 消费税调节居民收入分配的实证分析

1. 税前、税后收入基尼系数的测算

和研究增值税的收入分配效应一样，根据《中国统计年鉴》和《中国城市（镇）生活与价格年鉴》中城镇居民 7 分组收入数据，使用万分法测算出 1995～2011 年消费税的税前、税后收入基尼系数及调节效应，具体如表 8－10 所示。

表 8－10　1995～2011 年城镇居民消费税税前与税后收入基尼
系数及调节效应

年份	税前收入基尼系数 G_b	税后收入基尼系数 G_a	绝对差额 RE （MT 指数）	调节效应 α （％）
1995	0.2038	0.2044	－ 0.0006	－ 0.29
1996	0.2039	0.2046	－ 0.0007	－ 0.34
1997	0.2180	0.2188	－ 0.0008	－ 0.37
1998	0.2255	0.2264	－ 0.0009	－ 0.40
1999	0.2324	0.2333	－ 0.0009	－ 0.39
2000	0.2448	0.2457	－ 0.0009	－ 0.37
2001	0.2553	0.2566	－ 0.0013	－ 0.51
2002	0.3090	0.3097	－ 0.0007	－ 0.23
2003	0.3175	0.3182	－ 0.0007	－ 0.22

年份	税前收入基尼系数 G_b	税后收入基尼系数 G_a	绝对差额 RE（MT 指数）	调节效应 α（%）
2004	0.3261	0.3267	− 0.0006	− 0.18
2005	0.3321	0.3323	− 0.0002	− 0.06
2006	0.3285	0.3287	− 0.0002	− 0.06
2007	0.3244	0.3247	− 0.0003	− 0.09
2008	0.3303	0.3306	− 0.0003	− 0.09
2009	0.3235	0.3236	− 0.0001	− 0.03
2010	0.3180	0.3180	0	0
2011	0.3175	0.3175	0	0

注：根据《中国统计年鉴》《中国城市（镇）生活与价格年鉴》中的相关数据计算得到。其中，$RE = G_b - G_a$，是税前收入基尼系数与税后收入基尼系数的绝对差额，即 MT 指数；调节效应 $\alpha =$（税前收入基尼系数 − 税后收入基尼系数）/税前收入基尼系数。

从表 8 − 10 可以看出，消费税的基尼系数，无论是税前收入基尼系数，还是税后收入基尼系数，基本上都呈现出先升后降的趋势，税后收入基尼系数在 2005 年达到 0.3323 的最大值之后有所下降，这说明我国城镇居民收入差距进一步拉大，但 2008 年之后有所减缓。

从 MT 指数来看，消费税对城镇居民收入差距起到了逆向调节作用，且呈现出先升后降的趋势。除了 2010 年、2011 年的 MT 指数等于 0 外，其他年份的 MT 指数均小于 0，说明消费税发挥了逆向的调节作用。从 MT 指数的具体数值来看，2001 年达到最高水平，为 0.0013，之后 MT 指数呈现下降的趋势，2010 年和 2011 年降到 0 的最低水平。

从调节效应来看，消费税对居民收入分配基本上起到逆向调节作用，但是调节效应非常微弱。从图 8 − 7 可以看出，TJXG 曲线在 2004 年之前位于 0 的下方，具有明显的逆向调节效应。2001 年，其逆向调节效应最大为 0.51%，但 2005 年之后逐渐向 0 逼近，至 2010 年、2011 年达到 0，这说明消费税的逆向调节效应在逐渐减弱，转为中性调节。因此，经验分析结果表明，1995 ~ 2009 年，消费税在缩小城镇居民收入差距方面并没有发挥理论上所谓的收入分配作用，相反在我国的实践中反而进一步加大了居民间的收入差距，但其逆向调节趋势逐渐减弱；2010 ~ 2011 年，其调节效应已经由逆向调节转为中性调节。

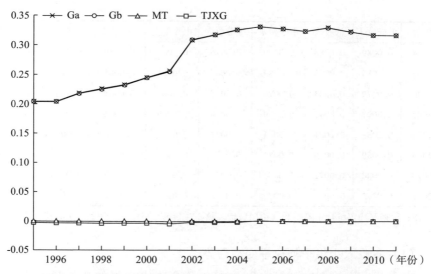

图 8 - 7　消费税税前和税后收入基尼系数、MT 指数及调节效应

注：Gb 表示消费税的税前收入基尼系数，Ga 表示消费税税后收入基尼系数，MT 是税前、税后收入基尼系数的差额，TJXG 是指消费税的调节效应。

2. 平均税率的测算

由于《中国统计年鉴》及《中国城市（镇）生活与价格年鉴》均把城镇居民分为 7 个收入小组进行统计，所以本书在计算平均税率时，根据 7 分组数据进行计算。平均税率是指每个小组缴纳的消费税与该组居民税前总收入的比重，具体计算结果如表 8 - 11 所示。

表 8 - 11　1995～2011 年不同收入小组的消费税平均税率

年份	最低收入	低收入	中等偏下	中等收入	中等偏上	高收入	最高收入	整体 t
1995	0.0119	0.0117	0.0115	0.0108	0.0103	0.0098	0.0085	0.0095
1996	0.0121	0.0117	0.0111	0.0104	0.0102	0.0092	0.0079	0.0101
1997	0.0129	0.0125	0.0119	0.0106	0.0101	0.0093	0.0080	0.0103
1998	0.0124	0.0129	0.0116	0.0107	0.0095	0.0088	0.0074	0.0100
1999	0.0131	0.0124	0.0112	0.0099	0.0091	0.0085	0.0073	0.0096
2000	0.0128	0.0123	0.0116	0.0101	0.0095	0.0083	0.0071	0.0097
2001	0.0132	0.0123	0.0117	0.0102	0.0092	0.0080	0.0049	0.0092
2002	0.0102	0.0093	0.0087	0.0077	0.0070	0.0061	0.0049	0.0070
2003	0.0094	0.0091	0.0084	0.0076	0.0068	0.0062	0.0050	0.0069

续表

年份	最低收入	低收入	中等偏下	中等收入	中等偏上	高收入	最高收入	整体 t
2004	0.0089	0.0088	0.0079	0.0076	0.0066	0.0059	0.0057	0.0068
2005	0.0085	0.0095	0.0089	0.0087	0.0081	0.0085	0.0112	0.0092
2006	0.0079	0.0083	0.0076	0.0077	0.0068	0.0065	0.0069	0.0071
2007	0.0091	0.0091	0.0079	0.0074	0.0069	0.0071	0.0069	0.0073
2008	0.0088	0.0081	0.0075	0.0071	0.0067	0.0066	0.0065	0.0070
2009	0.0089	0.0080	0.0077	0.0075	0.0075	0.0073	0.0072	0.0075
2010	0.0080	0.0071	0.0074	0.0073	0.0073	0.0073	0.0073	0.0073
2011	0.0075	0.0072	0.0070	0.0072	0.0072	0.0072	0.0070	0.0071

注：根据《中国统计年鉴》和《中国城市（镇）生活与价格年鉴》中的相关数据计算得到。

（1）各收入小组平均税率变动趋势

由表 8 - 11 可知，1995 ~ 2011 年，7 个收入小组的平均税率（由最低收入组到最高收入组）基本上是由高到低排序的，我国消费税表现出明显的累退性，且累退性呈现出先升后降的特征。1995 ~ 2001 年其累退性逐年增强，如 1995 年最低收入组的税收负担率是最高收入组的 1.51 倍，到 2001 年达到最大值 2.69 倍。2002 ~ 2011 年（2005 年除外），其累退性逐年减弱，2011 年基本上呈现比例税的特征。2011 年，从最低收入组到最高收入组，其消费税税收负担率依次为 0.75%、0.72%、0.70%、0.72%、0.72%、0.72% 和 0.70%。可见，消费税的平均税率随着收入的增加而减少，呈现累退税特征，而且其累退性逐年减弱，并有逐步向累进性转变的趋势。

从图 8 - 8 可以明显地看出，消费税（2011 年）基本上呈现出累退性的特征：最低收入组承担的消费税税负最重，最高收入组承担的税负最轻；中等偏下收入组承担的税负不仅低于最低收入组和低收入组，而且低于中等收入、中等偏上及高收入组；中等收入、中等偏上、高收入及最高收入组表现出明显的累退性。

（2）具体消费品的平均税率

从表 8 - 12 可以看出，2011 年 7 个收入小组中，烟草和酒的平均税率（由最低收入组到最高收入组）基本上是由高到低排序的，表现出明显的累退性。其中，烟草的累退性较强，最低收入组的税收负担率是最高收入

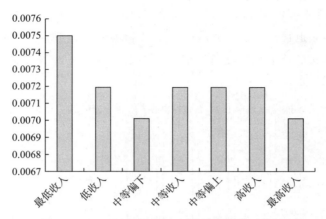

图 8 - 8　2011 年不同收入组的消费税平均税率

组的 2.12 倍；而在酒的税收负担率中，最低收入组仅是最高收入组的
1.75 倍。消费税设计的目的之一是选择部分消费品以引导消费、促进收入
分配公平。在烟草、酒的消费中，消费税没有发挥应有的调节作用的主要
原因在于人们的收入水平和消费选择并不完全同步进行。在很多国家，低
收入者对烟草、酒的消费比例远远大于高收入者，而且随着收入的提高，
居民用于该方面的支出表现出明显下降的趋势。近年来我国多次提高卷烟
的税率，将导致税负更多地向中低收入群体倾斜，这是消费税逆向调节的
症结所在。相反，家庭交通工具和车辆用燃料消费税的税收负担率呈现出
累进性特征，即 7 个收入小组中，其平均税率（由最低收入组到最高收入
组）基本上是由低到高排序的。其中，家庭交通工具的累进性较强，最高
收入组的税收负担率是最低收入组的 9 倍，而在车辆用燃料的税收负担率
中，最高收入组仅是最低收入组的 4.25 倍。

表 8 - 12　2011 年各具体消费品承担的消费税税负

项目	最低收入	低收入	中等偏下	中等收入	中等偏上	高收入	最高收入
烟草	0.0055	0.0047	0.0045	0.0042	0.0037	0.0033	0.0026
酒	0.0014	0.0013	0.0013	0.0011	0.0011	0.0010	0.0008
家庭交通工具	0.0002	0.0006	0.0006	0.0010	0.0012	0.0015	0.0018
车辆用燃料	0.0004	0.0006	0.0007	0.0009	0.0012	0.0015	0.0017
总税负	0.0075	0.0072	0.0070	0.0072	0.0072	0.0072	0.0070

注：根据《中国统计年鉴》和《中国城市（镇）生活与价格年鉴》中的相关数据计算得到。

从图 8 - 9 可以明显地看出，烟草、酒在 7 个收入小组中呈现累退特征，且烟的累退性更强；而家庭交通工具和车辆用燃料则呈现出轻微的累进性，但其累进性不足以抵消烟草、酒的累退性，所以消费税在整体上呈现累退特征。

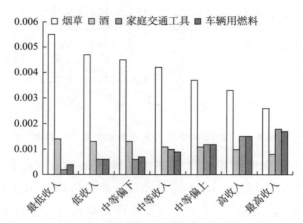

图 8 - 9 2011 年不同收入小组不同消费品所承担的消费税税负

3. K 指数的测算

从表 8 - 13 可以看出，1995 ~ 2011 年消费税的 K 指数均小于 0 (2005 年除外)，说明 1994 年税制改革后我国的消费税是累退的。消费税 K 指数的绝对值基本上和增值税一样也呈现出先升后降的特征，1995 ~ 2001 年累退性呈现出上升的趋势，其中 2001 年处于最高水平，其值为 0.1387；2002 年之后基本上又呈现出下降的趋势，这说明虽然消费税是累退的，但是其累退性在逐年减弱。从横向公平来看，大多年份的 H 值为 0，这证明了 Kakwani 简化公式的精确性，从而在分析消费税税负公平问题时只考虑纵向公平问题。

表 8 - 13 消费税税收集中系数、K 指数及 H 值等指标

年份	C_t	G_b	K	MT	t	$tK/(1-t)$	H
1995	0.1504	0.2038	- 0.0534	- 0.0006	0.0104	- 0.0006	0
1996	0.1409	0.2039	- 0.0630	- 0.0007	0.0101	- 0.0006	- 0.0001
1997	0.1422	0.2180	- 0.0758	- 0.0008	0.0103	- 0.0008	0
1998	0.1356	0.2255	- 0.0899	- 0.0009	0.0100	- 0.0009	0

年份	C_t	G_b	K	MT	t	$tK/(1-t)$	H
1999	0.1390	0.2324	-0.0934	-0.0009	0.0096	-0.0009	0
2000	0.1497	0.2448	-0.0951	-0.0009	0.0097	-0.0009	0
2001	0.1166	0.2553	-0.1387	-0.0013	0.0092	-0.0013	0
2002	0.1989	0.3090	-0.1101	-0.0007	0.0070	-0.0008	0.0001
2003	0.2163	0.3175	-0.1012	-0.0007	0.0069	-0.0007	0
2004	0.2475	0.3261	-0.0786	-0.0006	0.0068	-0.0005	-0.0001
2005	0.3612	0.3321	0.0291	0.0003	0.0092	0.0003	0
2006	0.2960	0.3285	-0.0325	-0.0002	0.0071	-0.0002	0
2007	0.2836	0.3244	-0.0408	-0.0003	0.0073	-0.0003	0
2008	0.2910	0.3303	-0.0393	-0.0003	0.0070	-0.0003	0
2009	0.3027	0.3235	-0.0208	-0.0001	0.0075	-0.0002	0.0001
2010	0.3143	0.3180	-0.0037	0	0.0073	0	0
2011	0.3137	0.3175	-0.0038	0	0.0071	0	0

注：根据《中国统计年鉴》和《中国城市（镇）生活与价格年鉴》中的相关数据计算得到。

8.2.5 流转税的收入分配效应

8.2.5.1 流转税税前、税后收入基尼系数的比较

根据《中国统计年鉴》和《中国城市（镇）生活与价格年鉴》中城镇居民 7 分组收入数据，使用万分法测算出 1995 ~ 2011 年流转税的税前和税后收入基尼系数及调节效应，具体如表 8 - 14 所示。

表 8 - 14 1995 ~ 2011 年流转税税前和税后收入基尼系数及调节效应

年份	税前收入基尼系数 G_b	税后收入基尼系数 G_a	绝对差额 RE（MT 指数）	调节效应 α（%）
1995	0.2038	0.209	-0.0052	-2.56
1996	0.2039	0.2094	-0.0054	-2.67
1997	0.2180	0.2236	-0.0056	-2.56
1998	0.2255	0.2315	-0.006	-2.67
1999	0.2324	0.2385	-0.0062	-2.66

年份	税前收入基尼系数 G_b	税后收入基尼系数 G_a	绝对差额 RE （MT 指数）	调节效应 α （%）
2000	0.2448	0.2513	-0.0065	-2.65
2001	0.2553	0.2624	-0.0071	-2.77
2002	0.3090	0.316	-0.007	-2.27
2003	0.3175	0.3249	-0.0074	-2.35
2004	0.3261	0.3336	-0.0075	-2.31
2005	0.3321	0.3369	-0.0049	-1.47
2006	0.3285	0.3333	-0.0049	-1.48
2007	0.3244	0.3297	-0.0053	-1.64
2008	0.3303	0.3344	-0.0041	-1.24
2009	0.3235	0.3278	-0.0043	-1.33
2010	0.3180	0.3218	-0.0039	-1.22
2011	0.3175	0.323	-0.0055	-1.73

注：根据《中国统计年鉴》和《中国城市（镇）生活与价格年鉴》中的相关数据计算得到。其中，$RE = G_b - G_a$，是流转税税前收入基尼系数与税后收入基尼系数的绝对差额，即 MT 指数；调节效应 α =（税前收入基尼系数 - 税后收入基尼系数）/税前收入基尼系数。

1994 年分税制改革后，流转税的税前、税后收入基尼系数均呈现出扩大上升的趋势，而且均在 2005 年达到 0.3321 和 0.3369 的最高点，这说明我国城镇居民收入差距进一步拉大。从图 8 - 10 可以看出，流转税的税前、税后收入基尼系数出现了一定程度的分离，这说明流转税在调节居民收入分配中发挥了显著的作用，但是税后收入基尼系数 Ga 曲线位于税前收入基尼系数 Gb 曲线的上方，进一步显示出流转税的逆向调节作用。

从 MT 指数来看，流转税对城镇居民收入分配起到了逆向调节作用。1995～2011 年 MT 指数均小于 0，说明流转税发挥了逆向的调节作用。1995～2004 年 MT 指数的绝对值逐年增加，说明流转税逆向调节作用逐年增强，即流转税使得居民间的收入差距进一步拉大，而且其程度越来越大。但自 2005 年之后基本呈现出逐年减弱的趋势，从 2004 年的 0.0075 降到 2010 年的 0.0039。

经验分析结果表明，流转税在缩小城镇居民收入差距中起到了逆向调

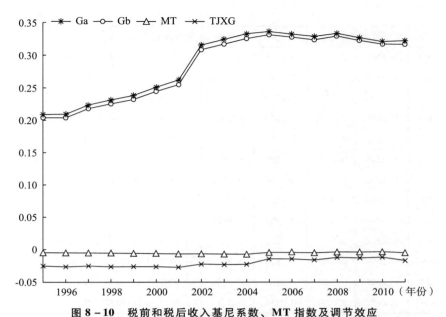

图 8 – 10　税前和税后收入基尼系数、MT 指数及调节效应

注：Gb 表示流转税的税前收入基尼系数，Ga 表示流转税税后收入基尼系数，MT 是税前和税后收入基尼系数的差额，TJXG 是指流转税的调节效应。

节作用，且逆向调节效应较强，远远大于直接税正向的调节效应，这也是我国整体税制再分配逆向调节的主要原因。

8.2.5.2　流转税平均税率的测算

由于《中国统计年鉴》及《中国城市（镇）生活与价格年鉴》均把城镇居民分为 7 个收入小组进行统计，所以本书在计算平均税率时，根据 7 分组数据进行计算。平均税率是指每个小组缴纳的流转税与该小组税前总收入的比重，具体计算结果如表 8 – 15 所示。

表 8 – 15　1995～2011 年我国城镇居民不同收入小组流转税的平均税率

年份	最低收入	低收入	中等偏下	中等收入	中等偏上	高收入	最高收入	整体 t
1995	0.1319	0.1272	0.1228	0.1188	0.1145	0.1087	0.1020	0.1157
1996	0.1347	0.1301	0.1250	0.1208	0.1169	0.1108	0.1030	0.1045
1997	0.1326	0.1249	0.1202	0.1161	0.1109	0.1063	0.0980	0.1127
1998	0.1309	0.1252	0.1176	0.1127	0.1074	0.1041	0.0938	0.1096

年份	最低收入	低收入	中等偏下	中等收入	中等偏上	高收入	最高收入	整体 t
1999	0.1317	0.1234	0.1158	0.1098	0.1056	0.1014	0.0917	0.1075
2000	0.1310	0.1239	0.1182	0.1118	0.1077	0.1025	0.0900	0.1083
2001	0.1301	0.1217	0.1110	0.1090	0.1009	0.0963	0.0840	0.1028
2002	0.1279	0.1152	0.1079	0.1012	0.0956	0.0904	0.0788	0.0960
2003	0.1257	0.1138	0.1065	0.0990	0.0928	0.0872	0.0750	0.0931
2004	0.1266	0.1136	0.1049	0.0972	0.0905	0.0840	0.0749	0.0913
2005	0.1202	0.1112	0.1064	0.1027	0.0968	0.0916	0.0874	0.0975
2006	0.1030	0.0939	0.0886	0.0847	0.0784	0.0739	0.0697	0.0797
2007	0.1057	0.0985	0.0907	0.0853	0.0793	0.0768	0.0696	0.0811
2008	0.0962	0.0881	0.0822	0.0784	0.0737	0.0721	0.0659	0.0751
2009	0.1009	0.0924	0.0870	0.0825	0.0798	0.0763	0.0690	0.0796
2010	0.1005	0.0891	0.0860	0.0832	0.0797	0.0769	0.0705	0.0799
2011	0.1132	0.0994	0.0936	0.0893	0.0849	0.0813	0.0716	0.0851

注：根据《中国城市（镇）生活与价格年鉴》中城镇居民家庭收入分组数据中的人均总收入与各个小组缴纳的流转税计算得出，t = 流转税总额/税前总收入。

由表 8 - 15 可知，1995~2011 年 7 个收入小组的平均税率（由最低收入组到最高收入组）基本上是由高到低排序的，我国流转税表现出明显的累退性，且累退性逐年提高，1995 年最低收入组流转税平均税率是最高收入组的 1.29 倍，到 2011 年提高到 1.58 倍；平均税率整体呈现出逐年下降的趋势，从 1995 年的 0.1157 下降到 2008 年的 0.0751（最低水平），这说明我国流转税的逆向调节作用日益减弱（见图 8 - 11），这和近年来我国实施大规模的减税政策有关。

8.2.5.3　K 指数的测算

从表 8 - 16 可以看出，1995~2011 年流转税的 K 指数均小于 0，说明 1994 年税制改革后我国流转税呈现累退的特征。1995~2004 年其累退性呈现出增强的趋势（K 指数的绝对值越来越大），2005 年有所下降，之后在 2006 年、2007 年有所回升后基本上又趋于下降；从 K 指数的绝对值来看，2004 年处于最高水平，其值为 0.0749，之后有些下降，2006 年后又有所上升，但平均值在 0.0541 左右；从横向公平来看，除了 1996 年的 H 值是

172

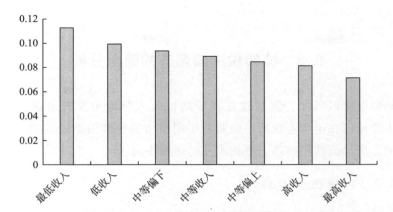

图 8 - 11　2011 年不同收入小组承担的流转税在其收入中所占的比重

- 0. 0006 外，其他年份均为 0。

表 8 - 16　流转税税收集中系数、K 指数及 H 值等指标

年份	C_t	G_b	K	MT	$tK/(1-t)$	H
1995	0. 1640	0. 2038	- 0. 0398	- 0. 0052	- 0. 0052	0
1996	0. 1629	0. 2039	- 0. 0410	- 0. 0054	- 0. 0048	- 0. 0006
1997	0. 1740	0. 2180	- 0. 0440	- 0. 0056	- 0. 0056	0
1998	0. 1766	0. 2255	- 0. 0489	- 0. 0060	- 0. 0060	0
1999	0. 1810	0. 2324	- 0. 0514	- 0. 0062	- 0. 0062	0
2000	0. 1913	0. 2448	- 0. 0535	- 0. 0065	- 0. 0065	0
2001	0. 1936	0. 2553	- 0. 0617	- 0. 0071	- 0. 0071	0
2002	0. 2429	0. 3090	- 0. 0661	- 0. 0070	- 0. 0070	0
2003	0. 2449	0. 3175	- 0. 0726	- 0. 0074	- 0. 0074	0
2004	0. 2512	0. 3261	- 0. 0749	- 0. 0075	- 0. 0075	0
2005	0. 2869	0. 3321	- 0. 0452	- 0. 0049	- 0. 0049	0
2006	0. 2723	0. 3285	- 0. 0562	- 0. 0049	- 0. 0049	0
2007	0. 2642	0. 3244	- 0. 0602	- 0. 0053	- 0. 0053	0
2008	0. 2798	0. 3303	- 0. 0505	- 0. 0041	- 0. 0041	0
2009	0. 2733	0. 3235	- 0. 0502	- 0. 0043	- 0. 0043	0
2010	0. 2737	0. 3180	- 0. 0443	- 0. 0039	- 0. 0039	0
2011	0. 2585	0. 3175	- 0. 0590	- 0. 0055	- 0. 0055	0

注：根据《中国统计年鉴》及《中国城市（镇）生活与价格年鉴》中的相关数据计算得到。

8.3　流转税逆向调节的原因分析

从以上可以看出，流转税在调节居民收入分配中发挥着逆向调节作用，主要原因在于营业税的正向调节作用被增值税和消费税的逆向调节作用抵消，所以流转税整体上呈现出逆向调节作用。

8.3.1　增值税方面

通过以上分析我们可以看出，增值税在收入分配中具有逆向调节作用主要是由 13% 低税率的累退性引起的。而我国增值税主要对少数生活必需品和农业初级产品实行 13% 的低税率。那么为什么 13% 低税率的生活必需品和农业初级产品的平均税率会呈现出累退性的特征？这主要和适用低税率消费品的需求收入弹性有关。

8.3.2　营业税方面

营业税仅对娱乐业实行 5%～20% 的浮动税率，其他大多实行 3% 和5% 两档税率。因此，虽然营业税在调节收入分配中起到了正向调节作用，但是调节效应极其微弱。

8.3.3　消费税方面

消费税在理论上具有很好的调节收入分配的功能，但是本章经过实证分析发现，我国的消费税在实际中并没有发挥理论上的缩小贫富差距、促进社会公平的作用，反而起到了逆向调节作用。那么到底是什么原因导致了消费税调节功能的扭曲？本章主要从消费税本身的税制设计进行说明。

8.3.3.1　消费税在税收总收入中的比重偏低

我国流转税是在增值税和营业税分设，而且在增值税的基础上再设消费税进行特殊调节的税制体系，但是由于其在税收总收入中的比重偏低且呈现下降的趋势，消费税整体上的收入分配功能正在不断弱化。如 1995 年我国消费税（国内）为 541.48 亿元，到 2013 年增加到 8231.32 亿元，增长了 14.20 倍，但其在税收总收入中的占比由 1995 年的 8.97% 下降到 2013 年的 7.45%，低于国外平均占比 10% 的水平。贾康、张晓云（2014）实证分析了消费税的收入分配效应，研究结果发现："中国 2009 年、2010 年消费税占 GDP 比重分别为 1.53% 和 1.70%，比 OECD 成员国的平均水平分别低 1.26 和 1.11 个百分点，比 OECD 成员国中最高的两个国家爱沙尼亚和斯洛文尼亚分别低 3.51 和 2.67 个百分点。"因此，消费税在税收总收入中的比重（或在 GDP 中的比重）偏低严重地弱化了消费税调节收入分配的功能，没有起到税制设计中的缩小贫富差距、促进社会公平的作用。

8.3.3.2 征税范围有限

随着经济结构的调整，服务性消费尤其是高档服务消费的比重在不断上升，但我国消费税的征收范围仅限于商品，没有将服务业纳入消费税的征税范围。1994 年税制改革后我国对消费税进行了多次局部调整，其中基于收入分配目的调整的主要是：2006 年的改革将高尔夫球及球具、高档手表、游艇等税目纳入消费税的征税范围，同时将护肤护发品等已经属于大众消费品范畴的商品从税目中剔除。目前我国消费税税目仅包括 15 种商品，属于典型的"有限型"消费模式。消费税的征税范围应该随着经济发展、国家政策以及消费结构的变化而适当进行调整，目前我国的消费税改革滞后，缺位和越位现象严重，例如普通化妆品、黄酒、啤酒、摩托车等已经由过去的奢侈品变成了现在的普通消费品，对其再征收消费税不仅不能起到调节收入分配的作用，相反会进一步加大居民间的收入差距。另外，过去没有但是近年来出现的高档消费品如私人飞机、高档红木家具等没有被纳入消费税的征税范围，消费税征税范围的越位和缺位严重地制约了其收入再分配功能的发挥。

8.3.3.3 税率结构设计不合理

我国消费税税率结构设计不合理的问题比较突出。第一，一些高档消费品和奢侈品的税率水平偏低，如游艇、高尔夫球及球具仅适用 10% 的比例税率，而这些消费品大多是高收入者消费的，其税率与摩托车的税率相同，较低的税率大大削弱了消费税收入分配功能的发挥。第二，对部分消费品的税率设计采取一刀切的形式，并不能根据产品档次设计相应的税率。如化妆品和金银首饰，均未区分普通消费品和高档消费品，按照统一的税率征税，对低收入群体来说有失公平，这也是消费税收入调节作用未能发挥的重要原因之一。第三，在消费税改革中调高卷烟的税率也是消费税逆向调节的主要原因。烟草、酒在调节居民收入分配中具有累退性，如2009 年将甲类和乙类卷烟的税率由以前的 45% 和 30% 分别提高到 56% 和36%，这将进一步加剧消费税的逆向调节作用。

8.3.3.4　课税环节单一

我国除了卷烟在批发环节，金银首饰、钻石及其饰品在零售环节征收消费税外，其他的均在生产、委托加工和进口环节征收消费税。消费税的征税环节主要在生产环节，便于税收征管，生产者对消费税的变化极其敏感，但消费者对于消费税的变化不敏感，最终使消费税由调节消费变成了调节生产，制约了其收入分配功能的发挥。

8.4　结论

1995 ~ 2011 年增值税的 MT 指数（包括修正后的）均小于 0，这说明增值税在调节居民收入分配中具有逆向调节效应；从增值税调节效应 α 的绝对值来看，其基本上呈现出下降的趋势（2011 年除外），从 1995 年的2.12% 下降到 2010 年的 1.22%，这说明增值税的逆向调节效应逐年减弱；从增值税的平均税率和 K 指数来看，平均税率随着收入等级的提高而下降，而 K 指数的值均小于 0，这验证了增值税的逆向调节作用；分税率来看，17% 的标准税率基本上呈现比例性特征，但是 13% 低税率表现出明显的累退性特征；在考虑农贸市场后，增值税的 MT 指数、平均税率以及 K指数均出现一定程度的下降，但与修正前各指标的变动趋势基本保持一致，仅仅使增值税的收入分配效应、平均税率以及累退性出现了一定程度的下降，并没有改变增值税在居民收入分配中的逆向调节效应。

1995 ~ 2011 年营业税的 MT 指数均大于 0，这说明营业税在调节居民收入分配中发挥了正向调节作用；从营业税调节效应 α 的值来看，其基本上呈现出上升的趋势，从 1995 年的 0.13% 上升到 2011 年的 0.25%，这说明营业税的正向调节效果逐年增强，但与个人所得税相比，其调节效应较弱；从营业税的平均税率和 K 指数来看，平均税率随着收入等级的增加而上升，而 K 指数均大于 0，这验证了营业税的积极调节作用。

1995~2011 年消费税的 MT 指数均小于 0，因此消费税在调节居民收入分配中呈现出逆向调节的特征；从调节效应 α 的绝对值来看，其数据基本上呈现出下降的趋势（2011 年除外），从 1995 年的 0.29% 下降到 2010 年的 0，这说明消费税的逆向调节效应逐年减弱，甚至在 2010 年和 2011 年变为中性调节；从平均税率来看，消费税也呈现累退性的特征，但累退性逐年下降，这说明我国消费税的逆向调节作用日益减弱；从 K 指数来看，其数值小于 0（2005 年除外），这也在一定程度上印证了消费税的逆向调节作用；分税目来看，烟草、酒的平均税率呈现出累退性特征，而家庭交通工具和车辆用燃料却呈现出积极调节的特征。

从整体上看，1994~2011 年流转税的 MT 指数均小于 0，因此流转税在调节居民收入分配中呈现出逆向调节的特征；从调节效应 α 的绝对值来看，其数据基本上呈现出下降的趋势（2011 年除外），从 1995 年的 2.56% 下降到 2010 年的 1.22%，这说明流转税的逆向调节效应逐年渐弱；从平均税率来看，流转税的平均税率也呈现出累退性的特征，且累退性逐年下降，这说明我国流转税逆向调节作用日益减弱；从 K 指数来看，其数值均小于 0，这也在一定程度上验证了流转税的逆向调节作用。

9 税收调节居民收入分配的国际经验借鉴与启示

9.1 样本国家的选取

税制结构的发展变化从根本上说还受经济发展水平的制约。根据世界银行的统计，2012 年我国人均国民总收入为 6101.98 美元，这标志着我国已经达到上中等收入国家水平（人均国民总收入为 4086～12615 美元）。有学者认为我国已经落入"中等收入陷阱"，在该陷阱中的突出特点是经济快速增长的同时社会裂痕扩大，发展目标重在经济增长，忽视社会进步，容易产生两极分化，区域发展不均衡，城乡差距进一步拉大等。针对目前我国贫富差距较大、收入分配不公的现实，税收应该在缩小贫富差距、促进社会公平方面发挥积极的作用。从国际上看，税收不仅是影响一个国家经济发展水平的重要因素，而且在居民收入分配中发挥了重要的调节作用。鉴于此，为了增强可比性，本章选择两种类型的样本国家，以 OECD 国家中的部分具有代表性的发达国家和韩国、印度等新兴国家为样本进行研究，其原因包括以下几个方面。第一，OECD 国家大多是经济发达国家，按照世界银行 2013 年的划分标准，34 个成员国中除了匈牙利（中高收入国家）、墨西哥（中高收入国家）、土耳其（中高收入国家）和朝鲜（低收入国家）外，其余的成员国均为高收入国家，我国未来的发展阶段就是迈进高收入国家行列，因此，以高收入国家为对比目标，可以为我国税制改革提供有益的借鉴。第二，印度、南非等新兴国家的经济发展过程与我国存在一定的相似之处，近年来经济获得了迅速发展，故其税制变迁过程中的成功经验可以为我国税制结构的顺利转变提供启示。第三，为了增强可比性，本章重点考虑样本国家尤其是 OECD 部分成员国处于中高收入阶段的税制，研究这些国家人均国内生产总值在 4086～12615 美元时的税制结构及居民收入分配的具体变化情况，以期为我国在快速迈进高收入国家进程中的税制改革提供有益的经验。

为了方便比较分析，本章在进行国际比较分析时将所得、利润和资本利得税、工资和劳动力税、财产税归为直接税，将商品和劳务税归为间接税，本章没有考虑社会保障税是因为在我国社会保障还仅仅是"费"的形式，也正是这个原因，样本国家直接税和间接税比例之和并不一定等于 100%。

9.2　OECD 国家的国际经验

9.2.1　OECD 国家中高收入阶段人均 GDP 的基本情况

根据世界银行 2013 年 7 月对低收入国家（人均国民总收入 1035 美元以下）、下中等收入国家（1036～4085 美元）、上中等收入国家（4086～12615 美元）及高收入国家（12616 美元以上）的划分标准，本章在 OECD 成员国中选择部分高收入国家（见表 9-1）处于中高收入阶段的税制结构进行具体的分析。由于本书的主要目的在于说明税收对居民收入分配的调节效应，所以在选择样本国家时会考虑该成员国的收入分配情况，如澳大利亚在 1981 年的基尼系数是 31.1%，1985 年为 32.5% 等，远远低于目前我国接近 50% 的水平，以期为我国税制优化提供更多有益的经验和启示。

表 9-1　OECD 部分成员国人均 GDP 基本情况（中高收入阶段）

单位：美元

年份	澳大利亚	加拿大	丹麦	芬兰	英国	日本	新西兰
1971	—	4579	—	—	—	—	—
1972	—	5134	4601	—	—	—	—
1973	4761	5862	6065	4176	—	—	4302

年份	澳大利亚	加拿大	丹麦	芬兰	英国	日本	新西兰
1974	6470	7033	6719	5302	—	4281	4584
1975	6989	7479	7955	6260	4400	4582	4145
1976	7470	8770	8753	6745	4229	5111	4345
1977	7759	8879	9761	7074	4778	6230	4910
1978	8235	9082	11810	7634	6054	8675	5889
1979	9274	9997	13741	9339	7860	8954	6610
1980	10188	11118	13833	11232	10070	9308	7401
1981	11828	12279	11984	10935	9567	10212	7738
1982	12761	12438	11707	10945	9124	9429	7568
1983	11512	13369	11769	10506	8651	10214	7515
1984	12431	—	11478	10842	8139	10787	6645
1985	11436	—	12167	11406	8591	11466	7524
1986	11364	—	17147	14962	10532	16882	9340
1987	11628	—	—	—	12906	—	12215
1988	14262	—	—	—	—	—	13740

注：根据世界银行数据库整理而得。

从表 9-1 可以看出，澳大利亚、新西兰等 OECD 国家自 20 世纪 70 年代开始进入中高收入阶段，而从中高收入阶段成功迈进高收入国家行列平均历时 14.33 年，在 1987 年前后实现了向高收入阶段的快速推进。

9.2.2 OECD 国家的税制结构

OECD 成员国的税制结构是以直接税为主体，即使在中高收入阶段其税制结构也是如此。从 34 个成员国 1965~2013 年直接税占比来看，其占比年均在 40% 以上（若加上社会保障税，为 60%~70%），且呈现出先上升继而稳定再下降的趋势。以澳大利亚、美国为首的高收入国家其直接税占比年均为 65%，但以墨西哥、土耳其和匈牙利为代表的中高收入国家其比重明显较低，如土耳其虽然在 20 世纪 80 年代达到 57% 的最高点，但之后呈现下降趋势。[①]

---

① 根据世界银行数据库数据计算而得。

从图 9 - 1 可以看出，ZJS（直接税占比）远远高于 JJS（间接税占比），若将 SBS（社会保障税）加入 ZJS，其比重会更高。从 ZJS 的变动趋势来看，OECD 国家直接税占比呈现出下降但逐渐趋于稳定的趋势；间接税在 1965～1980 年呈现下降的趋势，1980～1990 年趋于上升，之后趋于稳定；社会保障税自 1965 年以来呈现出上升的趋势。

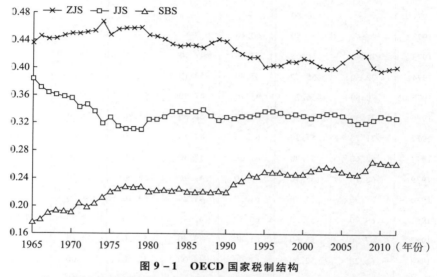

图 9 - 1　OECD 国家税制结构

注：根据世界银行数据库相关数据计算而得，其中 ZJS 是指 OECD 国家直接税占比的均值，JJS 是指间接税占比的均值，SBS 是指社会保障税占比的均值。

9.2.2.1　直接税占比较高

税制结构从根本上说是由一国的经济发展水平决定的，OECD 成员国大多是发达国家，而且很早就进入高收入国家行列，因此，其税制结构主要以直接税为主体。如澳大利亚，1973 年直接税比重为 70.4%，间接税比重为 29.6%；20 世纪 80 年代后，间接税占比略有提高，年均为 31%，但直接税比重仍然远高于间接税占比。

从表 9 - 2 可以看出，OECD 国家直接税占税收总收入的比重较高，若加上社会保障税其比重会更高。如澳大利亚、新西兰和丹麦，其比重均在 60% 以上；加拿大、日本和英国，其比重均为 50%～60%；芬兰直接税比重最低，但是其均值也处于 45% 左右的水平，远远高于我国直接税 30% 的占比。①

表 9 - 2　OECD 部分成员国直接税占比的基本情况（中高收入阶段）

单位：%

年份	澳大利亚	加拿大	丹麦	芬兰	英国	日本	新西兰
1970	—	57.40	—	—	—	—	—
1971	—	56.80	—	—	—	—	—
1972	—	57.50	60.10	—	—	—	—
1973	70.40	56.00	63.50	49.70	—	—	71.20
1974	72.30	55.70	67.80	52.10	—	59.20	71.60
1975	70.60	56.70	65.10	47.50	57.50	53.70	72.80
1976	71.30	56.30	63.70	50.50	55.80	52.30	74.00
1977	71.70	55.30	61.70	47.10	55.70	51.60	74.40
1978	68.60	54.90	61.00	44.50	55.80	53.30	75.80
1979	68.10	55.50	60.10	41.70	56.60	53.10	77.80
1980	68.90	55.70	61.20	41.20	54.10	54.30	75.70
1981	69.70	53.20	60.80	42.90	56.00	53.80	77.00
1982	67.90	53.60	61.00	43.40	53.20	54.10	78.10
1983	66.20	52.90	61.00	44.00	52.60	54.60	76.30
1984	66.90	—	61.70	43.80	51.20	55.00	76.90
1985	67.10	—	62.70	44.00	50.70	55.50	77.70
1986	69.00	—	62.30	44.60	50.60	56.60	76.80
1987	69.90	—	—	—	50.30	58.20	76.50

注：根据世界银行数据库计算而得。

1. 所得税内部结构比较

　　OECD 发达国家的所得税中，个人所得税是主体，企业所得税占比较低。个人所得税是调节居民收入分配的最重要的税种，本章在分析所得税内部结构时，以日本、英国等国家为例进行说明，具体如表 9 - 3 所示。

　　从表 9 - 3 可以看出，OECD 大多数成员国的个人所得税占比均大于企业所得税占比，如美国的个人所得税占比是企业所得税的 3 ~ 4 倍，英国的

---

①　按照世界银行的统计标准，我国直接税的比重年均为 30%。

在 3 倍左右。由于个人所得税是直接针对个人征收的，其调节效应更强，这也是大多数 OECD 国家税收能够有效调节居民收入分配的重要原因。

表 9 - 3　OECD 部分成员国所得税内部结构比较

		2010 年	2011 年	2012 年	2013 年	2014 年
日本	个人所得税	0.29	0.29	0.29	0.30	—
	企业所得税	0.16	0.16	0.18	0.18	—
英国	个人所得税	0.36	0.34	0.33	0.33	—
	企业所得税	0.11	0.12	0.11	0.10	—
美国	个人所得税	0.45	0.48	0.48	0.50	0.49
	企业所得税	0.13	0.12	0.14	0.13	0.16
德国	个人所得税	0.38	0.37	0.38	0.39	—
	企业所得税	0.10	0.11	0.11	0.11	—
澳大利亚	个人所得税	0.38	0.39	0.39	0.39	—
	企业所得税	0.18	0.18	0.19	0.19	—

数据来源：根据 2014 Government Finance Statistics 数据库计算整理而得。

2. 财产税分析

财产税是直接税的重要组成部分，OECD 成员国财产税比重呈现出不规则的变动趋势。如美国财产税比重首先出现下降的趋势，从 1965 年的 15.9% 下降到 2000 年的 10.1%，之后又有所回升，而日本等国则呈现出上升的趋势（见表 9 - 4）。

表 9 - 4　1965~2013 年 OECD 部分成员国财产税在税收总收入中的比重

单位：%

年份	英国	美国	法国	日本	加拿大	澳大利亚	OECD 平均
1965	14.5	15.9	4.3	8.1	14.3	11.5	7.9
1970	12.5	14.2	4.8	7.6	12.8	11	7.6
1975	12.7	13.9	5.1	9.1	9.5	8.8	6.4
1980	12	10.7	4.8	8.2	9.1	7.8	5.3
1985	12	10.7	5.8	9.7	9.3	7.8	5.4
1990	8.2	11.5	6.3	9.4	10	9	5.7
1995	10	11.1	6.7	12.2	10.7	8.8	5.3

续表

年份	英国	美国	法国	日本	加拿大	澳大利亚	OECD 平均
2000	11.6	10.1	6.9	10.5	9.5	8.8	5.5
2005	12	11.4	7.7	9.7	10.7	8.6	5.6
2010	12.1	13	8.5	9.7	11.5	9.3	5.5
2011	11.6	12.3	8.4	9.7	10.9	8.6	5.4
2012	11.9	11.8	8.5	9.1	10.6	8.6	5.5
2013	12.6	14.5	—	12.5	—	—	—

注：根据世界银行数据库相关数据计算而得。

从图 9 - 2 可以看出，OECD 成员国财产税的平均税率是比较稳定的，1965～1980 年财产税比重呈现下降的趋势，占比从 8% 下降到 5.3%，但之后基本保持稳定，在 5.5% 左右波动；具体成员国财产税的变动趋势不明显，其中法国和日本基本上呈现出上升趋势，而其余四国则呈现出相反的下降趋势。

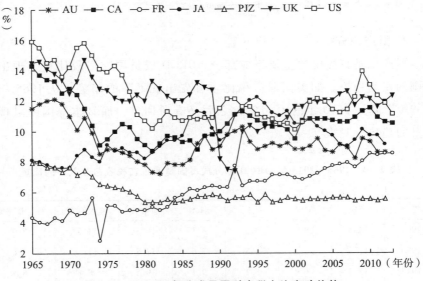

图 9 - 2 OECD 部分成员国财产税占比变动趋势

注：根据表 9 - 4 使用 Eviews 6.0 画出，其中 AU 指澳大利亚，CA 指加拿大，FR 指法国，JA 指日本，PJZ 指 OECD 成员国的平均值，UK 指英国，US 指美国。

发达国家的财产税主要包括房产税、遗产与赠与税，而在我国以上税种是严重缺失的。我国财产税所占的比重近年来呈现出上升的趋势，但是财产税比重非常不稳定，这和大多是在交易环节征收的税有关，而且这也是我国税制没有有效发挥再分配调节作用的主要原因。

9.2.2.2 间接税占比较低

从表 9 – 5 可以看出，OECD 部分成员国间接税占税收总收入的比重较低。经济发展水平越高，间接税在税收总收入中的比重越低。以美国为首的高收入国家，其间接税比重均在 20% 左右，如美国在 20 世 60 年代处于22.8% 的最高点，但之后处于下降趋势，其比重还不到 20%，大多处于17% 左右的水平。而我国的间接税正好相反，1995 年我国间接税占比高达74.27%，之后虽然有所下降，但 2012 年的占比仍然在 60% 以上，远远高于 OECD 成员国的平均水平。间接税在居民收入分配方面的累退性也是我国税收调节不力的重要原因之一。

表 9 – 5　OECD 部分成员国间接税在税收总收入中所占的比重
（中高收入阶段）

单位：%

年份	澳大利亚	加拿大	丹麦	芬兰	英国	日本	新西兰
1970	—	31.7	—	—	—	—	—
1971	—	32.6	—	—	—	—	—
1972	—	32.4	36.7	—	—	—	—
1973	29.6	34	35.4	36	—	—	28
1974	27.7	34.7	31.8	33.7		16.1	28.5
1975	29.3	32	34.3	31.9	25	17.3	26.1
1976	28.7	31.8	35.6	29.4	25.4	18.1	27.8
1977	28.3	32.7	37.5	31.5	25.7	17.5	27.1
1978	31.3	32.3	38.2	35.1	26.2	17.3	27.3
1979	31.8	32.6	38.8	35.9	25.9	17.5	25.9
1980	31.1	32.6	37.5	35.3	29.2	16.3	24.1
1981	30.3	33.9	37.5	34.2	27.8	15.9	24.2
1982	32.1	33.3	37.1	34.7	29.7	15.4	25.4
1983	33.8	32.5	36	34.9	29.4	15.2	26.3
1984	33.2	—	35.2	35.1	31	15.1	26
1985	32.8	—	34.3	33.9	31.5	14	25.4

年份	澳大利亚	加拿大	丹麦	芬兰	英国	日本	新西兰
1986	31	—	35.3	33.5	31	13.3	25.3
1987	30.2	—	—	—	31.5	12.9	24.9
1988	28.5	—	—	—	—	—	24.3

注：根据世界银行数据库相关数据计算而得。

9.2.3 OECD 国家税收对收入分配的调节效应

9.2.3.1 美国税收的收入分配效应

美国的税制结构以直接税为主体，其以个人所得税为主体，在收入分配中发挥着重要的调节作用。同时消费税、财产税、遗产与赠与税和社会保障税等配合个人所得税发挥调节作用，使得美国的基尼系数经过税收的调节后处于较低的水平。美国税收再分配效应（以基尼系数衡量，下同）是各种税收协调发挥作用的结果，其具体的调节效应如表 9-6 所示。

表 9-6　美国部分年份税收再分配效应

年份	1974	1984	1989	1995	2000	2005	2011
再分配前	0.406	0.436	0.45	0.477	0.476	0.486	0.499
再分配后	0.316	0.337	0.35	0.363	0.36	0.384	0.38
再分配效应	0.09	0.099	0.1	0.114	0.116	0.102	0.119

数据来源：张斌《税制结构的几个问题》，中国税务学会，2015。

注：本表所说的再分配效应是指税收、转移支付和社会保障总的再分配效应，由于没有税收的单一的再分配效应，故以此代替，而且美国的税收在再分配中确实发挥了重大的作用。

从表 9-6 可以看出，美国的收入分配差距也是比较大的。自 20 世纪 70 年代以来，再分配前的基尼系数均超过了 0.4 的国际警戒线，但是经过再分配后，其基尼系数均处于 0.4 以下。这说明政府再分配的调节效应比较明显，其中税收作为再分配的重要工具之一，发挥了重要的作用。

9.2.3.2 日本税收的收入分配效应

个人所得税是日本税收的重要组成部分，主要分为源泉所得税和个人住民税两种。日本根据低收入者的税收承受能力制定不同的税率，对于低收入者根据其家庭人数和家庭结构设置最低征税额，或者对低收入者免税，对高收入者实行累进税制。其对应的征管规范分别是代扣代缴制度和自我评定制度，之后为了完善自我评定制度又引入了蓝色申报制度，使得对个人所得税的征管进一步加强，个人所得税收入稳步提高。再加上日本还特别重视继承税①和赠与税对社会财产再分配的调节作用，大大增强了税收的再分配效应，使得日本的基尼系数在经过再分配调节后处于较低的水平，具体如表9-7所示。

表9-7　日本部分年份税收再分配效应

年份	1985	1995	2000	2005	2009
再分配前	0.345	0.403	0.432	0.462	0.488
再分配后	0.304	0.323	0.337	0.329	0.336
再分配效应	0.041	0.08	0.095	0.133	0.152

数据来源：张斌《税制结构的几个问题》，中国税务学会，2015。

从表9-7可以看出，日本基尼系数经过再分配后处于较低的合理水平，除了个人所得税在调节居民收入分配中发挥的重要作用外，还和日本特别重视对社会财产的再分配有关。1905年，为了防止财产过度集中而引起贫富差距拉大，日本政府开征了继承税。之后在1950年经"肖普税制劝告"改革后进一步完善，同时为了防止生前赠与而产生的逃税行为，开征了赠与税，以发挥其对继承税的补充作用。日本继承税的最高边际税率在1988年之前最高为75%，最低为10%，级距为14级；1988～2002年，最高边际税率下调为70%；2003年继续下调为50%，级距缩小为6级；2015年1月1日开始实施，上调了继承税和赠与税的最高边际税率，从50%上调到55%，同时下调继承税的免征额。从国际上看，日本继承税和赠与税的累进性较强，在调节财产再分配中发挥了积极的作用，这也是日本基尼系数处于较低水平的重要原因之一。

9.2.3.3　德国税收的收入分配效应

同美国一样，德国税收也是以个人所得税为主体税种，同时遗产税在

---

① 遗产税在日本被称为继承税。

缩小贫富差距中也发挥了重要的作用。德国个人所得税征收范围较广，在税收总收入中的比重在 40% 以上，尤其是工资税的最高边际税率曾高达56%，后来有所降低，2005 年下降到 45%。德国的基尼系数在再分配前也处于国际警戒线 0.4 以上的水平，但是经过再分配后，其基尼系数大大降低，处于 0.3 以下的较低水平，具体如表 9-8 所示。

表 9-8 德国部分年份税收再分配效应

年份	1985	1990	1995	2000	2005	2008	2009	2010
再分配前	0.439	0.429	0.459	0.471	0.499	0.494	0.493	0.492
再分配后	0.251	0.256	0.266	0.264	0.285	0.287	0.288	0.286
再分配效应	0.188	0.173	0.193	0.207	0.214	0.207	0.205	0.206

数据来源：张斌《税制结构的几个问题》，中国税务学会，2015。

相比其他发达国家，德国税收的再分配力度最大，其再分配前的收入差距均在 0.4 以上，但经过再分配后，其基尼系数均处于 0.3 以下的合理水平。

9.2.3.4 英国税收的收入分配效应

英国曾经是世界上最早设立个人所得税和遗产税的国家。英国的个人所得税实行超额累进税率，在缩小贫富差距中发挥了巨大的作用。1799年，为了战争的需要，英国首先开征了个人所得税；1874 年，个人所得税成为英国的一个稳定税种，并进行了大幅度的改革，其最高边际税率由83% 下降到 40%；1995 年个人所得税改革后，将级距定为 3 级，即 1 ~3900 英镑，税率为 20%；3901 ~25500 英镑，税率为 24%；25501 英镑以上的，税率为 40%。2013 年，个人所得税在英国税收总收入中的比重为33%，在调节居民收入分配中发挥着重要的作用。

除此之后，英国还针对居民个人财产转移征收遗产与赠与税。英国法律规定，遗产税和赠与税合并在一起征收。遗产税除了对继承人就遗产征收外，还要对死者生前七年内赠与的财产，根据其赠与距死亡的年限，按照不同税率征收，以防止富人通过提前转移财产逃税。

从表 9-9 可以看出，再分配前英国的基尼系数远远超过了 0.4 的国际警戒线，多数年份在 0.5 以上，在世界上属于较高的水平。如 2010 年高达0.523，但经过再分配后，其基尼系数均在 0.4 以下的合理水平。这说明英国税收的再分配效应很强，且呈现出上升的趋势，从 1975 年的 0.109 上升到 2010 年的 0.182，增长了 66.97%。其再分配力度在国际上处于较高的水平。

表 9 - 9   英国部分年份税收再分配效应

年份	1975	1985	1990	1995	2000	2005	2008	2009	2010
再分配前	0.378	0.469	0.490	0.507	0.512	0.503	0.508	0.519	0.523
再分配后	0.269	0.309	0.355	0.337	0.352	0.335	0.342	0.345	0.341
再分配效应	0.109	0.16	0.135	0.17	0.16	0.168	0.166	0.174	0.182

数据来源：张斌《税制结构的几个问题》，中国税务学会，2015。

9.2.4　以美国为代表的 OECD 国家调节居民收入分配的税收政策

美国以直接税为主体的税制结构在调节居民收入分配中发挥了重要的作用。尤其是 20 世纪 30 年代经济大萧条以来，政府把税收作为调节收入分配的重要手段，对于促进社会公平发挥了十分重要的作用。个人所得税、公司所得税、社会保障税、财产税和遗产税组成了一个有力的税收调控体系，在居民收入分配的调节中发挥了极其重要的调节作用，是美国基尼系数处于合理区间的重要原因。

1913 年，美国建立个人所得税税制，税率为 1% ~7% 的累进税率。实行初期，仅对不足 1% 的富人征收个人所得税，这就充分体现了其调节居民收入分配的功能定位。二战前后，随着凯恩斯主义的诞生，美国实行罗斯福新政，个人所得税的最高边际税率在 1944 ~ 1945 年高达 94%，其在税收总收入中的占比在 40% 以上，成为美国的第一大税种。之后，个人所得税经过多次改革，在调节居民收入分配中发挥着重要的调节作用，这与美国个人所得税税制要素的设置密不可分。第一，实行综合与分类相结合的税制模式。对于绝大多数个人所得实行综合计征，其能够全面反映个人负担税收的能力，有利于收入分配公平，再加上综合计征对各种所得一视同仁，符合税收中性原则，能在一定程度上保证效率的实现；此外，对于个人的长期资本所得按照比例税率单独征收，而且针对不同的收入阶层使用不同的税率，如对于低收入者的长期资本所得实行 10% 的税率，对于高

189

收入者实行 20% 的税率。第二，个人所得税设立后经过多次改革，从 2011 年起，调整为五级税率，边际税率分别为 15%、28%、31%、36% 和 39.6%。第三，费用扣除标准特别详细，对于不同的纳税人采取不同的扣除标准，其扣除标准具体包括：个人免税扣除，用于补偿劳动者的基本消耗；家庭生计扣除，主要用于补偿劳动者家庭的基本生活开支；成本费用扣除，主要用来补偿个人为取得收入而付出的代价；捐赠扣除，用来补偿纳税人由于承担社会责任而付出的代价。除此之外还有税收抵免，如勤劳所得抵免、收养孩子抵免、照顾孩子抵免以及老年人和残疾人的抵免等。尽管美国的扣除标准因复杂而受到批评，但是其详尽的扣除标准充分体现了税收量能负担的公平原则。

美国的财产税属于地方税种，在财产的保有环节征收，而且其主要征税对象是不动产，在调节居民收入分配中发挥了十分重要的补充作用。第一，宽税基。美国的财产税除了对慈善、公共等少数机构的不动产免税外，对其余的全部征收。第二，少税种。美国主要在财产的保有环节设置单一的财产税税种，这样不仅能够避免重复征税，而且可以有效地降低征税成本。第三，低税率。美国财产税的税率较低，一般不超过 2.5% 的水平。第四，财产税是从价税，按市场评估价值进行征收。当前美国已经形成了系统的财产评估标准和估价体系。地方政府有专门的评估机构，其估价员是通过选举产生的一些诚实、廉洁的人，能够对财产进行准确的估价，这是美国财产税能够顺利进行的前提和基础。第五，美国财产税是一种受益税，在征收前就明确规定其使用范围和方向。财产税的缴纳和受益相对应，大大提高了税收在公共领域的使用效率，充分体现了其公平性，在一定程度上减少了征税的阻力，促进社会更加和谐与稳定。

9.3　新兴国家的国际经验

9.3.1　新兴国家经济发展的基本情况

从表 9-10 可以看出，新兴国家中印度、泰国和南非还处于中等收入国家水平，而巴西、韩国和新加坡自 20 世纪 70 年代末相继跨出中等收入国家行列，成功进入高收入国家行列。其中，新加坡 1990 年、韩国 1994 年、巴西 2010 年相继跨越"中等收入陷阱"，成为高收入国家，而从上中等收入国家行列成功迈进高收入国家行列平均历时 9.33 年。

表 9 - 10　新兴国家人均 GDP 基本情况

单位：美元

年份	印度	泰国	巴西	南非	韩国	新加坡
1978	—	—	—	—	—	3425.56
1980	271.25	683.01	1930.54	2920.91	1778.48	5003.89
1990	375.89	1508.29	3086.92	3182.24	6642.45	12766.19
1995	383.55	2848.55	4749.81	3973.93	12403.91	24937.31
2000	457.28	1968.54	3694.46	3099.13	11947.58	23793.04
2005	740.11	2689.95	4739.31	5444.10	18657.46	29869.63
2010	1417.07	4802.66	10978.26	7389.96	22151.21	46569.69
2013	1497.55	5778.98	11208.08	6886.29	25976.95	55182.48

注：根据世界银行数据库整理而得。

9.3.2　新兴国家的税制结构

9.3.2.1　税制结构比较

从表 9 - 11 可以看出，泰国自 2005 年起直接税占比超过 40%，之后呈现出逐年上升的趋势，实现了税制结构向双主体的稳定转变，而且直接税比重略低于间接税比重，但在 2011 年之后直接税明显占主体地位，占比超过 50%；而印度以间接税为主体的税制结构在 2005 年之后也向双主体税制结构转变，2008 年之后，直接税占比超过 50%；韩国在 20 世纪 90 年代实现了双主体税制结构的转变，而在 20 世纪 80 年代直接税比重仅为 29%；南非是以直接税为主体的税制结构，自 20 世纪 60 年代独立后，一直使用殖民地时期英国和法国遗留下来的税收制度，即双主体的税制结构，20 世纪 80 年代，其直接税比重处于上升趋势，最高达 68%，90 年代之后，基本处于下降趋势，但其比重依然高于间接税比重；新加坡一直是以直接税为主体的税制结构，近年来其直接税比重有所下降，但依然占主体地位。

表 9 – 11　印度、南非等新兴国家税制结构基本情况

年份	印度		泰国		南非		韩国		新加坡	
	直接税	间接税	直接税	间接税	直接税	间接税	直接税	间接税	直接税	间接税
1980	0.23	0.77	0.21	0.79	0.68	0.31	0.29	0.7	0.67	0.33
1990	0.19	0.81	0.31	0.69	0.58	0.41	0.44	0.51	0.69	0.31
2000	0.36	0.64	0.35	0.65	0.59	0.39	—	—	—	—
2005	0.43	0.57	0.42	0.58	0.59	0.41	0.53	0.47	0.62	0.38
2006	—	—	0.45	0.55	—	—	0.59	0.41	—	—
2007	—	—	0.45	0.55	0.61	0.39	0.58	0.42	0.65	0.35
2008	0.52	0.48	0.48	0.52	0.63	0.37	0.57	0.43	0.59	0.41
2009	—	—	0.47	0.53	0.61	0.39	—	—	—	—
2010	—	—	—	—	0.58	0.42	—	—	—	—
2011	0.55	0.45	0.51	0.49	0.60	0.40	0.56	0.44	0.57	0.43
2012	0.52	0.48	0.50	0.50	0.53	0.47	0.55	0.45	0.62	0.38
2013	0.53	0.47	0.56	0.44	0.53	0.47	0.54	0.46	0.61	0.39

注：1980～2010 年数据根据《国际统计年鉴》相关数据计算而得；2011～2013 年数据根据 2014 Government Finance Statistics 数据库相关数据计算而得。

9.3.2.2　所得税内部结构分析

从新兴国家所得税内部结构来看，除了韩国和南非的个人所得税占比大于企业所得税占比外，巴西、新加坡和印度的个人所得税占比均低于企业所得税，但是这三个国家的个人所得税占比均在 10% 以上，远远大于我国个人所得税 6% 左右的占比（见表 9 – 12）。

表 9 – 12　新兴国家所得税内部结构分析

		2010 年	2011 年	2012 年	2013 年
巴西	个人所得税	0.10	0.10	0.11	0.11
	公司所得税	0.14	0.15	0.14	0.14
韩国	个人所得税	0.20	0.21	0.23	0.23
	公司所得税	0.16	0.18	0.18	0.17
新加坡	个人所得税	0.15	0.15	0.15	0.15
	公司所得税	0.29	0.30	0.29	0.28

续表

		2010 年	2011 年	2012 年	2013 年
南非	个人所得税	0.32	0.32	0.33	0.33
	公司所得税	0.21	0.22	0.21	0.20
印度	个人所得税	—	0.19	0.18	0.19
	公司所得税	—	0.36	0.35	0.34
泰国	个人所得税	0.11	0.11	0.09	0.11
	公司所得税	0.28	0.32	0.32	0.29

注：根据 2014 Government Finance Statistics 数据库计算整理而得。

9.3.3　新兴国家调节居民收入分配的税收政策

从以上可以看出，新兴国家在经济增长的同时，其直接税比重呈现出逐渐上升的态势，个人所得税在所得税中的占比较高，使得其税收在调节收入分配中发挥了积极的作用。本章以韩国和新加坡为例，对其调节居民收入分配的税收政策进行详细的阐述，以期为我国税制改革提供有益的借鉴和启示。

9.3.3.1　韩国调节居民收入分配的税收政策

自 1960 年以来，韩国政府实行出口导向型经济发展战略后，经济获得了持续高速增长，迅速迈入中等发达国家行列，被称为"汉江奇迹"。韩国政府在高度重视经济增长的同时，还非常重视收入分配问题，并采取了一系列措施进行调节，从而使得韩国的收入分配较为公平。

韩国的税收在调节收入分配中发挥了重要的作用。韩国的个人所得税实行的是综合分类制模式：对纳税人全年的应税所得综合计算征收，能够对高收入者进行有效的调节；对于不同收入来源的所得采取相同的税率和扣除办法，这样做不会造成纳税人分解收入并多次扣除费用，相对来说减少了逃税、避税的漏洞，从而在一定程度上增强了个人所得税的调节效应。

韩国财产税在调节居民收入分配中也发挥了很大的作用。韩国的财产税共分为三类：第一类是与不动产取得有关的税，包括所得税、契税、登记税、继承税和赠与税；第二类是与不动产保有有关的税，包括财产税、城市规划税、共同设施税、综合不动产税；第三类是与不动产转让相关的税，包括法人税。其中，综合不动产税是 2005 年 1 月 1 日实施的。韩国的财产税（地方税种之一）是对土地和建筑物普遍征收的，即只要拥有不动产就要缴纳财产税，而综合不动产税是对保有住宅所占用的土地超过一定金额的纳税人课征的，即保有不动产的纳税人除了缴纳财产税以外，还要缴纳综合不动产税，承担重税。

韩国的消费税在调节收入分配中发挥了积极的作用，其在 GDP 中的比重较大，能够在一定程度上抵消增值税的累退性，从而起到调节收入分配的作用。

韩国政府对于税收征管一直非常重视，尤其是在 20 世纪 60 年代后加大了税收征管的力度。对于征管难度较大的个人所得税和法人税，除了实行源泉扣缴、预缴制度以及加大对偷逃税的惩罚力度外，还建立了"绿色申报表"制度。"绿色申报表"制度主要是为了提高纳税人的自愿遵从度，是对会计记录较为健全的纳税人使用的一种税收优惠制度。

韩国政府除了使用税收来调节收入分配外，还注重其他再分配手段的配合使用，如不断扩大社会保障的覆盖范围。近年来，随着经济实力的增强，韩国政府在社会保障方面的投入逐年提高，并建立了较为完善的社会保障体系，从而发挥其调节收入分配的作用。

9.3.3.2 新加坡调节居民收入分配的税收政策

1959 年，新加坡获得自治后，经济获得了高速发展，从一个十分落后的贫穷国家一跃成为亚洲富国之一。经济的快速发展，与其税制有着密不可分的关系。自治初期，新加坡的税制比较简单。随着经济的增长，其税制也日渐完善，实现了从以间接税为主体的税制结构向以所得税为主体的税制结构的转变。

伴随着经济的增长，新加坡收入分配方面也出现了明显的变化。低收入阶层的比重迅速下降，中等收入阶层的比重不断提高，使得其收入分配出现显著的改善。据统计，1966 年新加坡基尼系数为 0.498，远超过国际警戒线 0.4 的水平，但到了 1980 年和 1988 年，其基尼系数分别下降到 0.400 和 0.307（陈宗胜，1999）。

新加坡的个人所得税实行的是 7 级累进税率，从 2012 年开始，其税率调整到 2%～20%，尤其是进一步降低了中等收入阶层的所得税。个人所得税经过调整后，有力地保障了中等收入阶层的利益，大大改善了其收入分配状况。

新加坡政府还特别重视房产税和汽车税对居民收入分配的调节。2012年，税制改革进一步调整了房产税和汽车税，并提高了其累进性。调整后，"大约 1.2 万个高档自住住宅（1%）的屋主将面对更高的产业税，而多达 95 万个（约 99%）自住住宅屋主的产业税会降低。货车、公共汽车以及出租车将享受长达一年 30% 的路税返还的优惠。那些高档住宅业主和豪华汽车的车主必须支付更多的税款，以达到'劫富济贫'，让低薪和中等收入家庭受益的目的"（熊琦，2014）。

9.4　借鉴与启示

9.4.1　优化税制结构

9.4.1.1　提高直接税比重

从以上可以看出，不管是 OECD 部分发达国家，还是新兴国家中成功跨越"中等收入陷阱"的国家，经济发展水平越高，直接税所占的比重就越大；所得税内部结构中，个人所得税的比重较高，企业所得税的比重相对较低；财产税的比重也较高。

我国在人均 GDP 已经超过 6000 美元的经济发展水平下，应该大力提高直接税的比重，充分发挥其再分配职能；调整直接税内部结构，在所得税方面增加个人所得税的比重，减少企业所得税的比重，实现所得税内部结构的逆转；财产税内部结构实现逆转，增加财产保有环节的税，减少财产转让环节的税，真正发挥财产税缩小贫富差距的再分配功能；建立统一的社会保障制度，适时推进社会保障"费改税"，以增加直接税的比重，促使税制结构向双主体税制结构转变。

9.4.1.2　降低流转税比重

从样本国家税制结构的发展来看，经济发展水平较低的国家其间接税的比重较高，直接税的比重较低；直接税具体税种中企业所得税的比重偏高；财产税的比重较低。我国间接税比重严重偏高，最高占比超过 70%，虽然近年来有所下降，但仍然保持在 60% 左右，大大高于 OECD 国家 30% 的平均水平。因此，我国在未来的税制改革中应该大大降低间接税的比重，以消除其累退性，从而在一定程度上增强税收的调节效应。

9.4.2　充分发挥税收调控体系的协同作用

OECD 国家的基尼系数在再分配前均超过了 0.4 的国际警戒线水平，但经过再分配调节后均处于 0.4 以下的合理水平。这说明发达国家的税收调控体系在再分配中发挥了重要的调节作用，其中个人所得税和遗产与赠与税均发挥了重要作用。其主要原因在于以下几个方面。第一，发达国家的个人所得税税制比较健全，免征额、税率、征税范围以及税收优惠等要素设计比较科学，考虑得比较周到，使得其具有较强的累进性。第二，个人所得税是主体税种，在税收总收入中的比重在 40% 左右，这就有力地保证了个人所得税调节功能的发挥。第三，发达国家还特别重视对财产再分配的调节，遗产与赠与税的不断完善在一定程度上防止了财产的过度集中，这在一定程度上补充了个人所得税仅对收入流量调节的不足，最终使得基尼系数在再分配后大大下降。

9.4.3　税收征管制度的完善是税收发挥调节效应的前提

20 世纪 60 年代，韩国和新加坡的收入差距也比较大，其基尼系数均超过了国际警戒线 0.4 的水平，但是两国并没有急于使用税收进行调节，而是颁布了一系列的措施来加强税收征管，之后再通过税收手段进行调节，使得基尼系数大大降低。税收征管是税收有效发挥调节效应的前提条件，如果税收征管制度不完善，即使再完美的税收制度，也不可能充分发挥其应有的调节功能。此外，为了增强居民的纳税意识和税收的透明度，本书认为有必要借鉴国外的做法，将税收再分配的实际效应在年度报告中进行具体的说明，在提高财政透明度的同时让居民清楚地知道其缴纳的税收到底发挥了什么样的作用，从而进一步提高纳税人的纳税意识，这样有利于税收的进一步征收管理。

10 增强税收调节居民收入分配
效应的对策建议

10.1 总体思路

10.1.1 逐步提高直接税比重，优化税制结构

从国际比较中可以看出，不管是 OECD 国家还是新兴国家，其较低的基尼系数均与较强的再分配效应密切相关，而较强的再分配效应又与以直接税为主体的税制结构密切相关。《"十三五"规划纲要》明确指出：按照优化税制结构、稳定宏观税负、推进依法治税的要求全面落实税收法定原则，建立税种科学、结构优化、法律健全、规范公平、征管高效的现代税收制度，逐步提高直接税比重。因此，要增强税收的调节效应，就必须进一步优化税制结构，提高直接税的比重，降低间接税的比重。

10.1.2 完善税收调节体系，发挥税收调节合力

税收在调节居民收入分配中，不能片面强调某一个税种的调节作用，而应该综合考虑税收调控的协同作用，发挥其税收调节的合力。唯有这样，税收在居民收入分配中的调节效应才能更加突出。我国理论界一提到税收的调节，就自然而然地和个人所得税联系在一起，这是片面的观点。当前我国税收调节效应不佳的重要原因除了个人所得税存在的问题之外，更重要的原因在于对财产调节的税种缺位，而财产差距在当前更为严重。而且目前在我国一提到贫富差距，人们就会自然而然地和收入差距相联

系，其实在贫富差距中更严重的是财产差距，再加上税收对财产的调节缺位，导致了目前的局面。《"十三五"规划纲要》明确指出：完善地方税体系，推进房产税立法；完善消费税制度；加快建立综合与分类相结合的个人所得税制度。因此，完善税收调节体系，发挥税收调节的合力，能够在一定程度上增强税收的调节效应，缩小居民间的贫富差距，促进社会的和谐与稳定。

10.1.3 建立适合自然人纳税的税收征管体系

税收调节居民收入分配的效应还受到税收征管能力和水平的制约，税收征管应该能够保证税收政策的正确、及时和有效执行。当前我国税收征管的格局是和以流转税为主体的税制结构相对应的，其基本特征是"间接+截流"，即其主要偏向于征收间接税和以现金交易为依据的税，从而在一定程度上难以有效提高直接税的比重，最终大大制约了其调节收入分配的功能。因此，在税制的进一步改革中，要增强税收的调节作用，首先要修订和完善《税收征管法》等相关的法律法规，建立适合自然人纳税的税收征管体系，以与直接税比重的逐步提高相对应；其次，还要考虑跨部门信息共享机制、跨区域的综合计征信息系统等相关配套设施的建设问题。

10.1.4 把税收放在整个财政的框架内综合评估财税政策的调节效应

"税收制度是国家财税体制的重要组成部分，改革总的方向是优化税制结构、完善税收功能、稳定宏观税负、推进依法治税，充分发挥税收筹集财政收入、调节分配、促进结构优化的职能作用。"（楼继伟，2015）税收作为政府财政政策的重要调节工具之一，在研究其收入调节效应时，应该将其放在整个财政的视角中，综合评估财税工具的调节效应。皮凯蒂认为要更好地发挥税收的调节作用，就必须思考其局限性。应该把税收、社会保障和转移支付等再分配工具综合在一起，综合评估财税工具的调节效应，发挥财税工具的协同效应。在此基础上，再考虑税收在居民收入分配中的调节效应，更具现实意义。

10.1.5　把财税政策放在整个经济的范围考虑其调节效应

财税政策是国家调控经济的重要手段之一，同样在研究财税工具的协同调节效应时，更应该把财税政策放在整个经济的范围内考虑其调节效应。当前我国经济已经进入中高速发展阶段，供给侧改革成为经济中的重点。其中供给侧改革的重点之一就是降低企业成本、激发企业的竞争优势。而财税方面对其的支持就是减轻企业税费，直接的办法就是结构性减税。而本书基于收入分配视角的研究表明，要增强税收在居民收入分配中的调节效应同样要减税，尤其是减少流转税和企业所得税的比重。因此，在调节居民收入分配中，除了强调税收以及财政的调节效应外，还应该高度重视其他影响因素，即进行相应的配套改革。

10.2　增强税收调节居民收入分配效应的对策建议

10.2.1　所得税的调整和完善

10.2.1.1　实现所得税内部结构的优化

基于收入分配的视角，当前我国所得税改革应该提高个人所得税比重，减少企业所得税比重。从本书第9章国际比较中可以看出，国外所得税结构中个人所得税占比较大，企业所得税占比较小。而我国所得税内部结构与此正好相反，企业所得税占比在80%以上，而个人所得税占比偏低，这也是我国税收调节效应不佳的重要原因。因此，为了增强税收的收入分配效应，应该进一步优化所得税的内部结构，即降低企业所得税的比重，提高个人所得税的比重。而个人所得税比重的提高又依赖于其自身税制的改革和完善。

10.2.1.2　个人所得税的改革与完善

1994年税制改革后，个人所得税进行了多次修正，但是大多以费用扣除标准的提高为主要内容（如 2006 年以来我们曾三次提高费用扣除标准，将其从 800 元提高到 3500 元），这就引起我们的反思，个人所得税为什么要改革？改革的方向和目的是什么？税收除了筹集财政收入的基本职能外，还具有调节收入分配、促进社会公平的职能。中国目前 GDP 位居世界第二，仅次于美国，已经是经济大国，但还不是现代大国。要实现从经济大国到现代大国的飞跃，就必须推进国家治理的现代化。十八届三中全会明确指出，财政是国家治理的基础和重要支柱。因此，要实现国家治理的现代化，就必须建立现代化的税制，让税收负担的分配离社会公平的目标更近一些，即个人所得税的改革应该以促进社会公平为基本方向。鉴于此，我国今后个人所得税改革应该主要采取以下措施。

1. 提高个人所得税在税收总收入中的比重

逐步提高个人所得税在税收总收入中的比重，优化和完善税制结构，尽快建立双主体的税制结构，以增强税收的再分配功能，缩小贫富差距，促进社会公平。具体措施主要有：第一，改变个人所得税改革中多次提高费用扣除标准的方法，将更多的人纳入个人所得税的征税范围；第二，加强对高收入行业和群体的税收征管，防止其偷逃税，从而在一定程度上增加个人所得税收入，进而增强其调节效应。

2. 建立综合与分类相结合的个人所得税税制模式

建立综合与分类相结合的个人所得税税制在我国明确提出已有近 20 年的时间，但是一直没有突破性的进展。十八届三中全会的《决定》再次提出了该改革目标，因此应该合理划分分类课税项目和综合课税项目，对劳动所得（工资薪金、劳务报酬、稿酬所得和特许权使用费所得）实行综合征收，即将全部劳动所得汇总，减掉法定减免和扣除项目后，再将其按超额累进税率征税，在具体操作中应该建立个人劳动报酬统一汇总制度，将个人收入信息按其就业单位分布传送至当地税务局以便征税。对资本所得（利息、股息、红利、财产转让和财产租赁）实行分类征收的模式和差别税率，对资本所得征税重点聚焦在短期投机行为而非长期投资行为，确保在调控收入项目来源的同时，不影响资本市场的健康发展。这样不仅能够更好地体现量能负担的原则，而且不会缩小税基，与累进税率结合使用还能够更好地起到缩小贫富差距的作用。

从国际上看，多数国家实行综合个人所得税税制。贾康、梁季（2012）

的研究表明，世界范围内大约有 110 个国家（地区）征收个人所得税，其中有 87 个国家（地区）先后实行了综合税制。英国在 1799 年开始征收个人所得税时采取的是分类税制，其在 1909 年实现从分类征收向综合征收的转变。美国在 1913 年刚开始征收个人所得税时采取的也是综合税制；大多数发展中国家如马来西亚、墨西哥等采用的也是综合个人所得税制。因此，从收入分配的视角来看，我国个人所得税的改革还不能仅仅停留在综合与分类相结合的改革目标上，等条件成熟后应进一步完善个人所得税税制，采用综合个人所得税制。

3. 科学、合理地设计税率

在我国实行综合与分类个人所得税税制模式的基础上，税率水平的确定也是其税制设计的基本要素之一。本节认为，综合所得使用超额累进税率，这是因为其主要反映了居民的家庭生活成本，体现了量能负担原则，有利于实现收入分配公平的社会目标。从国际上看，OECD 国家个人所得税最高边际税率的均值在 35% 左右，而我国最高边际税率为 45%，过高的边际税率极易造成税收收入的流失，滋生大量的偷逃税行为。因此，在我国实行综合与分类相结合的个人所得税税制后，应该进一步加大税率的调整力度，尤其是对最高边际税率的调整。具体来讲，可以将目前个人所得税工薪所得 3%～45% 的 7 级超额累进税率调整为 3%～40% 的 5 级超额累进税率，即全年应纳税所得额不超过 60000 元的部分，按照 3% 的税率征收；60000～300000 元的部分，按照 10% 的税率征收；300000～600000 元的部分，按照 20% 的税率征收；600000～1500000 元的部分，按照 30% 的税率征收；超过 1500000 元的部分，按照 40% 的税率征收。

针对综合与分类个人所得税税制中的分类所得，本书认为应该继续实行 20% 的比例税率。这是因为分类所得并不能反映纳税人的总体收入状况，尤其是非经常性所得。同时为了鼓励勤劳所得致富，抑制投机心理，对于分类所得的应纳税所得额在超过一定数额后，可以在按照比例税率征收的基础上实行加成征收。

4. 完善费用扣除标准，对其实行制度化的通货膨胀指数调整

改变我国过去频繁调整费用扣除标准的做法，将费用扣除标准和通货膨胀结合在一起，建立联动机制，让其随着通货膨胀的变化而做出相应调整；改变过去一刀切的模式，增加专项费用扣除，增强税制的公平性和针对性。在综合所得扣除项目中，可在 3500 元基本扣除标准的基础上增加房贷支出项目和老人赡养项目。另外在未来的个税改革中，除了在工薪所得的费用扣除标准上下功夫外，还应该将其改革的重点放在其他所得上，尤其是关于财产方面的所得，因为目前真正导致贫富差距过大的因素并不是工薪所得，因此下一步个税改革的重点应该放在能够产生高"财产累积"的其他所得上，如财产转让所得、财产租赁所得方面。

5. 健全收入监控机制，提高税收征管水平，破解个人所得税征收管理中的技术难题

"应建立纳税人税务编码制度，加强税务部门对个人所得信息收集、交叉稽核以及银行对个人收支结算的管理，逐步建立个人收入档案和代扣代缴明细管理制度，建立个人财产登记和储蓄实名制度，大力推进居民固定账号信用卡或支票结算制度等，为稳步推进综合和分类相结合的个人所得税制改革创造条件；加强对高收入者的资本性所得、财产性所得等非劳动所得的征收管理措施；将纳税人按纳税信用分为若干等级，其直接关系到纳税人的工作机会和消费信用，从而逐步形成纳税光荣的社会风气。"（彭海艳，2012）实行大额支付转账制度，尤其是促进大量现金交易的减少。将云计算和大数据等先进的现代化信息技术运用到个人所得税的征管中，以提高服务效率并有效地减少偷漏税行为。同时，尽快修改和完善《税收征管法》，健全针对自然人的税收征管制度，从而为强化个人所得税征管提供法律保障，授予地方税务局对居民个人收入和财产方面的检查和处置等方面的权力，以方便税收的征收和管理，加强相关机关在个税征管方面的配合力度。

此外，应加快研究和完善个人所得税年终奖的计征办法，使其体现出税收公平的改革方向。具体操作中实行银行卡、支票等非现金结算制度，减少多数公司在年终奖的发放过程中通过发放现金来避税的行为，有效监控居民尤其是服务行业的收入与支出，减少税收流失，从而在一定程度上增强税收调节居民收入分配的效应。

6. 个人所得税的统计数据要透明化，定期公布

要准确地评估个人所得税的收入分配效应，就必须有详细的统计数据作为支撑。然而，我国长期以来仅有宏观方面的个人所得税数据，更加微观、详细的资料不公开、不透明。这也是直到目前为止理论界和学界对于其再分配效应观点不一的重要原因。皮凯蒂指出："中国收入税比如个人所得税的统计数据缺失，这导致无法准确衡量中国收入不平等的情况以及评估制度的有效性。中国可能是世界上唯一征收所得税但不公布所得税数据的国家。"[1]

此外，在个人所得税的改革过程中，还应该实施相应的配套措施，如加强税收宣传，使得税收宣传更加接地气，实现税收宣传的私人定制；依托信息化手段，赋予自然人一个终身的全国统一的纳税号码；减少现金交易以及个人财产登记应当在全国范围内联网等。

同时我们也应该清醒地认识到，个人所得税仅仅是调节城镇居民收入再分配环节的一种工具，其作用是有限的。"收入分配问题必须从整体来看，如果不整体看待收入分配问题，收入分配问题没有办法解决。"[2] 面对当前居民收入分配差距进一步扩大的严峻形势，应该加强个人所得税的再分配效应，但不应该过分强调其作用，而应该多个环节并举。第一，应该调节初次分配环节的失衡问题，提高劳动者尤其是普通劳动者的收入水平；第二，在再分配环节，还需要其他税种的密切配合，如消费税、房产税以及遗产与赠与税等；第三，加大对低收入者的转移支付，完善社会保障体系，推进基本公共服务的均等化等，形成一个多环节、多层次的收入分配宏观调控体系，最终达到其缩小贫富差距、促进社会公平的目的。

10.2.2　财产税的调整和完善

皮凯蒂针对中国目前收入差距严重扩大的现状指出："对资本征收高额累进税以及完整、透明的财产税制度是缩小贫富差距的一个有效措施，政府应该也有能力改变现状。"[3] 因此，中国财产税体系的调整和完善应该从宏观大局出发，对目前的财产税税种进行结构性调整，减少财产交易环节的财产税，增加财产保有环节的财产税，实现财产税内部结构的优化；将房产税和城镇土地使用税合并，取消土地增值税；在长期中开征遗产与

---

① 转引自李大巍、吴思《专访皮凯蒂：该如何对待不平等》，《中国经济报告》2014 年第 12 期，第 58～61 页。

② 《刘尚希：中国收入分配问题不能过分指望税收政策解决》，中研网，http://www.chinairn.com/news/20150608/165549161.shtml，2015 年 6 月 8 日。

③ 转引自李大巍、吴思《专访皮凯蒂：该如何对待不平等》，《中国经济报告》2014 年第 12 期，第 58～61 页。

赠与税，改变目前财产转让环节税收缺位的弊病，以缩小居民间的贫富差距，促进社会和谐与稳定。改革后，中国的保有财产税应该包括房产税和车船税，交易和转让环节应该包括契税、遗产与赠与税等税种。

10.2.2.1 房产税的建立和完善

1. 房产税的功能应该以调节居民收入分配为主

近年来，随着贫富差距的进一步拉大以及房产税立法先行的提出，房产税被寄予了民众过多的期望，主要有三种功能定位的讨论，即房产税应成为地方政府的主体税种，能够调控高房价以及调节收入分配。那么，引人热议的房产税的功能定位到底是什么？这是房产税立法中首先要回答的基础理论问题。若搞不清房产税的功能定位，在改革的进程中就很容易迷失方向。

（1）房产税不可能成为地方政府的主体税种

目前我国房产税的规模较小，在地方财政收入中的比重较低，所以不可能成为地方政府的主体税种。按照国际上的经验，很多国家房产税均是地方政府的主体税种，但是在我国不太现实。主要原因在于房产税在地方财政收入中的比重偏低，1994 年至今没有突破 6% 的占比，如2009 年其比重最高为 5.29%，2013 年仅为 4.78%（见图 10 – 1）。[①] 再加上我国地方政府沉重的事权，使得房产税成为地方政府主体税种的可能性更小。

（2）房产税对目前的高房价影响不大

房价最终是由供求关系决定的，税收不是万能的，所以期待房产税来抑制高房价的观点也是不对的。虽然房产税的征收在一定程度上会影响房屋的供求，从而对房价起到一定的作用，但是不能起到决定性的作用。鉴于此，本书认为房产税的功能应该以调节居民收入分配为主，同时兼具增加地方政府财政收入的功能。

（3）房产税的功能最终以调节居民收入分配为主

2013 年 2 月，《收入分配改革方案》明确提出要逐步扩大个人住房房产税试点范围；2013 年 5 月 24 日，发改委公布了《关于 2013 年深化经济

---

① 根据《中国统计年鉴》相关数据计算而得。

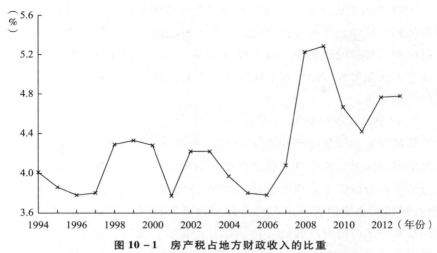

图 10 – 1　房产税占地方财政收入的比重

注：根据国家统计局网站（http://data.stats.gov.cn/search.htm?s =）房产税中的数据计算而得，这里的房产税是指房产税与城镇土地使用税之和。

体制改革重点工作的意见》，也明确提出了"房产税扩围"。从政策层面上看，房产税和收入分配密切相关。

从上海、重庆两地的试点来看，两地均把调节收入分配作为开征房产税的首要目的。2011 年 1 月 28 日，《重庆市人民政府关于进行对部分个人住房征收房产税改革试点的暂行办法》明确指出试点的目的是"调节收入分配，引导个人合理住房消费"，《上海市开展对部分个人住房征收房产税试点的暂行办法》也明确指出其试点是"为进一步完善房产税制度，合理调节居民收入分配，正确引导住房消费，有效配置房地产资源"；无论是上海的多套房征税，还是重庆的高档住宅征税，征收对象都属于高收入阶层，对高收入者征收房产税，可以有效发挥税收的"调高"作用；从用途来看，两地试点征收的房产税收入主要用于保障房和公共租赁住房的建设。"房产税改革的立法取向应以调节功能为主。"（刘尚希，2014）因此，对于房产税，应该将其功能定位为居民住房调节税，让房产多者多缴税、少者少缴税甚至不缴税。

2. 征收房产税的技术条件已经具备

我国早在 2003 年就选取了北京市大兴区亦庄开发区作为试点，开展评估技术的研究工作。之后在 2006 年将其扩大到北京、辽宁、江苏、深圳、宁夏和重庆，试点的主要内容是房地产批量评估技术和 CAMA 系统的建立。2009 年国家税务总局确定杭州和丹东两市的 CAMA 系统软件为全国批量评估标准软件，并推行到全国，之后房地产批量评估技术和 CAMA 系统广泛应用于契税的征管中，效果极其明显。房地产批量评估技术和 CAMA 系统进入快速发展时期，并不断成熟，为我国房产税的顺利开征提供了重要的技术支撑。

3. 科学设定税制要素

税制要素设计是房产税改革的核心内容，主要包括征税范围的确定、计税依据的选择、税率以及税收优惠等的确定。本书认为我国首先应该将现行房产税与城镇土地使用税合并为在房产保有环节征收的"房地产税"。"现行城镇土地使用税和房产税是分别对土地和房产征税的，但实质上两者都是对房地产的财产权属（使用权）的征税，而且，事实上，土地和房产的财产权属是难以决然分割的，因此，对土地和房产分开征收既不必要，也不合理。何况，现行城镇土地使用税按面积定额征收，房产税按价值从价定率征收，增加了税制的复杂性，也使税收与房地产的价格相脱节。因此，有必要合并两税，统一按房地产的评估价值征收房地产税。"（贾康、靳东升，2015）

（1）纳税人

房地产税的纳税人即房产和土地产权的所有人，由拥有房产和土地的单位和个人缴纳。

（2）征税范围

房地产税是国际上普遍开征的一种直接税，而且大多国家均对包括居民住宅在内的所有房地产征收。鉴于当前我国房产税征收面过窄的现实，本书认为应该将房地产税的征收范围从城市、县城、建制镇和工矿区内的经营性房地产扩大到包括居民住宅在内的全部房产；从城镇房地产扩围到农村宅基地；对于房地产开发公司超过一定年限仍未出售的"囤房"，也应该纳入房地产税的征税范围。当然，在全面扩大征收范围的同时，对于居民的基本住房需求应该进行标准扣除。其中扣除标准以家庭人均面积为标准，以保障居民最基本的住宅需求，同时也能够减少征收过程中的阻力。

（3）计税依据

《中华人民共和国房产税暂行条例》规定房产税依照房产原值一次减

除百分之三十后的余值计算缴纳，应该改为根据房地产的评估价值征收房地产税。从国际上看，美国、日本、新加坡、德国等均以房产的评估值作为计税依据，如美国房地产税的税基是房产的市场评估值的一定比例，具体由各州确定（20%～100%）；日本房地产税也是以房产的市场评估值为基础，而且每三年评估一次。因此，我国房地产税计税依据也应该以房产的市场评估价值为依据。

（4）税率

房地产税是直接针对居民个人征收的直接税，其独特性在于征税对象是居民拥有的房产和土地，但是税源是居民的收入，再加上房产是不动产，偷逃税的可能性为零，因此其税负疼痛感最重。鉴于此，在房地产税税率的设计中，本书认为不宜过高，应该实行低税率标准，以减少征收的阻力，保证征收的有效性。目前重庆试点中房产税的税率为0.5%～1.2%，上海为0.4%～0.6%，"国际上房地产税的平均税率在1%～2%，如美国房地产税税率一般为税基的1%～3%，日本房地产税的标准税率为1.4%，新加坡自住房税率一般为4%。"（安体富，2015）

根据上海、重庆两市的试点情况以及国际经验，再考虑到我国房地产市场的区域性特征，本书认为中央应该规定一个幅度税率，地方政府根据当地经济发展水平的相关实际情况制定具体的税率标准。而且可以根据房地产的不同特征实行简单的累进税率。具体来说：第一，对城镇普通住宅征税税率为0.5%～1%；第二，对高档公寓、别墅等实行较高的税率1%～3%；第三，对农村住宅按0.5%的低税率征税。

（5）免征额的确定

"中国的房地产税立法必须坚持的一个基本思路，即不能照搬美国的普遍征收模式，不能见一平方米就征一平方米，必须给纳税人一个基本住房保障面积的扣除。"（贾康，2015）房地产税的免征额，可以按照居民的住宅套数和人均住房面积两种方法来确定。若以住宅套数来确定免征额就会引起社会上为了避税而排队"离婚"的不正常现象的频现，从而影响社会的和谐与稳定，而且会引起更大的社会不公平。因此，本书认为基于房地产税调节居民收入分配的视角，第二种方法即按照人均住房面积计算免征额更为公平。按照人均住房面积进行扣除，如人均扣除额为60平方米，家庭人口乘以人均免征额即为家庭免征额。

4. 相关配套制度建设

房地产税调节功能的发挥需要具备一定的条件，因此，在推进房地产税改革的同时应该做好相应的配套制度建设。第一，统一的不动产登记制度；第二，土地流转制度改革；第三，房地产评估制度。构建房地产评估制度需要做到：首先，建立专门的房地产评估机构；其次，培养专门的评估人员。

10.2.2.2 契税的调整与完善

十八届三中全会明确提出"提高直接税比重"的战略部署。然而，在当前供给侧改革的大背景下，提高直接税比重的重点就落在了财产税上。契税是财产税体系中的第一大税种，因此，以契税改革为突破口，关注契税与其他财产税的协调配合，不仅可以增强财产税的调节效应，而且可以提高直接税的比重。

1. 将契税税率设置得更有弹性

将契税的税率调整为3%~7%的幅度税率；对于普通住宅，适用较低的比例税率，以保障居民的基本住房需求；针对豪宅、别墅及继承免契税之外的土地、房屋按照超额累进税率征税。

2. 适当提高投资性住房的契税税率

针对居民家庭住宅，第一套房免征契税，第二套房可以减半征收，第三套及以上可提高契税税率，以更好地发挥契税的调节作用。

3. 要协调好契税与税制体系内其他税种的关系

第一，如果国家对豪宅、别墅等奢侈性住房征收消费税，则针对该类奢侈性住房征收的契税就要取消；第二，如果将来国家开征遗产与赠与税，则可以取消对继承土地、房屋征收的超额累进契税，以保持税负的相对稳定和公平。

10.2.2.3 深入研究遗产与赠与税并及时开征

托马斯·皮凯蒂（2014）认为对富人征税不会降低社会生产效率，因此提出解决不平等问题的方案之一就是征收累进的资本税，通过对富人征收高额的遗产税等方式，达到缩小贫富差距的目的。当前，遗产与赠与税在我国财产税体系中严重缺位，而现有税种对于收入差距的调节力度明显不足。因此，本书认为我国应该加快研究并适时开征遗产与赠与税，这样不仅可以完善我国财产税体系，而且更重要的是能够有效地调节财产差距在代际的固化，从而缩小贫富差距，促进社会和谐与可持续发展。

1. 遗产税开征的必要性分析

2013年2月，《国务院批转发展改革委等部门关于深化收入分配制度改革若干意见的通知》强调"研究在适当时期开征遗产税问题"。一石激起千层浪，遗产税又成为热点话题。是否开征遗产税，如何开征遗产税，何时开征遗产税等问题引起学者争论。在遗产税长期缺位的现实背景下，高收入者必定会将其大部分遗产留给下一代，从而进一步扩大代际财产差距，最终形成更严重的贫富差距和社会矛盾。郭豫媚、陈彦斌（2015）的研究表明："中国已经出现收入差距代际固化现象，是比收入差距本身更为严重的经济社会问题，并从教育的视角提出了解决该问题的对策思路。"再加上当前我国个人所得税在调节收入分配方面差强人意，使人们对于遗产税调节贫富差距的功能抱有很大期望。"若一国政府不高度重视遗产继承规则和遗产税，就会在一定程度上增加富人的政治权力，进而推动社会进入富豪政治社会，市场规则也会转向有利于富人阶层，最终损害公平规则的机制。"（Leonard E. Burman，2005）因此，深入研究和完善遗产税并适时推出，不仅可以完善我国财产税体系，而且可以有效地缩小居民间的收入差距，促进社会更加和谐。

遗产税是国际上公认的调节居民收入分配最有效的手段之一，开征遗产税不仅对于实现社会公平具有重要作用，而且可以有针对性地完善我国目前的财产税体系和改善征收面过窄的现状。我国在经济高速发展的同时，短时间内拉大了贫富差距，这种差距急需通过税收之手进行调节，而我国目前的税收在调节收入分配方面却明显力道不足。生前课税的纵向公平缺失，要求在死亡时对累积财产进行彻底清算，以消除由贫富差距引起的社会不稳定因素，抑制居民财产分布不公在代际的转移，增加经济持续发展的后劲。遗产税是直接针对居民个人征收的财产税，有扣除额标准的规定，一般实行累进税率，获得遗产多者多征税、少者少征税甚至不征税，因此其调节居民收入分配的功能更强。

2. 遗产税开征的可行性分析

（1）理论依据充分，为遗产税的开征提供了重要基础保障

长期以来，经济学中主张开征遗产税的依据主要有平均社会财富说、限制私有制说、促进共同富裕说以及遗产税的社会资源垄断论等理论。平均社会财富说的代表人物约翰·穆勒在 19 世纪 30 年代提出了应当限制遗产权，减少财产分配不均，防止财富过分集中的均富税观点。"为了避免财富的分配不平等，应该对继承财产和接受捐赠的任何人规定一个接受或是继承财产数额的最高标准。在这个限额内，继承人可以自由加以分配，超出这个限额，即是不合法、不合理的，应当用遗产税加以限制"。（陈建国，2010）限制私有制论的主要代表人物是马克思和恩格斯（1958），他们认为应"用累进税、高额遗产税、取消旁系亲属（兄弟、侄甥等）继承权、强制公债等来限制私有制"。社会资源垄断论认为，"一小部分人在社会上处于强势，对本应属于全社会的各种资源，如除个人天赋、个人能力和个人努力以外的技术、土地、森林、草场、矿产、环境、人文、历史、知识、资本、权力、信息、组织、人气、话语权等形成了垄断，由此占有了全社会所有人应得的大量财富，成为巨富、暴富，并进而利用其垄断地位，制造了有利于自己的分配方式，不断占有了社会其他人应得的大量财富，而遗产税就是国家将巨富占有的社会公众应得的财富归还给社会公众"。（张永忠，2011）

（2）潜在纳税人数量充足，为开征遗产税提供了前提条件

改革开放以来，随着国民经济的持续、快速发展，多种经济成分、多种经营方式、多种分配方式并存，个人收入渠道多元化，一部分人通过合法经营致富，一部分人通过制度性投机致富。资本市场和彩票成为新生亿万富翁的催生剂。胡润研究院发布的《2013 全球富豪榜》显示，中国已超越美国成为全球资本市场创造 10 亿美元富豪最多的国家，富豪数量达到212 人，比美国多 1 人；《2014 星河湾胡润全球富豪榜》显示，全球 10 亿美元富豪新增 414 位，其中中国增加 41 位；中国仍是全球资本市场创造10 亿美元富豪最多的国家，富豪数量达到 245 人，而美国为 240 人；另据媒体报道，双色球在 2007 年 11 月中出首个亿元巨奖后，截至 2015 年 12月，双色球已累计中出 20 个亿元巨奖。巨富群体的大量存在及不断扩大为我国开征遗产税提供了源源不断的潜在纳税人。

根据托马斯·皮凯蒂在《21 世纪资本论》中对于年度遗产和馈赠额（在此以占国民收入的比重 by 表示）的计算公式 $by = \mu \cdot m \cdot \beta$，其中 μ 是指死者死亡时的平均财富与在世时平均财富的比率，m 是指死亡率，β 是指资本收入比，我们可以大致判断出我国开征遗产与赠与税之后年度遗产和馈赠额的基本情况。在当前我国人口面临老龄化的现实背景下，死亡率较高，那么在其他变量一定的情况下，年度遗产和馈赠额的比重也会相应提高，β 也处于上升的趋势，μ 大约处于稳定的水平。因此，这就为我国顺利开征遗产税奠定了重要的经济基础。

（3）遗产税的政策底蕴深厚

自新中国成立以来，党和国家非常重视遗产税开征问题。早在 1950 年《全国税政实施纲要》中就明确提出了开征遗产税，但由于种种原因没有开征；1993 年《工商税制改革实施方案》明确提出"开征遗产税"；1997 年十五大报告也明确提出，"调节过高收入，要完善个人所得税、开征遗产税等新的税种"；2001 年，《国民经济和社会发展第十个五年计划纲要》也指出，"要适时开征遗产税"；2013 年《国务院批转发展改革委等部门关于深化收入分配制度改革若干意见的通知》强调，"研究在适当时期开征遗产税问题"。

由此可见，遗产税的开征酝酿已久，围绕是否开征、如何开征及何时开征的争论时常见诸媒体，经过舆论的宣传，人们对遗产税已经有了比较全面的了解。该税种以特定巨富群体为纳税人，并不会增加绝大多数中高收入群体的税收负担，而有可能成为纳税人的巨富在了解该税种的国际广泛性及开征的社会与经济意义后，会减少对开征遗产税的抵触情绪。因此，遗产税的舆论宣传已经到位，研究储备时间较长，为遗产税的顺利开征提供了有力的政策和制度保障。

（4）相关制度的不断完善为遗产税税收征管创造了良好条件

第一，我国财产评估制度已经比较齐备。从相关法律法规到实务操作程序，从评估机构到从业人员，同时，建筑物、土地使用权、知识产权、特许权、股权、应收账款等债权、机器设备、车辆等财产都可以评估，一般资产评估机构及特殊资质的评估机构比较充分，因此，认为财产评估制度不完善将影响遗产税开征的观点并不符合事实。相反，开征遗产税将给我国的财产评估制度和评估行业带来大发展，并使我国的财产评估制度更加完善。

第二，股票、债券、艺术品等交易市场的良好运行为确定财产价值及确认权利主体打下了良好基础。股票、债券市场的登记制度使权利主体的确认非常方便；良好的价格发现机制和权利转让途径使遗产的价值易于确定和变现；而艺术品、古董文物等财产的拍卖交易市场不断成熟，使这些财产的价格有了良好的发现途径和参照标准。

（5）开征遗产税具备良好的国际环境

"用国际眼光来看，有114个国家开征遗产税或对遗产课征其他税收，占比61%，OECD国家对遗产征税的占比则达到91%。"① 既然遗产税是个普遍性税种，这就意味着，我国开征遗产税不是独树一帜，而是与国际接轨。巨富试图移民到不开征遗产税国家的选择性大大降低，况且不开征遗产税的国家其他税收负担不一定就轻，退一步讲，即使巨富移民了，但只要有遗产位于中国大陆，在我国开征遗产税后，其就应该依法缴税。开征遗产税将有可借鉴的方案可循，税收立法将更容易为国民所接受，税收征管机关更容易得到有针对性的经验。

虽然目前国际上有部分国家由于国际税收竞争以及效率的原因取消了遗产税，如澳大利亚和我国香港地区等（澳大利亚和我国香港地区分别于1997年和2006年取消了遗产税）。但有资料显示取消遗产税之后，澳大利亚和我国香港地区的贫富差距均呈现出逐年拉大的趋势。"澳大利亚收入不平等状况自20世纪90年代以来变得愈发严重，主要原因是高收入人群的工资收入、投资收益和房地产收益显著增加。"② 据媒体报道，"香港贫富悬殊升至10年新高，由2002年的3.3倍，上升至2012年上半年的3.6倍"。③ 这就从反面证明了遗产税的开征对于调节贫富差距具有重要意义。因此，我国是否开征遗产税应该立足于当前贫富差距进一步拉大的国情以及财产税调节功能的缺失上，而不能被国际上的某些变动左右。美国、日

---

① 《〈遗产税制度及其对我国收入分配改革的启示〉课题中期报告会在京举行》，http://www.ciidbnu.org/news/201303/20130302154151706.html，2013年3月2日。

② 《澳大利亚贫富差距拉大　64万人被列为弱势群体》，http://finance.eastmoney.com/news/1351，20120809244025842.html，2012年8月9日。

③ 《香港贫富悬殊加大　10年血汗钱不敌一朝房价涨》，http://news.house365.com/gbk/hz-estate/system/2013/01/29/021367362.html，2013年1月29日。

本等国政府强化遗产税功能的趋势为中国开征遗产税提供了有利时机。

2011 年美国恢复征收遗产税，个人豁免额为 500 万美元，最高税率为 35%；2012 年，个人豁免额为 508 万美元，最高税率为 35%；2013 年成为转折点，与前两年相比，2013 年美国遗产税的豁免额降低为 100 万美元，而最高税率恢复到 55%。据报道，"踏入老龄化社会的日本在社保方面的负担一年比一年重。为弥补这方面的财源不足，日本政府已经于 2015 年 1 月 1 日在提升消费税的同时，把 50% 的遗产税率上调到 55%"。①

3. 建立遗产税的几点思考

（1）采取总遗产税制，并与赠与税一起征收

遗产税制度按照课税主体可分为总遗产税制、分遗产税制和混合遗产税制。相对而言，总遗产税制的课税主体单一，不易出现税收流失，"不仅较为符合中国的文化传统，尤其是遗产税并不损害死者生前的福利、只是在继承或者赠与时课税，其天然具有的递延性，带来的社会动荡也相应较小"（钟伟，2015）。所以建议我国采取总遗产税制。为了防止富人生前避税而将大量遗产赠与给亲人，建议将遗产与赠与税合并征收，而且国际上大多数国家通常也是采取这种方法，即征收遗产与赠与税。

（2）课税对象

课税对象为死亡的巨富个人，遗产管理人、遗嘱执行人、法定继承人、受遗赠人等为代缴义务人。个人合法遗产超过 500 万元的，代缴义务人应主动进行纳税申报。

（3）课税范围

遗产是公民死亡时遗留的个人合法财产，随着经济的不断发展，个人合法财产的种类、范围和表现形式有了很大变化。巨富的财产具有多样性和复杂性，因此，对于哪些遗产征税将是个非常重大的问题，一旦实施将间接起到调节产业结构和经济结构的作用。本书认为，应该对巨富遗留的个人所有财产计算价值，分门别类，合并征收遗产税，先税后析产。义务人死亡前 6 年之内赠给特定自然人的财产，计入遗产范围，但属于公益捐赠或扣除项目的除外。

---

① 《日本明年准备调高遗产税或导致富人移民潮出现》，http://www.chinanews.com/fortune/2015/07 - 27/7428691. shtml，2015 年 07 月 27 日。

（4）税率

遗产税实行超额累进税率，税率可以适当高一些，以充分发挥其缩小贫富差距的功能，但也不宜太高，以抵消开征的阻力（见表10-1）。

表 10-1 遗产税税率设计

级别	应纳税所得额	适用税率（%）
1	500 万元以内（含 500 万元）	10
2	500 万～3000 万元（含）	20
3	3000 万～1 亿元（含）	30
4	1 亿～10 亿元（含）	40
5	10 亿元以上	50

（5）扣除项目

按照国际惯例，我国遗产税的扣除项目主要有限额内丧葬费用扣除、遗产管理费扣除、合法债务扣除、税收扣除、法定捐赠扣除、限额内抚养费扣除、其他扣除。

（6）纳税额计算公式

$$应纳税所得额 = 遗产 - 扣除项目$$
$$应纳税额 = 应纳税所得额 \times 分阶段适用税率$$

（7）征收机关

遗产税应由中央税务机关征收，在国家税务总局下设遗产税稽查局，省、市以及县级国家税务局设置遗产税稽查办公室，配置专职人员数名，负责经常性工作。

4. 相关配套法律改革

遗产税立法及遗产税征收是一个复杂的过程，需要从中国的法律体系中统筹考虑，遗产税法需要与其他相关法律协调和配合使用。只有这样，遗产税的功能才能得到彰显，遗产税的征收才具有制度体系的保障。因此，为了使遗产税法更具有可操作性，建议在加快推进《遗产税法》立法程序的同时，对最需要立即配合的部分法律启动法律修改程序，例如积极推动《继承法》《公益事业捐赠法》等法律相关条款的修改。

此外，遗产税征收过程还面临着征税成本过高的问题。发达国家遗产税的确起到了调节收入分配的作用，但其征管成本居高不下，这也是我国在开征遗产税过程中必须重视和克服的一大难题。

10.2.3　流转税的调整和完善

10.2.3.1　应该重视流转税在调节居民收入分配中的重要作用

在当前我国个人所得税和财产税调节居民收入分配受到种种限制的情况下，我们应该充分重视并发挥流转税的重要调节作用。这是因为，流转税是我国税制结构中的主体税种，其本身具有占比大和易征管的优势。再加上流转税不仅在理论上具有调节居民收入分配的功能（如本书在第8章中的分析），而且在实践中其调节功能已经被西方发达国家的经验所证明。因此我们应该充分重视流转税调节功能的发挥，通过流转税制的改革以及具体税种的完善来缩小贫富差距、促进社会更加和谐与可持续发展。

从收入分配的角度来看，"营改增"在中国全面完成后，我国流转税体系中的两大税种就是增值税和消费税。所以，如果政府的调整目标倾向于社会公平目标的实现，那么，就应该合理调整增值税和消费税的比重，减少在理论上中性但在实际中累退的增值税比重，增加在理论上具有较大调节效应的消费税比重，从而使得居民收入分配更加公平、公正。

10.2.3.2　增值税的调整与完善

通过以上对增值税的理论和实证分析，我们可以看出增值税的累退性并不是绝对的，可以通过税制的具体设计来抵消甚至完全消除其累退性，从而有助于进一步改善收入分配状况，发挥税收应有的调节收入分配功能。增值税作为我国的第一大税种，在全面扩围后，尤其是在大数据的背景下，应该进一步推进增值税改革，建立现代化的增值税制度，简化税率，这将为提高直接税比重奠定重要的基础。

1. 适当简化并降低税率

十八届三中全会通过的《中共中央关于全面深化改革若干重大问题的决定》明确指出，"推进增值税改革，适当简化税率"。目前我国增值税实行的是 17% 标准税率、13% 低税率以及零税率三档税率，增值税全面扩围后，将增加 11% 和 6% 两档低税率，即我国增值税将会有至少五档税率。多档税率将会使不同行业之间的税负不公平问题更加明显，从而进一步加剧居民之间税收负担分布的不公平问题，而且还不利于税收的征收和管理。

从第 8 章增值税收入分配效应的分析中可以看出，我国增值税之所以累退性较强，其主要原因在于 13% 税率的累退性特征，所以当前要消除增值税的累退性、增强税制的再分配效应就应该从消除 13% 税率的累退性入手。从国外经验来看，OECD 国家增值税的基本税率比优惠税率平均高出 10 个百分点，而我国两者之间的差距仅为 4 个百分点，不能充分发挥其调节作用；而且 OECD 国家的低税率分布范围为 5%～8%，即使是非 OECD 国家，低税率的分布范围也没有超过 10% 的水平，仅为 7%～8%。比较典型的如英国、爱尔兰等对生活必需品（包括食品、服装、药品、书刊等）的增值税税率为 0。我国台湾地区的增值税税率仅为 5% 的单一税率，OECD 国家一般为 2～3 档税率。因此，我国在增值税扩围后，简化并降低税率是非常必要的，应该在标准税率降低的基础上，进一步拉大标准税率和优惠税率之间的差距。鉴于我国 17% 的标准税率在国际上处于中等水平，因此，应将重点放在低税率上，建议将 13% 的低税率统一调整为 6%，并将优惠税率的适用范围扩大到更多的居民生活必需品上，如粮食、食用油、洗衣粉等。这样就能够有效地降低中低收入阶层的税收负担，在一定程度上抵消增值税的累退性。

2. 在支出方面加大对低收入者的补偿

增值税的累退性主要影响不同收入阶层的消费利益。国际上实行增值税的国家为了抵消其累退性，大多在财政支出方面加大了对低收入者的补偿，如 OECD 国家在教育、医疗和养老等方面补偿低收入者。

3. 应该重视的几个问题

增值税作为我国的第一大税种，扩围后在税收总收入中的比重将进一步提高。因此，在现代税收制度的深化改革中，建立现代增值税仍然将是税制改革的重点工作，尤其是随着人口老龄化，信息经济及电子商务等新经济形式的出现会对增值税提出更高的挑战。因为增值税主要是针对传统工业经济征收的税，随着电子商务尤其是跨界电商的出现，传统的增值税就面临一系列的制度和征管方面的问题。因此，这些问题也是我们建立现代增值税制度应该进一步考虑的问题。

10.2.3.3 消费税的调整与完善

1. 合理调整消费税征税范围

消费税的征税范围应该随着经济发展水平、消费政策和产业政策的变化而进行相应的调整，而长期以来我国消费税改革严重滞后，没有根据其变化情况进行相应的调整和改革。目前我国的消费税仅仅是针对烟草、酒、化妆品、贵重首饰及珠宝玉石、鞭炮烟火、成品油、摩托车、小汽车、高尔夫球及球具、高档手表、游艇、木制一次性筷子、实木地板、电池、涂料①15 个税目征税，并没有将服务业纳入其征税范围。从国际上看，针对奢侈品的消费税其征收范围差别较大，主要原因在于奢侈品是一个相对概念，因此，在消费税的进一步深化改革中，消费税征税范围的选择应该与时俱进，尤其是奢侈品的界定更应该根据经济发展情况的变化及时调整，应合理地调整消费税的征税范围。首先，将消费税的征税范围扩展到服务业。应该把真正的高档消费品和消费行为与劳务列入消费税的征税范围，其中高档消费品如私人飞机、高档家具、皮具和电子产品等，高档消费行为如打高尔夫球、赛马、射击、狩猎等高档娱乐服务业以及高档洗浴、高档餐饮等高档消费。韩国针对高尔夫球场、赌场、酒吧、赛马场等征收高额的消费税，日本单设高尔夫球场利用税及入浴税等。其次，将生产、生活必需品和普通消费品剔除在消费税的征税范围之外。取消对一些过去被认为是高档消费品和奢侈品，但是现在已经成为人们生活必需品的商品的征收，如普通化妆品、摩托车、啤酒、黄酒②等，以减轻低收入者的税收负担。最后，适时将车辆购置税纳入消费税的征税范围。

2. 适当调整税率水平

为增强消费税的收入调节功能，应该改比例税率为累进税率。一方面，对奢侈品、高档消费品、高消费行为征收高税率，而且可以考虑实行

---

① 截至 2015 年 2 月 1 日。

② 从 2014 年 12 月 1 日起，停止对汽车轮胎、酒精、含铅汽油和气缸容量 250 毫升以下的小排量摩托车征收消费税。

累进税率，如对贵重首饰及珠宝玉石、高档化妆品等可以据其价格的高低设计出不同的税率级次；另一方面，应该降低一般消费品如啤酒、黄酒、摩托车的税率水平，减轻低收入者的税收负担。

3. 改价内税为价外税

在国际上，消费税一般都采用价外税的形式，而我国在 1994 年进行消费税的税制设计时，出于方便与增值税的交叉征收、减少社会动荡以及适应人们的消费习惯等多方面的考虑，实行了价内税的征收形式。消费税包含在商品的价格中，降低了消费税的透明度，麻痹了消费者，从而使得消费税并没有起到调节收入分配的应有作用。因此将消费税由价内税改为价外税，实行价税分离，提高税收的透明度，触动消费者在实际消费过程中的"税负疼痛感"，使消费者清楚地知道自己到底缴纳了什么税。这样不仅可以使人们明确自己的纳税人身份，增强纳税意识，而且可以达到调节消费结构、正确引导消费需求的目的，最终发挥消费税调节收入分配的职能和作用。因此，将消费税由价内税改为价外税，可以起到"一石三鸟"的作用。

4. 根据应税消费品自身特点确定其征税环节，减少税收流失

目前我国消费税除了金银首饰、钻石及其饰品在零售环节征收外，其他的主要在生产环节征收。在实际中，厂商经常采取在生产环节定低价、在流通环节定高价的方法避税，这就使得消费税的流失特别严重。一旦在生产环节成功避税，在其他环节补征回来的可能性几乎为零。消费税的大量流失在一定程度上影响了其再分配效应的有效发挥。因此，在消费税的深化改革中，应该根据税目的具体情况，将其纳税环节扩大到生产、批发和零售等多个环节。在具体操作中，应该根据应税消费品的特点，在保证税收不流失的前提下，合理地设置其征税环节。如烟草、酒，由于其销量极大、销售网点数量很多，若选择在零售环节征收消费税将会给税收征管带来极大的困难，在实际操作中消费税流失严重，故应该和以前一样，在生产环节征收。而对于奢侈品，如金银首饰等，可以考虑仍然保留在原来的零售环节征收。对于车辆，由于我国实行严格的机动车注册管理制度，有利于税源控制，因此可以在零售环节征收。对于提供应税服务征收的消费税，国际上有两种做法，即对应税服务的提供者或消费者征收。本书认为应该对应税服务的消费者征税，由于流转税易于转嫁的特征，即使是对应税服务的提供者征收，也会非常容易地转嫁给消费者，所以直接对应税服务的消费者征收更好。对于进口的应税消费品，应在进口环节征税。

5. 降低烟草、酒的累退性较强的消费税税率水平，增强家庭交通工具和车辆用燃料的累进性

消费税的累退性主要源自烟草、酒的累退性，而烟草、酒的累退性又和其自身的消费和收入的不同步性以及近年来消费税改革中多次提高卷烟的税率水平有关。因此，在未来消费税的进一步深化改革中，应该降低烟草、酒等累退性较强的消费税税率，将改革重点放在家庭交通工具和车辆用燃料上，以增强其累进性，发挥消费税调节收入分配的正向调节作用。

10.3　调节居民收入分配的配套改革措施

10.3.1　进一步完善市场经济、规范初次收入分配秩序

税收调节居民收入分配效应的发挥依赖于供求、价格以及竞争等市场机制的传导来实现。市场机制健全，即价格机制、供求机制以及市场竞争程度等均是税收调节功能有效发挥的重要前提和基础。收入分配差距较大的现实从根本上说是由初次分配的格局决定的。因此，要缩小收入分配差距，就必须进一步完善市场机制，规范收入分配秩序。具体来说，应包括以下几个方面。第一，保护劳动者合法的工资性收入，在建筑业、餐饮业等容易产生欠薪的行业实施业主单位、用人单位、工会（劳动者代表）、劳动监察部门、公安、法院等多方互动机制，依法保障低收入者的合法权益。第二，提高低收入者的收入，实施开发式扶贫。第三，清理和规范隐性收入，由国家财政支出的人员工资应该是阳光工资和福利，在国有企业建立既有差距可量化又可控的级差分配机制。第四，推动法治建设，取缔非法收入，严厉打击各种犯罪行为，依法处置犯罪所得财物，继续推进反腐败斗争，取缔各种形式的非法收入。第五，利用税收等手段调节过高收

入，合理增加公益性岗位，多渠道增加低收入者收入。

10.3.2　加大中央对地方的转移支付力度，优化转移支付结构

2014 年，中央对地方一般性转移支付 27567.39 亿元，专项转移支付 18940.72 亿元，一般性转移支付占全部转移支付的 59.3%，虽然相比 2012 年 53.3%、2013 年 56.7% 的占比有所提高，但距离《国务院关于改革和完善中央对地方转移支付制度的意见》（国发〔2014〕71 号）强调的"将一般性转移支付占比提高到 60% 以上"仍有一定的差距。因此，除了强调税收的居民分配效应外，还应该加强中央对地方的转移支付力度，优化转移支付结构，建立以均衡性转移支付为主体、以老少边穷地区转移支付为补充并辅以少量体制结算补助的一般性转移支付体系。充分发挥转移支付作为再分配手段的功能，对居民收入分配差距进行有效的调节。

10.3.3　健全社会保障制度

10.3.3.1　健全社会保险制度

1. 扩大社会保险覆盖范围

截至 2014 年年底，城镇职工基本养老保险参保人数达到 34124 万人，全国城乡居民基本养老保险参保人数达到 50107 万人；职工基本医疗保险参保人数为 28296 万人，城镇（城乡）居民基本医疗保险参保人数达 31451 万人；工伤保险参保人数为 20639 万人；全国参加失业保险人数为 17043 万人，其中农民工参加失业保险人数为 4071 万人，占参保总人数的 23.9%；全国生育保险参保人数达到 17039 万人。[①]

从上述数据可以看出，我国养老保险和医疗保险参保率相对较高，而工伤、失业和生育保险参保率相对较低，这距离"全覆盖"的目标还存在一定的差距。因此，在当前收入差距较大的国情下，应该采取以下措施：第一，进一步扩大社会保险的覆盖面，提高五项保险的参保率，消除参保

---

① 数据来源：http://www.360doc.com/content/15/1118/10/8064468_514008915.shtml。

的盲点和死角，尽可能地将所有应保人群都纳入社会保险体系中；第二，加大社会保障和就业支出在中央对地方转移支付中所占的比例。

2. 多渠道增加社会保险收入

2014 年，基本养老保险（含城乡居民养老保险）、基本医疗保险（含城乡居民医疗保险）、工伤保险、失业保险、生育保险（以下简称五项社保）基金总收入 39828 亿元，比 2013 年增加 4575 亿元，增长 13.0%，比 2009 年增加 23713 亿元，年平均增长 19.8%。五项社保基金总支出 33003 亿元，比 2013 年增加 5087 亿元，增长 18.2%；比 2009 年增长 20701 亿元，年平均增长 21.8%。上述数据表明，2009 年至今社保基金的总支出增长率要高于社保基金总收入的增长率，这说明如果无法实现社保基金的高效益增值或者无法开辟新的社保基金来源，在我国老龄化社会结构日益明显的背景下，社会保险资金将面临入不敷出的风险。因此，应该多渠道增加社会保险收入，以化解人口老龄化带来的风险。

10.3.3.2 完善社会救助体系

目前我国已经建立了包括基本生活救助、专项救助、临时救助及慈善等公益救助相结合的社会救助体系。其中，基本生活救助包括最低生活保障、特困人员供养、受灾人员救助；专项救助包括医疗、教育、住房、就业。基本生活救助、专项救助、临时救助属于政府行为，慈善等公益救助属于社会行为，两者构成了我国完整的社会救助体系。但当前我国的社会救助体系不完善，存在的问题主要表现在两个方面：第一，社会救助对象的甄选如何实现程序公平和实质公平，让真正需要救助的人获得社会温暖，防止出现"人情保""关系户"，防止出现上下勾结套取国家补助资金的现象；第二，如何加大对"骗保"的惩罚力度等。

因此，应进一步完善我国的社会救助体系，使其真正发挥应有的调节功能，促进社会更加公平。第一，优化低保人员及特困人员的动态调整程序，定期公示，杜绝"人情保""关系户"。第二，加大社会信用体系建设，对伪造材料、骗取低保的人员除要求返还资金外，还要将其列入不良信用记录。第三，加大中央对社会服务费的转移支付力度，适当提高救助标准。

10.3.3.3 发挥社会力量对收入差距的三次调节作用

在收入分配差距较大的现实下，以慈善捐助等为主要内容的第三次分配的作用越来越受到学界以及政府的关注。慈善捐助的本质就是将社会财富转移给弱势群体，进而发挥调节收入分配的作用。其在缓解社会矛盾、增进社会公平方面起着市场机制与政府机制无法替代的作用，已经成为收入分配差距中的第三种调节手段。

但目前，由于我国慈善组织和机构存在数量偏少、公信力不强以及资源动员能力差等问题，其对财产分配的影响力较小。因此，必须大力发展慈善公益组织，充分发挥其对收入分配的调节作用。第一，完善相应的法律和政策配套措施，明确慈善公益团体的进入和退出制度、信息公开与监管、产权保护与转让等法律准则，优化慈善捐助行为的税收优化政策；第二，吸引更多社会资源从事公益事业，发挥社会公益组织在收入再分配中的作用，培育更多的慈善组织，发动更多个人参与收入再分配过程，关心公益事业和弱势群体，缩小贫富差距，扩大公平基础。

10.4 需要进一步研究的问题

税收具有调节居民收入分配的功能，本书虽然对税收的收入分配效应进行了系统的分析，但是这些研究还仅仅是以城镇居民为研究对象进行的实证分析，缺乏对农村居民税收负担的分析，因而对于税收负担在居民之间分布的研究仍然是不完整的。如何将农村居民包括在内对税收的收入分配效应进行更加系统、全面的分析将是以后笔者进一步研究的方向和目标。

马克思在其巨著《资本论》中将分配分为两个层次，即生产条件（生产要素或生产工具和劳动力）的分配和生产成果（社会产品在居民之间）的分配。分配首先是生产要素的分配，它是社会产品分配的前提和基础，决定了产品分配的结果，因此"生产条件分配决定生产成果分配"。本书在研究税制的收入分配效应时，无论是直接税在再分配领域的再次调节，还是间接税在初次分配中的首次调节，其调节的对象均是社会产品在居民之间的分配问题。而目前中国收入差距过大的格局在很大程度上是由生产条件的不公平造成的，因此我们要清醒地认识到，税收并不是万能的，它虽然可以在一定程度上调节居民收入分配，但远远不能从根本上解决问题。在中国经济快速、健康发展的同时，如何从根本上解决我国收入分配领域中收入差距过大的问题，构建更加和谐的社会将是笔者在未来的学习和工作中要进一步深入研究的问题。

参考文献

[1] 〔法〕托马斯·皮凯蒂：《21 世纪资本论》，巴曙松等译，中信出版社，2014。

[2] 〔美〕查尔斯·亚当斯：《善与恶——税收在文明进程中的影响》，翟继光译，中国政法大学出版社，2013，第 2 版。

[3] 〔美〕克里斯·爱德华兹、丹尼尔·米切尔：《全球税收革命——税收竞争的兴起及其反对者黄凯平》，李德源译，发展出版社，2015。

[4] 〔美〕斯蒂格利茨：《公共部门经济学》，郭庆旺译，中国人民大学出版社，2013。

[5] 〔英〕弗里德曼：《弗里德曼文萃》，首都经济贸易大学出版社，2001。

[6] 〔英〕凯恩斯：《就业、利息和货币通论》，商务印书馆，1983。

[7] 〔英〕尼古拉斯·谢森：《有钱人这样避税》，朱水杉译，中国青年出版社，2012。

[8] 〔英〕琼·罗宾逊：《经济学：为难之处》，1967，第 59 ~ 61 页。

[9] 〔英〕亚当·斯密：《国民财富的性质和原因的研究》，郭大力、王亚南译，商务印书馆，1972。

[10] 〔英〕约翰·穆勒：《政治经济学原理及其在社会哲学上的若干应用》（下卷），胡企林、朱泱译，商务印书馆，1991。

[11] 安体富：《房地产税立法的法理依据与相关政策建议》，《地方财政研究》2015 年第 2 期，第 4 ~ 6 页。

[12] 安体富：《中国中长期税制改革研究》，《经济研究参考》2010 年第 46 期，第 1 ~ 72 页。

[13] 安体富、任强：《税收在收入分配中的功能与机制研究》，《税务研究》2007 年第 10 期。

［14］ 白景明、何平：《我国居民增值税和营业税税负分析》，《价格理论与
实践》2015 年第 2 期，第 12～16 页。

［15］ 白景明、何平：《中国个人所得税收入结构分析》，《财政部财政科学
研究所研究报告》2014 年第 10 期，第 176 页。

［16］ 白彦锋：《第三次分配与我国和谐社会的构建》，《税务研究》2008
年第 1 期，第 14～17 页。

［17］ 财政部科研所课题组：《我国居民收入分配状况及财税调节政策》，
《税务研究》2003 年第 10 期，第 2～9 页。

［18］ 陈刚、李树：《中国的腐败、收入分配和收入差距》，《经济科学》
2010 年第 2 期，第 55～68 页。

［19］ 陈建东、高远：《我国行业间收入差距分析——基于基尼系数分解的
视角》，《财政研究》2012 年第 4 期，第 25～30 页。

［20］ 陈建国：《基于效用分析的遗产税设计初探》，《生产力研究》2010
年第 4 期，第 97～100 页。

［21］ 陈志楣：《税收制度国际比较研究》，经济科学出版社，2000。

［22］ 陈宗胜：《改革、发展与收入分配》，复旦大学出版社，1999。

［23］ 陈宗胜、周云波：《非法、非正常收入对居民收入差别的影响及其经
济学解释》，《经济研究》2011 年第 4 期，第 114～124 页。

［24］ 崔军：《基于"调高"、"提低"目标的我国直接税体系建设》，《财
贸经济》2011 年第 6 期，第 38～43 页。

［25］ 崔军、朱志刚：《构建有利于调节居民收入差距的直接税体系》，《中
国财政》2012 年第 9 期，第 42～43 页。

［26］ 崔文苑：《个税改革转向综合和分类相结合——访财政部部长楼继
伟》，《经济日报》2013 年 9 月 6 日，第 7 版。

［27］ 崔志坤：《个人所得税制改革整体性推进》，经济科学出版社，2015。

［28］ 邓子基：《税种结构研究》，中国税务出版社，1999。

［29］ 丁胜：《2011 年城镇居民收入分配状况》，经济科学出版社，2012。

［30］ 高凌江：《中国税收分配与税制结构问题研究》，中国经济出版
社，2011。

［31］ 高培勇：《1994 年的财税改革：20 年进程评估与未来 10 年展望》，
中国财政经济出版社，2014a。

［32］高培勇：《财税体制改革与国家治理现代化》，社会科学文献出版社，2014b。

［33］高培勇：《打造调节贫富差距的税制体系》，《经济》2006 年第 12 期，第 50 页。

［34］高培勇：《将全面深化财税体制改革落到实处》，中国财政经济出版社，2014c。

［35］高培勇：《论国家治理现代化框架下的财政基础理论建设》，《中国社会科学》2014 年第 12 期，第 102～122 页。

［36］高培勇：《全面完善税收制度的系统部署——学习中共十八届三中全会精神的体会》，《中国税务报》2013 年 11 月 20 日，第 1 版。

［37］高培勇：《收入分配：经济学界如是说》，经济科学出版社，2002。

［38］高培勇：《税制变迁的规律》，《中国财经报》2014 年 5 月 27 日，第 6 版。

［39］高培勇：《税制结构与税收文明》，《中国财经报》2013 年 8 月 27 日，第 6 版。

［40］高培勇：《突围"卡脖子工程"》，《中国财经报》2015 年 8 月 25 日，第 6 版。

［41］高培勇：《中国近期税制改革动向与趋势》，《国际税收》2015 年第 1 期，第 6～8 页。

［42］葛静：《中国房地产税改革》，经济科学出版社，2015。

［43］葛玉御：《中国个人所得税的收入分配效应——新视角的评估》，经济科学出版社，2016。

［44］龚六堂：《公共财政理论》，北京大学出版社，2009。

［45］郭琎、郑新业：《完善财产税制，促进居民收入分配公平》，《政治经济学评论》2015 年第 3 期，第 150～166 页。

［46］郭庆旺、吕冰洋：《论税收对要素收入分配的影响》，《经济研究》2011 年第 6 期，第 16～30 页。

［47］郭庆旺编《公共经济学评论》，中国财政经济出版社，2005。

［48］郭晓丽：《税制结构优化问题研究——基于税收收入结构的视角》，《经济体制改革》2014 年第 1 期，第 135～139 页。

［49］郭兴旺：《有关税收公平收入分配的几个深层次问题》，《财贸经济》

2012 年第 8 期，第 20 ～ 27 页。

［50］ 郭豫媚、陈彦斌：《收入差距代际固化的破解：透视几种手段》，《改革》2015 年第 9 期，第 41 ～ 51 页。

［51］ 郭月梅：《渐进式提高直接税比重的思考》，《税务研究》2014 年第 6 期，第 23 ～ 28 页。

［52］ 国家发改委社会发展研究所课题组：《扩大中等收入者比重的实证分析和政策建议》，《经济学动态》2012 年第 5 期，第 12 ～ 17 页。

［53］ 国家发改委社会发展研究所课题组：《我国国民收入分配格局研究》，《经济研究参考》2012 年第 21 期，第 34 ～ 82 页。

［54］ 国家税务总局课题组：《借鉴国际经验进一步优化中国中长期税制结构》，《财政研究》2009 年第 5 期，第 8 ～ 17 页。

［55］ 国家税务总局收入规划核算司：《税收统计学》，中国税务出版社，2014。

［56］ 韩仁月：《税制结构变迁、效应及优化研究》，经济科学出版社，2011。

［57］ 韩晓毓：《个人所得税制度改革的分配效应和财政效应》，硕士学位论文，吉林大学，2007。

［58］ 何宗樾、徐滇庆：《个人所得税与基尼系数的动态关系及政策启示》，《经济学家》2014 年第 10 期，第 26 ～ 34 页。

［59］ 洪兴建、罗刚飞：《增值税“扩围”对我国城镇居民收入的分配效应》，《统计研究》2015 年第 7 期，第 45 ～ 50 页。

［60］ 洪源、杨司键、秦玉奇：《民生财政能否有效缩小城乡居民收入差距》，《数量经济技术经济研究》2014 年第 7 期，第 3 ～ 20 页。

［61］ 胡鞍钢：《加强对高收入者个人所得税征收调节居民贫富收入差距》，《财政研究》2002 年第 10 期，第 7 ～ 14 页。

［62］ 胡锦涛：《坚定不移沿着中国特色社会主义道路前进　为全面建成小康社会而奋斗——在中国共产党第十八次全国代表大会上的报告》，人民出版社，2012。

［63］ 胡怡建：《我国税收改革发展的十大趋势性变化》，《税务研究》2015 年第 2 期，第 3 ～ 9 页。

［64］ 胡怡建、田志伟：《“营改增”财政经济效应研究》，中国税务出版

社，2014。

[65] 胡怡建、徐曙娜：《我国税制结优化的目标模式和实现途径》，《税务研究》2014年第7期，第11~16页。

[66] 华生：《财税改革的根本问题与真实挑战》，《金融市场研究》2013年第2期，第8~14页。

[67] 华生：《个税起征点过高反会扩大收入差距》，《卓越理财》2011年第4期，第11页。

[68] 华生：《个税之争关乎收入分配改革方向》，《经济参考报》2011年3月26日，第8版。

[69] 华生：《新型城镇化背后的财税改革》，《经济导刊》2013年第7期，第81~84页。

[70] 黄凤羽：《对个人所得税再分配职能的思考》，《税务研究》2010年第9期，第14~18页。

[71] 黄桂兰：《税收制度调节收入分配差距的效果研究——基于中国数据的理论与经验研究》，《工业技术经济》2014年第6期，第75~86页。

[72] 贾康：《大力推进直接税改革》，《江苏经济报》2013年1月22日，第1版。

[73] 贾康：《改革和完善我国消费税的若干建议》，《注册税务师》2014年第1期，第53~55页。

[74] 贾康：《要有像模像样的产权登记》，《中国房地产业》2015年第3期，第60~61页。

[75] 贾康：《政府对收入分配的分类调控》，《求是》2007年第12期，第54~55页。

[76] 贾康、靳东升：《中国税制改革路线图——大趋势、国际经验与制度设计》，立信会计出版社，2015。

[77] 贾康、张晓云：《中国消费税的三大功能：效果评价与政策调整》，《当代财经》2014年第4期，第24~34页。

[78] 贾康、赵全厚：《中国财税体制改革30年回顾与展望》，人民出版社，2008。

[79] 贾康、赵全厚：《中国财政改革30年：政策操作与制度演进》，《改

革》2008 年第 5 期。

［80］蒋洪、于洪：《从需求弹性计量看我国消费课税税负归宿》，《当代财经》2005 年第 5 期，第 32 ~ 35 页。

［81］金双华：《我国城镇居民财产性收入差距及其税收负担的实证分析》，《财贸经济》2013 年第 11 期，第 22 ~ 32 页。

［82］寇铁军、赵桂芝：《现行税制对城镇居民收入分配差距调控效应测度与分析》，《贵州财经学院学报》2008 年第 1 期，第 28 ~ 32 页。

［83］李波、王金兰：《消费税公平收入分配的机理与改革路径》，《中国财政》2014 年第 1 期，第 44 ~ 45 页。

［84］李大巍、吴思：《专访皮凯蒂：该如何对待不平等》，《中国经济报告》2014 年第 12 期，第 58 ~ 61 页。

［85］李华、孙倩：《加强货物劳务税累退性分析、促进收入的公平分配》，《国际税收》2015 年第 2 期，第 70 ~ 73 页。

［86］李蕾、李梦雪、刘千亦：《个人所得税对行业收入再分配效应的实证研究》，《统计与决策》2015 年第 13 期，第 161 ~ 164 页。

［87］李林木：《高收入个人税收遵从与管理研究》，中国财政经济出版社，2013。

［88］李青：《我国个人所得税对收入分配的影响：不同来源数据与角度的考察》，《财贸经济》2012 年第 5 期，第 37 ~ 44 页。

［89］李绍荣、耿莹：《中国的税收结构、经济增长与收入分配》，《经济研究》2005 年第 5 期，第 118 ~ 126 页。

［90］李时宇、郭庆旺：《税收对居民收入分配的影响：文献综述》，《财经问题研究》2014 年第 1 期，第 18 ~ 26 页。

［91］李实：《中国居民收入分配研究 Ⅲ》，首都经济贸易大学出版社，2008。

［92］李实：《中国居民收入分配再研究 Ⅲ》，北京师范大学出版社，2007。

［93］李实、苏海南、杨宜勇：《公正至上：收入分配改革之鹄》，《中国经济报告》2015 年第 7 期，第 32 ~ 35 页。

［94］李实、万海远：《解决分配不公以保社会稳定》，《社会科学报》2014 年 11 月 27 日，第 3 版。

［95］李实、魏众：《中国城镇居民的财产分布》，《经济研究》2000 年第 3

　　期，第 16 ~ 79 页。

[96] 李实、魏众、丁赛：《中国居民财产分布不均等及其原因的经验分析》，《经济研究》2005 年第 6 期，第 4 ~ 15 页。

[97] 李万甫、欧阳明：《税收视角下 2015 年上半年宏观经济分析》，《中国税务报》2015 年 8 月 19 日。

[98] 李香菊、刘浩：《税制、公共服务对收入分配的影响机制与实证分析》，《财经科学》2014 年第 3 期，第 108 ~ 120 页。

[99] 梁俊俏、何晓：《我国个人所得税再分配效应研究》，《中央财经大学学报》2014 年第 3 期，第 11 ~ 15 页。

[100] 刘成龙、王周飞：《基于收入分配效应视角的税制结构优化研究》，《税务研究》2014 年第 6 期，第 15 ~ 22 页。

[101] 刘华、徐建斌、周琦深：《税制结构与收入不平等：基于世界银行 WDI 数据的分析》，《中国软科学》2012 年第 7 期，第 179 ~ 185 页。

[102] 刘穷志：《间接税归宿的累退性与居民收入不平等》，《经济管理》2011 年第 1 期，第 166 ~ 171 页。

[103] 刘尚希：《房地产税改革的立法取向：应以调节功能为主》，《中国财经报》2014 年 10 月 21 日，第 6 版。

[104] 刘尚希：《收入分配循环论》，中国人民大学出版社，1992。

[105] 刘尚希、王亚珍：《个人所得税：如何发挥调节功能》，《税务研究》2004 年第 3 期。

[106] 刘怡、聂海峰：《间接税负担对收入分配的影响分析》，《经济研究》2004 年第 5 期，第 22 ~ 30 页。

[107] 刘怡、聂海峰：《增值税和营业税对收入分配的不同影响研究》，《财贸经济》2009 年第 6 期，第 63 ~ 68 页。

[108] 刘佐：《新中国税制 60 年》，中国财政经济出版社，2009。

[109] 柳光强、张馨予：《收入分配三角困局与税收调节职能优化》，《财政研究》2015 年第 5 期，第 89 ~ 92 页。

[110] 楼继伟：《深化财税体制改革》，人民出版社，2015。

[111] 楼继伟：《中国政府间财政关系再思考》，中国财政经济出版社，2013。

［112］ 卢洪友、熊艳：《我国税收的居民收入再分配效应研究》，《财政研究》2014 年第 4 期，第 16～18 页。

［113］ 吕冰洋：《从市场扭曲看政府扩张：基于财政的视角》，《中国社会科学》2014 年第 12 期，第 81～101 页。

［114］ 吕冰洋：《我国税收制度与三类收入分配的关系分析》，《财贸经济》2010 年第 3 期，第 28～32 页。

［115］ 吕冰洋、毛捷：《高投资、低消费的财政基础》，《经济研究》2014 年第 5 期，第 4～17 页。

［116］ 伦玉君：《完善我国税制结构的探讨》，《税务研究》2014 年第 6 期，第 29～33 页。

［117］ 罗楚亮、李实、赵人伟：《我国居民的财产分布及其国际比较》，《经济学家》2009 年第 9 期，第 90～99 页。

［118］ 罗涛：《税收调节居民收入分配机制研究》，武汉大学出版社，2009。

［119］ 马国强：《税制结构基础理论研究》，《税务研究》2015 年第 1 期，第 3～15 页。

［120］ 马国强：《中国税收》，东北财经大学出版社，2014。

［121］ 马海涛、任强：《迈入新阶段的中国税制改革：回顾、借鉴及展望》，《会计之友》2015 年第 7 期，第 93～98 页。

［122］《马克思恩格斯全集》第 4 卷，中共中央马克思恩格斯列宁斯大林编译局译，人民出版社，1958。

［123］《马克思恩格斯文集》第 3 卷，中共中央马克思恩格斯列宁斯大林编译局译，人民出版社，2009。

［124］《马克思恩格斯选集》第 3 卷，中共中央马克思恩格斯列宁斯大林编译局译，人民出版社，1995。

［125］ 聂海峰、刘怡：《城镇居民的间接税负担：基于投入产出表的估算》，《经济研究》2010 年第 7 期，第 31～42 页。

［126］ 聂海峰、岳希明：《间接税归宿对城乡居民收入分配影响研究》，《经济学（季刊）》2012 年第 1 期，第 287～311 页。

［127］ 彭海艳：《国外税收累进性及再分配效应研究综述》，《南京社会科学》2008 年第 3 期，第 12～20 页。

［128］ 彭海艳：《我国个人所得税再分配效应及累进性的实证分析》，《财贸经济》2011 年第 3 期，第 11～17 页。

［129］ 彭海艳：《中美比较视域下个人所得税制演进逻辑与改革效应》，《税务与经济》2012 年第 5 期，第 98 页。

［130］ 彭腾：《论构建缩小收入分配差距的税制》，《兰州商学院学报》2013 年第 8 期，第 17～22 页。

［131］ 平新乔、梁爽、郝朝艳、张海洋、毛亮：《增值税与营业税的福利效应研究》，《经济研究》2009 年第 9 期，第 66～80 页。

［132］ 钱晟：《我国税收调节个人收入分配的累退倾向及其对策》，《税务研究》2001 年第 8 期，第 2～6 页。

［133］ 《区域发展的战略思维》，《学术前沿》2015 年第 8 期，第 4～5 页。

［134］ 任致伟：《税收在公平收入分配中的局限性研究》，《经济研究参考》2013 年第 11 期，第 28～35 页。

［135］ 桑德斯：《有关政府所导致的收入再分配的证据》，《OECD 经济与统计部工作报告》1984 年第 1 期，第 1242 页。

［136］ 佘红志：《个人所得税调节城镇居民收入分配的机制和效果研究》，硕士学位论文，天津大学，2010。

［137］ 孙钢：《试析税收对我国收入分配的调节》，《税务研究》2011 年第 3 期，第 8～14 页。

［138］ 孙玉栋：《收入分配差距与税收政策研究》，经济科学出版社，2008。

［139］ 童锦治、周竺竺、李星：《我国城镇居民税收的收入再分配效应变动及原因探析》，《财贸经济》2011 年第 6 期，第 31～37 页。

［140］ 万海远、李实：《警惕中国居民财产差距迅速扩大》，《东方早报》2015 年 6 月 9 日，第 9 版。

［141］ 万莹：《缩小我国居民收入差距的税收政策研究》，中国社会科学出版社，2013。

［142］ 万莹、史忠良：《税收调节与收入分配：一个文献综述》，《山东大学学报（哲学社会科学版）》2010 年第 1 期，第 1～11 页。

［143］ 王传纶、高培勇：《当代西方财政经济理论》，商务印书馆，1998。

［144］ 王剑锋：《流转税影响个人收入分配调节的分析研究》，《财经研

究》2004 年第 7 期，第 14～25 页。

［145］王军：《深化税制改革服务发展大局》，《求实》2013 年第 12 期，第 28～30 页。

［146］王培刚、周长城：《当前中国收入差距扩大的实证分析与动态研究——基于多元线形回归模型的阐释》，《管理世界》2005 年第 11 期，第 35～44 页。

［147］王乔、汪柱旺：《我国现行税制结构影响居民收入分配差距的实证分析》，《当代财经》2008 年第 2 期，第 37～125 页。

［148］王绍光：《现代国家制度中的再分配机制》，《中国国情分析研究报告》2002 年第 29 期，第 90～101 页。

［149］王小鲁：《灰色收入拉大居民收入差距》，《中国改革》2007 年第 7 期，第 9～12 页。

［150］王小鲁：《灰色收入与国民收入分配》，中信出版社，2007。

［151］王亚芬、肖晓飞、高铁梅：《我国收入分配差距及个人所得税调节作用的实证分析》，《财贸经济》2007 年第 4 期，第 18～23 页。

［152］王志刚：《中国税制的累进性分析》，《税务研究》2008 年第 9 期，第 16～20 页。

［153］吴旭东编《税收管理》，中国人民大学出版社，2014。

［154］伍山林：《收入分配格局演变的微观基础——兼论中国税收持续超速增长》，《经济研究》2014 年第 4 期，第 143～156 页。

［155］武汉市地方税务局课题组：《我国房产税征管模式研究》，《国际税收》2015 年第 6 期，第 60～64 页。

［156］夏业良：《中国财富集中度远超美国》，《21 世纪》2010 年第 8 期，第 15 页。

［157］夏智灵：《日本税收管理体制》，中国税务出版社，2013。

［158］熊琦：《新加坡收入分配的变化及启示》，《亚太经济》2014 年第 3 期，第 68 页。

［159］徐滇庆：《房产税》，机械工业出版社，2013。

［160］徐静：《我国个人所得税的再分配效应研究》，中国税务出版社，2014。

［161］许明：《房地产税收政策深度解析》，机械工业出版社，2013。

［162］许晓艳：《中国缩小居民收入差距的财税政策研究》，中国市场出版社，2015。

［163］薛宝贵、何炼成：《我国居民收入不平等问题研究综述》，《经济学家》2015年第2期，第82~89页。

［164］杨虹：《调节居民收入分配的税收制度研究》，中国税务出版社，2010。

［165］杨卫华、钟慧：《强化个人所得税对居民家庭收入的调节作用——以广州市城镇居民家庭收入为例》，《税务研究》2011年第3期，第36~40页。

［166］杨秀琴：《国家税收》，中国财政经济出版社，1995。

［167］杨志勇：《税制结构：现状分析与优化路径选择》，《税务研究》2014年第6期，第10~14页。

［168］原鹏飞、冯蕾：《经济增长、收入分配与贫富差距》，《经济研究》2014年第9期，第77~90页。

［169］岳树民、李建青编《优化税制结构研究》，中国人民大学出版社，2007。

［170］岳希明、徐静、刘谦、丁胜、董莉娟：《2011年个人所得税改革的收入再分配效应》，《经济研究》2012年第9期，第113~124页。

［171］岳希明、张斌、徐静：《中国税制的收入分配效应测度》，《中国社会科学》2014年第6期，第196~208页。

［172］詹鹏、李实：《我国居民房产税与收入不平等》，《经济学动态》2015年第7期，第14~24页。

［173］张东生：《中国居民收入分配年度报告（2013）》，中国财政经济出版社，2013。

［174］张念明：《我国税制结构优化研究》，经济科学出版社，2014。

［175］张文春：《个人所得税与收入再分配》，《税务研究》2005年第11期，第46~49页。

［176］张学诞：《中国房地产税：问题与探索》，中国财政经济出版社，2013。

［177］张延辉、王碧珍：《个人所得税调节城镇居民收入分配的实证研究》，《涉外税务》2009年第1期，第38~42页。

［178］ 张永忠：《遗产税：不可或缺的社会心理疏导机制》，《税收经济研究》2011 年第 4 期，第 23～27 页。

［179］ 赵福昌：《税制结构与收入差距研究》，《中央财经大学学报》2011 年第 9 期，第 19～24 页。

［180］ 中央财经大学税务学院编《2013/2014 中国税收发展报告——中国地方税改革研究》，中国税务出版社，2014。

［181］ 钟伟：《个人所得税、房产税、遗产税孰先孰后?》，《21 世纪经济报道》2015 年 9 月 10 日，第 8 版。

［182］ 周肖肖、杨春玲：《个人所得税对浙江省城镇居民收入分配的影响》，《经济论坛》2008 年第 17 期，第 19～23 页。

［183］ 朱佳木：《学习贯彻党的十八大精神应着力认识和解决的两个问题》，《中国社会科学》2013 年第 1 期，第 9～12 页。

［184］ 《资本论》第 3 卷，郭大力、王亚男译，上海三联书店出版社，2009。

［185］ Adam Smith, *An Inquiry into the Nature and Causes of the Wealth of Nations* (Shanxi: Shanxi People Publishing House, 2005).

［186］ Alchin T. M., "A New Measure of Tax Progressivity," *Public Finance* 39 (1984): 1 – 10.

［187］ Alm J., Lee F., Wallace S.. "How Fair? Changes In Federal Income Taxation and The Distribution of Income: 1978 – 1998," *Journal of Policy Analysis And Management* 24 (2005): 5 – 22.

［188］ Aronson J. R., Johnson P., "Lambert P. J.. Redistributive effect and unequal income taxtreatment," *Economic Journal* 104 (1994): 262 – 270.

［189］ Aronson J. R., Lambert P. J., "Decomposing the Gini Coefficient to Reveal the Vertical, Horizontal and Reranking Effects of Income Taxation," *National Tax Journal* 47 (1994): 273 – 294.

［190］ Atkinson A. B., "The Changing Distribution of Income: Evidence and Explanatio," *German Economic Review* 1 (2000): 3 – 18.

［191］ Auten G., Carrol R., "The Effect of Income Taxes on Household Income," *The Review of Economics and Statistics* 81 (1999): 681 – 693.

［192］ Bird R., Zolt E. M., "The Limited Role of the Personal Income Tax in Developing Countries," *Journal of Asian Economics* 6 (2005): 928 – 1104.

[193] Bishop, John A. , *Victor Chow* , *John P. Formby and Chih-Chin Ho.* . *The Redistributive Effects of Noncompliance and Tax Evasion in the U. S* (London: Edward Elgar Publishing, 1994).

[194] Borge L. , Rattso J. J. , "Income Distribution and Tax Structure: Empirical Test of The Meltzer-Richard Hypothesis," *European Economic Review* 48 (2004): 805 – 826.

[195] Cameron L. A. , Creedy J. , "Indirect Tax Exemptions and the Distribution of Lifetime Income: A Simulation Analysis," *The Economy Record* 71 (1995): 77 – 87.

[196] Carl R. , Renwei Z. , Shi L. , *China's Retreat from Equality: Income Distribution and Economic Transition* (New York: ME Sharpe Press, 2001).

[197] Chamley C. , "Optimal Taxation of Capital Income in General Equilibrium with Infinite Lives," *Econometrics* 3 (1986): 54 – 88.

[198] Cok M. , Urban I. , "Distribution of Income and Taxes in Slovenia and Croatia," *Post-Communist Economies* 19 (2007): 299 – 316.

[199] Daniel T. , Slesnick, "The Measurement of Effective Commodity Tax Progressivity," *The Review of Economics and Statistics* 2 (1986): 224 – 231.

[200] Decoster A. , Loughrey J. , O' Donoghue C. , Verwerft D. , "Incidence and Welfare Effects of Indirect Taxes," *Working Paper*: 2009.

[201] Feldstein M. , "On The Theory of Tax Reform," *Journal of Public Economics* 6 (1976): 77 – 104.

[202] Formby J. P. , Terry G. , Seaks, James Smith W. , "A Comparison of Two New Measures of Tax Progressivity," *The Economic Journal* 91 (1981): 1015 – 1019.

[203] Griffin K. , Zhao R. W. , *The Distribution of Income in China* (London: Macmillan Press Ltd, 1993).

[204] Gustafsson B. A. , Shi L. , Sicular T, *Inequality and Public Policy in China* (Cambridge: Cambridge University Press, 2008).

[205] Jakobsson U. , "On The Measurement of the Degree of Progression,"

Journal of Public Economics 5 (1976): 161 – 168.

[206] John Maynard Keynes, *The General Theory of Employment Interest and Money* (Beijing: China Social Sciences Publishing House, 1999).

[207] Judd, K. L. , "Redistributive Taxation in a Simple Perfect Foresight Model," *Journal of Public Economics* 28 (1985): 28.

[208] Kakwani N. C. , "Applications of Lorenz Curves in Economic Analysis," *Econometrica: Journal of the Econometric Society* 45 (1977b): 719 – 727.

[209] Kakwani N. C. , "Measurement of Tax: An International Comparison," *Economic Journal* 87 (1977a): 71 – 80.

[210] Kakwani N. C. , "On the Measurement of Tax Progressivity and Redistributive Effect of Taxes with Applications to Horizontal and Vertical Equity," *Advances in Econometrics* 3 (1984): 149 – 168.

[211] Kiefer D. W. , "Distributional Tax Progressivity Indexes," *National Tax Journal* 37 (1984): 497 – 513.

[212] Lambert P. J. , Thoresen T. O. , "Base Independence in the Analysis of Tax Policy Effects: With an Application to Norway 1992—2004," *International Tax and Public Finance* 16 (2009): 219 – 252.

[213] Leonard E. Burman et al. , "Options to Reform the Estate Tax," *Tax Policy Issues and Options* 3 (2005).

[214] Lindsey L. , "Individual Taxpayer Response to Tax Cuts: 1982 – 1984," *Journal of Political Economy* 103 (1995): 551 – 572.

[215] Oberhofer T. , "The Redistributional Effect of the Federal Income," *National Tax Journal* 28 (1975): 127 – 133.

[216] Pechman J. A. , Okner B. A. , *Who Bears the Tax Burden?* (Washington DC: Brookings Institution, 1974).

[217] Pfahler W. , "Redistributive Effect of Income Taxation: Decomposing Tax Base and Tax Rates Effects," *Bulletin of Economic Reaserch* 42 (1990): 3307 – 3378.

[218] Richard A. Musgrave and Tun Thin. , "Income Tax Progression, 1929 – 1948," *Journal of Political Economy* 56 (1948): 498 – 514.

[219] Shi L. , Sato H. , Sicular T. , *Rising Inequality in China*: *Challenges to a Harmonious Society* (Cabridge: Cambridge University Press, 2013).

[220] Shorrocks A. F. , "Inequality Decomposition by Population Subgroups," *Econo-metrics* 52 (1984): 1369 – 1385.

[221] Stroup M. D. , "An Index for Measuring Tax Progressivity," *Economics Letters*, 86 (2005): 205 – 213.

[222] Suit D. B. , "Measurement of Tax Progressivity," *The America Economic Review*, 67 (1977): 747 – 752.

[223] Suit D. B. , "Measurement of Tax Progressivity: Reply," *The America Economic Review* 70 (1980): 211 – 216.

[224] Verbist G. , Figari F. , "The Redistributive Effect and Progressivity of Taxes Revisited: An International Comparison across the European U-nion" *Working Paper*, 2013.

[225] Wagstaff A. , Doorslaer E. , Burg H. , Calonge S. , "Redistributive, Progressivity and Differential Tax Treatment: Personal Income Taxes in Twelves OECD Countries," *Journal of Public Economics* 72 (1999): 73 – 98.

[226] Wagstaff A. , "Decomposing Changes in Income Inequity into Vertical and Horizontal Redistribution and Reranking, with Application to China and Vietnam," *Mimeo*, *World Bank*: 2004.

[227] Wagstaff A. , "What Makes the Personal Income Tax Progressive? A Comparison Analysis for Fifteen OECD Countries," *International Tax and Public Finance* 8 (2001): 299 – 315.

[228] Wang C. , Caminada K. , Goudswaard K. , "Income Redistribution in 20 Countries over Time," *International Journal of Social Welfare* 23 (2014): 262 – 275.

后 记

本书是在我博士论文的基础上修改完成的。感谢中国财政科学研究院，在这里我完成了博士研究生阶段的学习，更加深刻地理解了中国的财政和税收，为今后的进一步研究奠定了坚实的理论基础，成了我人生重要的转折点。

当初怀着对税收专业的兴趣，我报考了孙钢老师的博士研究生，主要原因是在看到了孙钢老师的文章后感觉字字切中要害，思想独到而深刻。如今在孙钢老师的指导下，我的学术水平有了很大的提高，每次交流都受益匪浅。本书是在我博士论文的基础上修改完成的，所以，首先要感谢孙钢老师对我学业的鼓励和支持，正是在孙钢老师的辛勤付出和指导下，本书才能够如期顺利完成；同时感谢陈穗红老师、张学诞老师、邢丽老师、许文老师、孟翠莲老师等给予本书的指导和帮助，能够在我困惑的时候给我指点迷津；感谢财科所我那些年轻、可爱的同学们，他们的认真、执着一直感动着我……

感谢河南大学经济学院财政系的同事们，在我读书期间担任繁重的教学工作，使得我有这样的机会安心学习。

感谢社会科学文献出版社对该书的辛勤付出。当我看到关少华和崔红霞两位编辑修改的密密麻麻的书稿时，备受感动。

最后，感谢我的家人对我的理解和支持，使得我在而立之年有这样的一个机会去实现自己的梦想。

郭晓丽

2017 年 6 月

图书在版编目（CIP）数据

中国税收调节居民收入分配效应研究／郭晓丽著
. -- 北京：社会科学文献出版社，2017.11
（河南大学经济学学术文库）
ISBN 978 - 7 - 5201 - 1091 - 4

Ⅰ.①中…　Ⅱ.①郭…　Ⅲ.①税收调节 - 居民收入 -
收入分配 - 研究 - 中国　Ⅳ.①F812.423②F126.2

中国版本图书馆 CIP 数据核字（2017）第 164283 号

·河南大学经济学学术文库·

中国税收调节居民收入分配效应研究

著　　者／郭晓丽

出 版 人／谢寿光
项目统筹／恽　薇　陈凤玲
责任编辑／陈凤玲　关少华　崔红霞

出　　版／社会科学文献出版社·经济与管理分社（010）59367226
　　　　　地址：北京市北三环中路甲 29 号院华龙大厦　邮编：100029
　　　　　网址：www. ssap. com. cn
发　　行／市场营销中心（010）59367081　59367018
印　　装／北京季蜂印刷有限公司

规　　格／开　本：787mm × 1092mm　1/16
　　　　　印　张：16　字　数：261 千字
版　　次／2017 年 11 月第 1 版　2017 年 11 月第 1 次印刷
书　　号／ISBN 978 - 7 - 5201 - 1091 - 4
定　　价／89. 00 元

本书如有印装质量问题，请与读者服务中心（010 - 59367028）联系